David G. Dalin

Das Märchen von Hitlers Papst

ARES VERLAG

David G. Dalin

DAS MÄRCHEN VON HITLERS PAPST

Wie Pius XII. Juden vor den Nazis rettete

ARES VERLAG

Umschlaggestaltung: DSR – Digitalstudio Rypka, 8143 Dobl
Umschlagabb. Vorderseite: WikiMedia Commons / Luis Fernández García

Aus dem Englischen ins Deutsche übertragen von Christoph Pollak.

Bibliografische Information der Deutschen Nationalbibliothek
Die Deutsche Nationalbibliothek verzeichnet diese Publikation in der Deutschen Nationalbibliografie; detaillierte bibliografische Daten sind im Internet unter https://www.dnb.de abrufbar.

Hinweis
Dieses Buch wurde auf chlorfrei gebleichtem Papier gedruckt. Die zum Schutz vor Verschmutzung verwendete Einschweißfolie ist aus Polyethylen chlor- und schwefelfrei hergestellt. Diese umweltfreundliche Folie verhält sich grundwasserneutral, ist voll recyclingfähig und verbrennt in Müllverbrennungsanlagen völlig ungiftig.

Auf Wunsch senden wir Ihnen gerne kostenlos unser Verlagsverzeichnis zu:
Ares Verlag GmbH
Hofgasse 5 / Postfach 438
A-8011 Graz
Tel.: +43 (0)316/82 16 36
Fax: +43 (0)316/83 56 12
E-Mail: ares-verlag@ares-verlag.com
www.ares-verlag.com

ISBN 978-3-99081-117-7

Layout: Ecotext-Verlag Mag. G. Schneeweiß-Arnoldstein

Inhalt

Vorwort des Übersetzers

65 Jahre nach dem Ableben von Pius XII. und 60 Jahre nach der Erstaufführung von Hochhuths „Stellvertreter“ erscheint es angebracht, die Gewißheiten der Zeitzeugen, die seit den 1960er Jahren unter einer Lawine von fiktionalen und halbfiktionalen Medienerzeugnissen verschüttet wurden, in Erinnerung zu rufen. Insbesondere in Österreich haben zwei Generationen von Theaterbesuchern und Literaturfreunden die Werke von Thomas Bernhard rezipiert, von denen kaum eines ohne den Topos der katholisch-nationalsozialistischen Verkommenheit der Gesellschaft der Alpenrepublik ausgekommen ist. Nicht nur deshalb ist heutzutage im deutschsprachigen Raum von der Rolle von Papst Pius XII. und der katholischen Kirche während des Zweiten Weltkrieges jene Auffassung vorherrschend, derzufolge beiden eine egoistische Gleichgültigkeit und eine ideelle Komplizenschaft in bezug auf die nationalsozialistischen Verbrechen anzulasten sei. Nach der Lektüre von Rabbi Dalins Arbeit werden Sie sehen: So war es nicht.

Dalin gelingt es, mit seinem facettenreich vorgetragenen Text jenes Bild wieder zurechtzurücken, das auch das Ergebnis davon ist, daß sich so mancher dazu berufen fühlt, über das historische Verhalten anderer mit dem Wissen von heute zu urteilen, ohne selbst den Bedrohungen und Ungewißheiten der realen Akteure ausgesetzt gewesen zu sein. In Vermengung mit einer (kirchen-)politischen Agenda ist dann in weiterer Folge dem Ausmaß von Zerrbildern kaum mehr eine Grenze gesetzt. Hierin liegt auch die Stärke von Dalins Bericht, weil er die Kontroverse um die Rolle von Pius XII. in den Kontext der medien- und gesellschaftspolitischen Strömungen seit den 1960er Jahren setzt. Für das daraus erwachsene Plädoyer für das Wirken der Päpste des 20. Jahrhunderts sind Katholiken dem Rabbiner zu ewigem Dank verpflichtet. In Abwandlung der Bemerkung des damaligen Bischofs von Mantua, Giuseppe Sarto, dem späteren Papst Pius X., ist man verleitet, zu sagen: Um ehrlich zu sein, insofern es die Wahrhaftigkeit betrifft, ist Rabbi Dalin der beste Katholik (siehe unten, „Päpste und Juden im 20. Jahrhundert").

Für gläubige Katholiken hat das Übel in der Welt seinen Sinn darin, daß der Mensch seine Liebe zu Gott und zu seinem Nächsten zeigt, indem er seine Freiheit dazu nutzt, sich für das Gute und gegen das Böse zu entscheiden, und bereit ist, dafür Leid und Bestrafung in Kauf zu nehmen. Nur so kommt er „zu jenem unaussprechlichen Gastmahl, wo Gott mit seinem Sohn und dem Heiligen Geist, seinen Heiligen das wahre Licht ist, volles Genügen, ewige Freude, vollendetes Glück und vollkommene Seligkeit" (Thomas von Aquin, Kommuniongebet).

Folgt man dem Ergebnis von Dalins Arbeit, hat die Kirche jene Prüfung bestanden, die ihr die nationalsozialistische Herrschaft auferlegt hatte. Es scheint ganz so, daß die alte „lex orandi" der Kirche jenen Felsen verlieh, auf dem sie gemäß der Verheißung gebaut werden sollte. Beispielhaft sei daran erinnert, daß die traditionelle Meßordnung, die bis Anfang der 1960er Jahre weltweit – und daher auch in allen Gebieten, die unter nationalsozialistischer Herrschaft gestanden hatten – uneingeschränkte Geltung hatte, am Ende eines jeden Gottesdiensts die Verlesung des „Schlußevangeliums", also des Prologs des Johannesevangeliums, vorsah. In den katholischen Kirchen im gesamten Dritten Reich – wie auch überall sonst – verlas daher der Priester den Gläubigen teilweise täglich, zumindest aber jeden Sonntag und zu jedem katholischen Hochfest, am Ende der heiligen Messe den folgenden Text, den sie in ihrem „Schott – Volksmissale" lateinisch und deutsch mitlesen konnten:

> IN principio erat Verbum et Verbum erat apud Deum, et Deus erat Verbum. [...] Quotquot autem receperunt eum, dedit eis potestatem filios Dei fieri; his qui credunt in nomine eius, qui non ex sanquinibus, neque ex voluntate viri, sed ex deo nati sunt. (Genuflectit dicens) ET VERBUM CARO FACTUM EST, et habitavit in nobis; et vidimus gloriam eius gloriam quasi Unigenti a Patre, plenum gratiae et veritatis.
>
> Am Anfang war das Wort, und das Wort war bei Gott, und Gott war das Wort. [...] Allen aber, die Ihn aufnahmen, gab er Macht, Kinder Gottes zu werden, all denen, die an Seinen Namen glauben, die nicht aus dem Blute, nicht aus dem Verlangen des Fleisches, noch aus dem Wollen des Mannes, sondern aus Gott geboren sind. (Hier machen alle eine Kniebeuge.) UND DAS WORT IST FLEISCH GEWORDEN und hat unter uns gewohnt. Und wir haben Seine Herrlichkeit gesehen, die Herrlichkeit des Eingeborenen vom Vater, voll der Gnade und Wahrheit.

Die Gläubigen antworteten darauf mit „Deo gratias“ bzw. „Dank sei Gott“.

Ich lade die Leser ein, sich selbst ein Bild darüber zu machen, ob die Kirche in ihrer heutigen Verfaßtheit unter auch nur ansatzweise ähnlichen Umständen die Standhaftigkeit hätte, an einer derart gegen den Zeitgeist gerichteten Glaubenswahrheit festzuhalten, und ob anzunehmen ist, daß sie bei einem künftigen Erwachen des Widersachers den Geboten Gottes und der apostolischen Tradition jene Treue erweisen wird, von der Rabbi Dalin in seiner Arbeit über Pius XII. berichtet.

Das Märchen von „Hitlers Papst“ und seine Bedeutung

60 Jahre nach dem Holocaust erscheint es angesichts des unter islamischen Fundamentalisten virulenten und bei säkularisierten Europäern rasch ansteigenden Antisemitismus als Ironie, daß ausgerechnet liberale Medien im Westen versuchen, Pius XII. (und sogar die katholische Kirche als Ganzes) des Antisemitismus zu beschuldigen. Niemand glaubte das damals. Vom Ende des Zweiten Weltkrieges bis mindestens fünf Jahre nach seinem Tod im Jahr 1958 genoß Pius XII. eine beneidenswerte Reputation unter Christen wie unter Juden. Er wurde gepriesen als der „beseelte moralische Prophet des Sieges“ und „genoß nahezu überall Beifall für seine Hilfe für die europäischen Juden“. Er war, wie es ein Historiker treffend formuliert hat, „allseits von Katholiken und Nichtkatholiken gepriesen als der geistige Anführer nicht nur des Katholizismus, sondern der westlichen Zivilisation insgesamt“[1]. Im Jahr 1951 konnte ihn der bedeutende britische Schriftsteller (und liberale Katholik) Graham Greene als jenen Papst preisen, „von dem viele von uns glauben werden, daß er zu den größten gehören wird“[2], eine Einschätzung, die von vielen Katholiken und Juden geteilt wurde, die dem Papst für seine zahlreichen Anstrengungen, das Leben von Juden während des Zweiten Weltkrieges zu schützen, Hochachtung entgegenbrachten.

Der Rufmord

Der rhetorische Feldzug gegen das Verhalten des Papstes während des Krieges begann als leicht zu durchschauende kommunistische Agitprop gegen den entschieden antikommunistischen Pontifex. Die Verleumdung nahm mit der Premiere des Theaterstücks „Der Stellvertreter“ von Rolf Hochhuth, einem jungen, linken Deutschen (und früheren Mitglied der Hitlerjugend), im Jahr 1963 wieder Fahrt auf. Hochhuth verunglimpfte Eugenio Pacelli (der im Jahr 1939 Papst Pius XII. geworden war) als Nazikollaborateur und als eiskalten, ehrgeizigen Pontifex, der sich moralischer Feigheit und unentschuldbarer Untätigkeit schuldig gemacht haben sollte, während die Juden Europas von den Nationalsozialisten ermordet wurden. Beworben als das „kontroversiellste Stück seiner Zeit" war „Der Stellvertreter" fiktional, hochgradig polemisch und bot keinerlei historischen Beleg. Nichtsdestotrotz wurde es zur Sensation und entfachte eine hitzige Kontroverse in den Medien und in der Intelligenzija.[3]

Dies geschah vor 40 Jahren – warum besteht der Mythos nach wie vor? Warum ist das wichtig? Wichtig ist das zunächst einmal wegen unserer Pflicht zur Wahrheit, wichtig ist es außerdem, weil die Auseinandersetzung um die Reputation von Pius XII. einen der bedeutendsten historischen Konflikte im Kulturkampf darstellt. Eine zunehmend linksorientierte intellektuelle Klasse möchte nicht nur den traditionellen Katholizismus, sondern das Christentum insgesamt und sogar das Judentum anschwärzen. Es ist kein Zufall, daß einige der extremsten Kritiker des Papstes – beispielsweise James Carroll, Autor von „Constantine's Sword", oder Garry Wills, Autor von „Papal Sin" – ebenfalls zu den größten Kritikern von Johannes Paul II. gehörten.

Nur sehr wenige aktuelle Bücher über Pius XII. und den Holocaust beschäftigen sich tatsächlich mit dem Papst der Kriegszeit und der Shoah. Die liberalen Bestseller, die den Papst und die katholische Kirche angreifen, sind in Wirklichkeit Teil der innerkatholischen Auseinandersetzung über die aktuelle Ausrichtung der Kirche selbst. Der Holocaust ist schlicht und einfach der größte verfügbare Prügel, mit dem liberale Katholiken das Papsttum diskreditieren und damit die traditionelle katholische Lehre – speziell in Themen der Sexualmoral einschließlich Abtreibung, Empfängnisverhütung und der Rolle von Frauen in der Kirche – attackieren können. Die papstfeindliche Polemik von Exseminaristen wie Garry Wills und John Cornwell, dem Autor von „Pius XII. Der Papst, der geschwiegen hat", engl. „Hitler's Pope", von ehemaligen Priestern wie James Carroll oder von anderen abgefallenen oder verärgerten liberalen Katholiken nutzt die Tragödie des jüdischen Volkes während des Holocausts aus, um ihre eigene politische Agenda voranzubringen, mit der heute Änderungen in der Kirche erzwungen werden sollen.

Dieser Kaperung des Holocausts ist entgegenzutreten. Die Wahrheit über Pius XII. – die von den Mainstreammedien geflissentlich ignoriert wird, während man aus mangelhaft recherchierten Darstellungen Bestseller macht – muß wiederhergestellt werden. Der liberale Kulturkampf gegen die Tradition, in dem die Kontroverse um Pius XII. ein Schauplatz ist, muß als das angesehen werden, was er ist: ein Angriff auf die katholische Kirche und traditionelle Religion.

Es ist erstaunlich, daß die extreme Form, die die Angriffe auf die katholische Kirche angenommen haben, so selten kommentiert wird, obwohl die Herstellung von den Katholizismus attackierenden Büchern und Artikeln zu einem Dauergeschäft der Mainstreammedien geworden ist. Ein Beispiel dafür ist die Ausgabe der „New Republic" vom 21. Jänner 2002, in der Daniel Goldhagens Aufsatz „What Would Jesus Have Done?" („Was hätte Jesus getan?") erschienen ist. Dabei handelte es sich um einen der haßerfülltesten Angriffe auf die katholische Kirche (und insbesondere Pius XII.), der jemals in einer großen amerikanischen Zeitschrift erschienen ist. Die „New Republic" widmete Goldhagens antikatholischer Tirade beispiellose 24 Seiten und brachte sie als Titelgeschichte.

Im Herbst 2002 dehnte Goldhagen seinen Aufsatz auf ein ganzes Buch aus. In „A Moral Reckoning. The Role of the Catholic Church in the Holocaust and Its Unfulfilled Duty of Repair" (dt. „Die katholische Kirche und der Holocaust") griff er die Kirche erneut an und goß weiteres Öl in die lodernde Kontroverse um die Rolle des Vatikans während des Holocausts.[4]

Kontroversen sind Goldhagen nicht fremd. Im Jahr 1996 sorgte er mit der Veröffentlichung von „Hitlers willige Vollstrecker" für eine internationale Sensation, das Werk genoß breite Medienpräsenz, verblieb viele Wochen auf der Bestsellerliste der „New York Times" und bot eine bemerkenswert einfache und plumpe Erklärung für den Holocaust: Die Schuld sei den gewöhnlichen Deutschen und ihrer einzigartig bösartigen Form des Antisemitismus zu geben, dessen Ziel die Vernichtung der Juden gewesen sei. Der Holocaust, so erklärte Goldhagen, sei einem mörderischen bzw. „eliminatorischen" Antisemitismus zuzuschreiben, der im deutschen Volk weit verbreitet und intrinsischer Teil des deutschen Charakters sei. Zur nationalsozialistischen Vernichtung der Juden habe es also kommen können, weil die deutliche Mehrheit des deutschen Volkes bereits vorher darauf eingestellt gewesen sei, Juden zu töten. Daher wurde sie zu willigen und begeisterten Anhängern der nationalsozialistischen Führung bei deren erfolgreichen Bemühungen, die „Endlösung" in die Wege zu leiten. Während Goldhagen damit international berühmt wurde, wurde seine vereinfachende Argumentation von ernst zu nehmenden Historikern umfassend kritisiert.[5]

In seinem neueren Buch sind Goldhagens historisches Verständnis und seine Interpretation des Antisemitismus erneut bemerkenswert schlicht und ebenso unehrlich und irreführend. In „A Moral Reckoning" verurteilt Goldhagen das Christentum und speziell die katholische Kirche als Hauptursache für antiken, mittelalterlichen und modernen Antisemitismus.

Ebenso wie „Hitlers willige Vollstrecker" ist sein neueres Buch voll von faktischen Fehlern, historischen Fehlinterpretationen und der Unterdrückung eindeutiger Belege, die seiner Argumentation widersprechen. Beispielsweise sind zahlreiche Daten, die er für die Einrichtung europäischer Ghettos angibt, unrichtig.[6] So wurde das Ghetto in Rom, einer der tragischsten Meilensteine in der Geschichte katholisch-jüdischer Beziehungen, 1556 errichtet und nicht, wie Goldhagen angibt, 1555. Ebenso wurde das Ghetto in Venedig 1517 und nicht 1516 (Goldhagen) sowie jenes in Frankfurt 1462 und nicht 1460 errichtet. Mit der Datierung des Wiener Ghettos auf 1570 liegt Goldhagen um mehr als 50 Jahre daneben, da das Wiener Judentum nicht vor 1626 in ein Ghetto gezwungen wurde.

In „A Moral Reckoning" fokussiert sich Goldhagen auf Pius XII. als Symbol katholischer Boshaftigkeit und wiederholt so gut wie jede Anschuldigung, die je gegen diesen vorgebracht worden ist, einschließlich der unhaltbarsten. In seiner Verurteilung von Pius XII. als Antisemit und Kollaborateur des nationalsozialistischen Deutschland beschränkt sich Goldhagens Tirade nicht allein auf Pius. Goldhagens verantwortungslose Brandrede gipfelt in einer Attacke auf Johannes Paul II. und die heutige Kirche, in der die historische Rolle Johannes Pauls II. als Freund des jüdischen Volkes heruntergespielt oder komplett ignoriert wird, eines Papstes, der mehr als jeder vor ihm dafür getan hat, eine neue und nie dagewesene Ära katholisch-jüdischen Dialoges und der Versöhnung in Gang zu setzen.

Darüber hinaus setzt Goldhagen das Christentum mit Antisemitismus gleich. Er erklärt, „die Hauptverantwortung für das Hervorbringen des im Westen dauerhaft verbreiteten Hasses liegt beim Christentum und ganz besonders bei der katholischen Kirche"[7]. Damit ignoriert er geflissentlich den Antisemitismus des atheistischen Sowjetrußland und die Tatsache, daß die Nationalsozialisten, die den Holocaust begingen, sowohl antichristlich als auch antisemitisch waren.

Für Goldhagen wie auch für Carroll oder andere Kritiker des Papstes stellt der Antisemitismus einen zentralen katholischen Wert dar, der auch die Quelle des europäischen Antisemitismus ist. Tatsächlich verwirft Goldhagen das Neue Testament und das daraus abgeleitete katholische Denken als inhärent antisemitisch, das „offensichtlich eine integrale Beziehung zur Genese des Holocaust“[8] beinhalte. Goldhagen betrachtet Pius XII. unterstellten Antisemitismus als etwas Erwartbares, da er „in einer von Grund auf antisemitischen Kirchenhierarchie aufgestiegen [sei], einer institutionellen Kultur, angetrieben von der Auffassung, daß alle Juden Christusmörder und für viele angebliche Übel der Moderne verantwortlich seien.“[9]

Wie der jüdische Gelehrte Michael Berenbaum bemerkt hat, „unterschlägt Goldhagen sämtliche ausgleichenden Traditionen der Toleranz“[10], die es im römisch-katholischen Denken gab und gibt. Er stellt die frühen Kirchenlehrer, die zur Toleranz gegenüber den Juden aufgerufen haben, unrichtig dar, und seine Verzerrung der Ansichten des hl. Augustinus zu den Juden und dem Judentum ist besonders haarsträubend. Ebenso ist Goldhagens nicht belegbare Behauptung, daß „es keinen Unterschied zwischen dem kirchlichen Antisemitismus und seinem Ausläufer, dem europäischen Antisemitismus“, der zum Holocaust geführt habe, gebe, für jemanden mit geschichtswissenschaftlichem Anspruch erstaunlich einfältig und obendrein falsch.

Goldhagens Buch hat trotz seiner völligen Ermangelung jedweder wissenschaftlich gebotenen Neutralität einen festen Platz in der Liste der antikatholischen Literatur gefunden, wie es auch Paul Blanshard 1949 mit seiner Panikmache in „American Freedom and Catholic Power“ gelungen ist. Blanshards Buch war ein mehrmals aufgelegtes Standardwerk für antikatholische, evangelikale Leser. Goldhagens Buch wurde eines von mehreren Standardwerken für säkulare Linke, deren Haß auf den Katholizismus auf dessen Widerstand gegen die Abtreibung, Schwulenrechte, das Frauenpriestertum und den Rest der liberalen Agenda beruht. Wenn, wie es der jüdische Theologe Will Herberg einmal formuliert hat, „der Antikatholizismus der Antisemitismus der säkularen jüdischen Intellektuellen“ ist, dann ist Goldhagen der antisemitischste der jüdischen Papstkritiker des Papstes.

Goldhagens Forderung, daß die katholische Kirche, wie wir sie kennen, als Schande und Gefahr für uns alle abgeschafft werden solle, möge als Warnung für alle Menschen des Glaubens dienen, welcher Haß säkulare Herzen antreibt, die traditionelle Religion zu beseitigen. Daß ein derartiges Werk in antikatholischen Kreisen seine Leser findet, ist keine große Überraschung – daß aber Medienhäuser wie Knopf und ein großes liberales Magazin wie „New Republic" derartiges verbreiten, ist ein intellektueller und medialer Skandal.

Der intellektuelle Boden, der diesen Skandal ermöglichte, war der Mythos von „Hitlers Papst", den die Mainstreammedien bereitwillig als Wahrheit propagierten. Als Cornwells „Hitler's Pope" im Jahr 1999 erschien, wurde es ein internationaler Bestseller. Cornwell prangerte Pius XII. als den „gefährlichsten Kirchenmann der modernen Geschichte" an, ohne den „Hitler niemals in der Lage gewesen wäre, den Holocaust voranzutreiben". Die Leser von Cornwells Bestseller wurden dazu verleitet, zu glauben, daß Pacelli bereits vor seinem päpstlichen Amtsantritt ein ergebener Anhänger und Unterstützer von Adolf Hitler gewesen sei. Tatsächlich war er, wie wir im folgenden sehen werden, einer der frühesten und konsequentesten Kritiker.

Auszüge von „Hitler's Pope" erschienen in „Vanity Fair" und in der Londoner „Sunday Times". Die meisten liberalen Rezensenten und Kommentatoren unterstützten Cornwells Behauptungen kritiklos, offenbar ohne deren Stichhaltigkeit zu überprüfen. Cornwell wurde zu einer gefragten Berühmtheit im Kreislauf aus Lesungen, Talkshows und Signierstunden, und die Fernsehsendung „60 Minutes" widmete ihm ein schmeichelhaftes Porträt.

Cornwell zog seine Behauptungen später zurück, was aber nicht auf den Druck der Mainstreammedien zurückzuführen war, die seine unverifizierten (und religionsfeindlichen) Schlussfolgerungen freudig verbreitet hatten.[11] Der Autor Eugene Fisher, promoviert in hebräischer Kultur- und Erziehungswissenschaft, beklagte in dem Zusammenhang: „Es zeichnet ein trauriges Bild der säkularen Medien, feststellen zu müssen, dass diese unverhohlen antikatholische Tirade jemals veröffentlicht und auch noch zu einem Beststeller aufgebauscht wurde."[12]

Der Vollständigkeit halber sei erwähnt, daß in letzter Zeit Bücher von katholischen Gelehrten wie Ronald J. Rychlak, Pierre Blet, Margherita Marchione, Ralph McInerny, Justus George Lawler oder Jose Sanchez erschienen sind, die Pius XII. verteidigen. Sie bieten wohldokumentierte Berichte über päpstliche Anstrengungen, während des Holocaust Juden zu schützen und zu verstecken, und zeigen weiters, wie die Diplomatie des Papstes und Rettungsaktionen des Vatikans hunderttausende Juden und andere unschuldige Opfer vor dem Nationalsozialismus gerettet haben. Aber diese Bücher wurden – trotz ihrer umfassenden Belege – von den liberalen Mainstreammedien nahezu ignoriert und erschienen nicht bei bekannten Verlagen, sondern in katholischen Nischenhäusern. Die Bücher gelangten nicht auf Bestsellerlisten, tatsächlich sind sie nicht einmal in großen Buchhandlungen leicht zu finden.[13]

Das Herausragendste dieser Werke, nämlich Rychlaks „Hitler, the War and the Pope“ – die bislang tiefgreifendste, am besten recherchierte und lesbarste Studie –, liefert Punkt für Punkt eine überzeugende Widerlegung von Cornwells Behauptungen. „The Defamation of Pius XII.“ von Ralph McInerny, einem angesehenen Professor für mittelalterliche christliche Philosophie an der Universität von Notre Dame, wurde ebenfalls praktisch ignoriert. Anders als die Werke von Cornwell, Wills und Carroll wurden diese wissenschaftlich fundierten Verteidigungen von Pius niemals von der „New York Times“, der „New York Review of Books“ oder der „New Republic“ besprochen. Im Ergebnis wurde dem Mythos von „Hitlers Papst“ damit das Mäntelchen wissenschaftlicher Allgemeingültigkeit umgehängt, während die Wahrheit über Pius XII. als Verteidiger der Juden in der Zeit ihrer größten Not als bloßes Plädoyer einer katholischen Minderheit abgetan wurde.

Dies ist auch dann der Fall, wenn die Anschuldigungen gegen den Papst offensichtlich hysterische Ausmaße annehmen, wie beispielsweise in Cornwells „sensationslüsterner und unzuverlässiger“ Darstellung in „Hitler's Pope“. Wie Eugene Fischer festhielt, ist darin „Pacelli nicht nur für Hitlers triumphalen Aufstieg in den 1930er Jahren allein verantwortlich, sondern auch noch für den Ausbruch des Ersten Weltkriegs! [...] Das nationalsozialistische Deutschland wird aus der Verantwortung entlassen, und nahezu sämtliches Leid des 20. Jahrhunderts wird einem einzelnen italienischen Katholiken angelastet.“[14]

Andere Rezensenten haben Cornwells schlampige Arbeitsweise bemängelt, ohne aber den Mythos anzukratzen. Beispielsweise hat der jüdische Historiker William D. Rubenstein, eine anerkannte Größe in der Holocaustforschung, „Hitler's Pope“ als „böswilliges Beispiel von Diffamierung und Rufmord“[15] charakterisiert. Eine der vernichtendsten Kritiken kam von Kenneth L. Woodward, einem Kolumnisten bei „Newsweek“ und dort für das Religionsressort verantwortlich, der Cornwells Buch als „klassisches Beispiel dafür“

bezeichnete, „was passiert, wenn sich ein schlecht gerüsteter Journalist auf das Feld nüchterner Wissenschaftlichkeit begibt. [...] er verwendet fast ausschließlich Sekundärquellen von Pacellis schärfsten Kritikern. Faktische Fehler und Mißachtung des Kontextes tauchen beinahe auf jeder Seite auf. Cornwell stellt alle Motive [Pius'] in Frage, aber hinterfragt nie jene, die eine Geschichte erzählen. So etwas ist Pseudowissenschaft."[16] Das ist wahr, aber der Mythos von Hitlers Papst ist für Liberale, die das Papsttum, das Christentum und die traditionelle Religion anschwärzen wollen, einfach ein zu praktisches Mittel. Der Historiker Philip Jenkins liegt richtig, wenn er sagt, daß „‚Hitler's Pope' nur als eine Serie von Tiefschlägen gegen die moderne katholische Kirche und speziell gegen das Pontifikat von Johannes Paul II. verstanden werden"[17] könne.

In „Papal Sin" trifft der Angriff von Garry Wills nicht nur Pius XII. im Zusammenhang mit dem Holocaust, sondern er weitet diesen auch auf Johannes Paul II. als Erben und Verteidiger der (laut Untertitel) „Strukturen der Täuschung" der Kirche aus. In seinem Folgewerk „Why I Am a Catholic" verurteilt Wills das gesamte mittelalterliche und moderne Papsttum. Philip Jenkins bemerkt dazu, daß das zweite Vatikanische Konzil nach Ansicht von Wills „einen kurzen Lichtblick der liberalen Aufklärung darstellte, aber die Dunkelheit der Hölle erneut in der Form von Johannes Paul II. herabgekommen sei, den Wills als gutgläubigen Größenwahnsinnigen bezeichnet" und der noch sündhafter sei als Pius XII.[18] Obschon sie das Papsttum als „Institution voller Fehler"[19] angreifen, betrachtet sich Wills wie Cornwell als Teil einer liberalen, aber „loyalen Opposition" innerhalb des konservativen Pontifikates von Johannes Paul II. Naheliegenderweise steht die Loyalität dieser Opposition in Frage, wenn sie Johannes Paul II. vorwirft, die traditionelle Lehre der Kirche zum priesterlichen Zölibat, der Empfängnisverhütung, der Abtreibung, der Homosexualität, der Priesterweihe von Frauen, der Unfehlbarkeit des Papstes, der Realpräsenz in der Eucharistie, der Apostelnachfolge, der unbefleckten Empfängnis, der Himmelfahrt Mariens und dem Lehramt selbst aufrechtzuerhalten. Wills fordert ein Ende des Priestertums „in jener Form, wie es über die Jahrhunderte bekannt war", während er die Priesterweihe für Frauen, die Abschaffung des priesterlichen Zölibats und ein Ende jeglicher Autorität des Papstes befürwortet.

Wie es einer der Kritiker von Wills kürzlich formulierte, „haben wir mit Wills einen Katholiken, aber seine Angriffe auf die Kirche sind so grundlegend, daß die Frage bleibt, was dieser Begrifff überhaupt bedeutet"[20]. Tatsächlich ist Wills in seinen Angriffen auf die Kirche derart extrem, daß ihn sogar seine ideologischen Freunde zur Rede gestellt haben. In einem Beitrag für die „New York Times" schloß sich der liberale Philosoph Richard Rorty Wills Empfehlung, die „päpstliche Tyrannei umzustürzen", an, schloß daraus aber, daß, wenn Wills damit tatsächlich recht haben sollte, „nicht klar [sei], wozu wir eine Kirche Christi überhaupt benötigen".[21]

Eamon Duffy von der Universität Cambridge, der weltweit vermutlich bedeutendste Kenner der Geschichte des Papsttums, schrieb in einer scharfen, beißenden Kritik an Wills in „Commonweal":

> Es liegt etwas abstoßend Illiberales in Wills zorniger liberaler Selbstsicherheit, seiner umfassenden und unqualifizierten Überzeugung, daß jeder richtig denkende Katholik mit ihm übereinstimmen müsse und daß die Ansichten, die er ablehnt, nur durch Gewaltherrschaft und intellektuellen Kleister zusammengehalten werden könnten. Jedes Thema, das er angeht, ist für ihn ein klarer Fall, und er findet in den Standardwerken von Bibelkommentierungen und der populärwissenschaftlichen Geschichte unwiderlegbare Beweise für die Richtigkeit seiner Ansichten. Die Argumente der Kirche sind nicht, so wie Wills sie darstellt, schon auf den ersten Blick lächerlich. Er bemüht sich kaum, die Argumentationen und Begründungen, die die Kirche anbietet, vorzustellen, sondern widmet sich der Auflehnung gegen die Schlußfolgerungen.[22]

Ralph McInerny, herausragender Philosoph und Essayist an der Universität von Notre Dame, hat argumentiert, daß die Motivation der liberalen katholischen Kritiker von Pius XII. im Haß auf Johannes Paul II. zu suchen sei, insbesondere im Haß auf dessen Widerstand gegen die „Kultur des Todes", die sich ganz besonders im Verlangen nach frei zugänglicher Abtreibung zeige, die viele liberale Kritiker von Pius XII. (wie auch von Johannes Paul II.) offen unterstützen. McInerny entgeht nicht die Ironie, die darin liegt, daß die Verleumder von Pius XII. „diesen dafür angreifen, daß er nicht mehr getan hat, um gegen Hitlers ‚Endlösung' Widerstand zu leisten, und sie selbst gleichzeitig das unterstützen, was viele als die ‚Endlösung' der heutigen unerwünschten Schwangerschaft betrachten"[23]. Er entblößt ihre moralische Inkonsequenz schonungslos.

Die liberalen Kritiker argumentieren, daß Pius XII. und die katholische Kirche die Schuld am Holocaust zu tragen hätten. Darüber hinaus seien der Kirche weitere Aspekte anzulasten, für die der verstorbene Johannes Paul II. stellvertretend steht. Johannes Pauls II. Bestätigung traditioneller Kirchenlehren gehe Hand in Hand mit dem

Pius XII. unterstellten Antisemitismus; das Bestehen des Vatikans auf die päpstliche Autorität gehe unmittelbar zurück auf deren Komplizenschaft mit der nationalsozialistischen Vernichtung der Juden.

Das ist ein monströser moralischer Vergleich und ein Mißbrauch des Holocausts, den Juden ablehnen müssen. Der Holocaust kann nicht legitimerweise in einer derartigen Debatte für parteiische Zwecke benutzt werden. Dies ist insbesondere dann der Fall, wenn ein solches Ansinnen die Bezeugungen von Holocaustüberlebenden herabwürdigt, die Pius XII. für seine Anstrengungen zu ihren Gunsten Anerkennung gezollt haben. Es ist außerdem ein abscheulicher Rufmord, Schuld, die bei Hitler und den Nationalsozialisten liegt, einem Papst anzulasten, der ein Freund der Juden war und sich Hitler und den Nationalsozialisten widersetzte. Was auch immer Juden betreffend des römischen Katholizismus empfinden, sie haben eine Pflicht, Argumente zurückzuweisen, die den Holocaust dazu mißbrauchen, einen liberalen Kulturkampf gegen die katholische Kirche zu führen, der, wenn er erfolgreich ist, wegen der unbändigen Geringschätzung der liberalen Kritiker für religiöse Traditionen und Wahrheit die Grundlagen sowohl des Christentums wie auch des Judentums untergraben würde.

Die Verteidigung eines Papstes

Daß einige mittelalterliche wie moderne Päpste judenfeindlich waren, ist eine historische Tatsache. Es ist auch wahr, daß Pius XII. in der Vergangenheit jüdische Gegner hatte. Im Jahr 1964 publizierte beispielsweise Guenter Lewy „Die katholische Kirche und das Dritte Reich“, Saul Friedländer ergänzte dies 1965 um „Pius XII. und das Dritte Reich“. Beide Werke behaupteten, daß Pius' Antikommunismus diesen dazu verleitet habe, Hitler als Bollwerk gegen die Sowjetunion zu unterstützen. Die Wissenschaftlichkeit – oder historische Analyse – beider Bücher wurde ernsthaft in Zweifel gezogen, und Livia Rothkirchen, die angesehene Historikerin des slowakischen Judentums in Yad Vashem, Israels Holocaustgedenkstätte und -museum in Jerusalem, schrieb eine einprägsame und vernichtende Kritik zu Friedländers Buch.

Für jeden jüdischen Gegner wurde Pius XII. jedoch mit einem jüdischen Verteidiger gesegnet. An erster Stelle ist der israelische Historiker und Diplomat Pinchas Lapide zu nennen, der israelischer

Konsul in Mailand gewesen war und mit zahlreichen italienischen Holocaustüberlebenden gesprochen hatte. In seiner akribischen und umfassenden Arbeit „Rom und die Juden" von 1967 argumentierte Lapide überzeugend, daß Pius XII. „maßgeblich daran beteiligt [gewesen sei], mindestens 700.000, möglicherweise bis zu 860.000 Juden vor dem sicheren Tod durch die Nationalsozialisten zu retten". Lapides Werk bleibt die maßgebliche Arbeit eines jüdischen Gelehrten zu diesem Thema.

Joseph L. Lichten, der Vertreter der Anti-Defamation League in Rom, schrieb 1963 eine einflußreiche und häufig zitierte Monographie mit dem Titel „A Question of Judgement", um die falschen und infamen Unterstellungen in Hochhuths Stück „Der Stellvertreter" zu widerlegen und gleichzeitig die hohe Meinung, die jüdische Führer während und unmittelbar nach dem Zweiten Weltkrieg von Pius XII. hatten, für die Nachwelt zu dokumentieren.

Jeno Levai, der große ungarische jüdische Historiker, war von dem Vorwurf des päpstlichen „Schweigens" derart verärgert, daß er eine 1968 unter dem Titel „Hungarian Jewry and the Papacy. Pius XII Did Not Remain Silent" auf Englisch erschienene Streitschrift verfaßte, zu der Robert M.W. Kempner, der stellvertretende Chefankläger der Nürnberger Kriegsverbrecherprozesse, Vorwort und Epilog beisteuerte. 1938 hatte Jeno Levai Eugenio Pacelli als den damaligen Außenstaatssekretär des Vatikans erleben können, als dieser in Budapest eine Reihe flammender Stellungnahmen gegen den Nationalsozialismus und den Kommunismus abgab. Jahre später, als die Vorwürfe gegen Pacelli erstmals erhoben wurden, sprang Levai, der einer der führenden Holocaustforscher Europas geworden war, zur Verteidigung des Papstes in die Bresche.

Levais meisterhafte Arbeit, die traurigerweise von den meisten Kritikern des Papstes ignoriert wird, widerlegt alle Hauptvorwürfe gegen Pius XII. unter Fokus auf die jüdischen Erfahrungen in Ungarn. Unter Verwendung kirchlicher und staatlicher Archive in Ungarn zeigt Levai, wie der päpstliche Nuntius und die Bischöfe „auf Anweisung des Papstes wiederholt intervenierten", und daß es in Folge dieser Anordnungen „im Herbst 1944 praktisch keine kirchliche Institution in Ungarn gab, in der verfolgte Juden nicht Zuflucht gefunden hätten".[24]

Die überzeugende Einleitung und der Epilog, die Robert M.W. Kempner zu Levais Arbeit verfaßt hat, sind für sich genommen bemerkenswert. Als stellvertretender US-Chefankläger in Nürnberg zögerte Kempner nicht, jene, die Pius XII. verleumdeten, mit jenen Revisionisten zu vergleichen, die den vollen Umfang des Holocausts leugnen:

> In den letzten Jahren gab es keinen Mangel an weit hergeholten oder böswilligen Versuchen, diese historische Tatsache zu verschleiern oder verzerrt zu interpretieren [...]. Wir sind hier nun mit einer anderen vorsätzlichen oder zumindest grob fahrlässig angewandten Methode konfrontiert, die darauf abzielt, die Schuld jener zu verkleinern, die die wahren Schuldigen sind. Dies geschieht, indem die Schuld für den Holocaust nicht auf Hitler als die zentrale Figur des Vernichtungssystems fokussiert wird, sondern auf den Papst Pius XII., indem in Printmedien und im Theater eine neue Theorie verbreitet wird: Pius XII. habe nie einen entschlossenen Protest gegen Hitlers „Endlösung der Judenfrage" geäußert, und deshalb habe die Katastrophe das heute bekannte Ausmaß angenommen. Sowohl die Prämisse als auch die daraus abgeleiteten Schlußfolgerungen sind gleichermaßen haltlos. Die Archive des Vatikans, der Diözesanämter und des Auswärtigen Amts Ribbentrops enthalten eine ganze Reihe von Protesten – direkte und indirekte, diplomatische und öffentliche, geheime und offene.[25]

Im Epilog zu Levais Werk fügte Kempner hinzu:

> Ich selbst bin absolut vertraut mit [...] der wichtigen Rolle der katholischen Kirche im Kampf gegen die „Endlösung in Ungarn" und habe dies immer betont, unter anderem in meinem Buch „Eichmann und Komplizen". Weder Rolf Hochhuths Theaterstück [...] noch die Bücher von Guenter Lewy und Saul Friedländer liefern irgendeinen Grund, diese Ansicht zu ändern. Die Kirchendokumente, die im vorliegenden Buch von Levai erstmals veröffentlicht werden, [...] bekräftigen meine positive Meinung über die Einstellung des Vatikans zu jener Zeit und des Papstes Pius XII., für den ich seit der Zeit seines Aufenthaltes in Berlin den größten Respekt hatte.[26]

Mehrere jüdische Gelehrte haben Pius seit der Veröffentlichung von „Hitler's Pope" und den darauffolgenden Angriffen in Schutz genommen. Michael Tagliacozzo, der beste Kenner – und selbst Überlebender – der Massenfestnahmen der Juden Roms, hat die Rolle von Pius während der nationalsozialistischen Besatzung vehement verteidigt. Er hat nachgewiesen, daß Pius selbst wesentlich dazu beigetragen hat, das Leben von rund 5000 römischen Juden zu retten, die auf Anweisung des Papstes im Vatikan und zahlreichen Klöstern und Konventen in Rom Schutz fanden. Nachdem er den Terror der nationalsozialistischen Besatzung von Rom am eigenen Leib erlebt und die betreffenden Originaldokumente studiert hatte, hatte Tagliacozzo nichts als Lob für Pius XII. „Ich weiß, daß viele Papst Pacelli kritisieren", sagte er in einem Interview. „Ich habe eine Mappe mit dem Titel ‚Verunglimpfungen von Pius XII.' auf meinem Tisch in Israel, aber mein

Urteil kann nur positiv ausfallen. Papst Pacelli war der einzige, der einschritt, um die Deportation der Juden am 16. Oktober 1943 zu behindern, und er tat sehr viel, um Tausende von uns zu verstecken und zu retten."[27] Nach Tagliacozzo belegen die relevanten italienischen Archive zum Holocaust klar, daß die Proteste und Maßnahmen von Pius XII. für die Rettung von 80 Prozent der Juden Roms entscheidend waren.[28] Richard Breitman (der einzige Historiker, dem es gestattet wurde, streng geheime amerikanische Spionagedokumente aus dem Zweiten Weltkrieg einzusehen) hielt fest, daß Geheimdokumente das Ausmaß beweisen würden, wie sehr „Hitler dem Heiligen Stuhl mißtraute, weil dieser Juden versteckte"[29]. Einiges davon, wie beispielsweise der Befehl an die SS, den Papst zu entführen, ist öffentlich bekannt. Es gibt zahlreiche weitere dokumentierte Korrespondenzen von Nationalsozialisten, die die Ansicht des hochrangigen nationalsozialistischen Funktionärs Reinhard Heydrich teilten, der seinen Untergebenen im späten Frühjahr 1942 erklärte: „Wir sollten nicht vergessen, daß der Papst in Rom auf lange Sicht ein größerer Feind des Nationalsozialismus ist als Churchill oder Roosevelt."[30]

Sir Martin Gilbert war ein weiterer ausdrücklicher jüdischer Verteidiger von Pius XII. Gilbert, der gefeierte offizielle Biograph von Winston Churchill, war einer der herausragendsten und anerkanntesten Historiker und Biographen unserer Zeit. Er schrieb zahlreiche hochgelobte Arbeiten, wie „Das jüdische Jahrhundert", „Auschwitz und die Alliierten" und „Endlösung. Die Vertreibung und Vernichtung der Juden". Diese Werke sind unverzichtbar für jeden, der in der Holocaustforschung aktiv ist.

Gilbert dokumentierte, wie Pius XII. (über Radio Vatikan) einer der ersten war, die öffentlich die nationalsozialistischen Grausamkeiten verurteilten und für die Juden Europas das Wort ergriffen. In einem späteren Buch „The Righteous. The Unsung Heroes of the Holocaust" erzählte er von den Leistungen außergewöhnlicher Katholiken, die unter der Anleitung von Pius XII. unter großen Gefahren für sich selbst und ihre Kirche an zahlreichen Orten im von den Nationalsozialisten besetzten Europa Juden retteten. Insgesamt, so schätzte Gilbert, haben verschiedene christliche Kirchen während des Holocausts bis zu einer halben Million jüdische Leben gerettet, und die Mehrheit davon wurde vom Klerus und den Laien der katholischen Kirche – der in den besetzten Gebieten vorherrschenden Religion – gerettet. Als er in einem Interview gefragt wurde, ob er der vom Vatikan im Jahr 1998 veröffentlichten Schätzung, derzufolge Pius XII. „persönlich oder durch seine Vertreter" bei der Rettung von hunderttausenden jüdischen Leben eine direkte Rolle gespielt habe, zustimme, antwortete Gilbert: „Ja, hunderttausende Juden [wurden] von der katholischen Kirche unter der Leitung und mit der Unterstützung von Papst Pius XII. gerettet, [...] meiner Meinung nach ist [diese Schätzung] absolut korrekt."[31]

Eines der Hauptargumente von Gilbert, daß nämlich Pius XII. nicht nur den katholischen Diplomaten, dem Klerus und den Laien Leitlinien und Inspiration gegeben, sondern sich auch selbst in Rettungsmaßnahmen engagiert habe, wird von den Kritikern des Papstes schlicht und einfach ignoriert. In einer Rede zum Thema „Christen und der Holocaust", die er im Church House in London hielt, erklärte Gilbert: „Der Papst höchstpersönlich [...] gab am Vorabend der deutschen Deportation der Juden Roms die Anweisung, die Zufluchtsorte der Vatikanstadt für alle Juden zu öffnen, die sie erreichen konnten. [...] In Folge dieses Befehls des Papstes und aufgrund der raschen Reaktion des katholischen Klerus wurden von den 6800 Juden Roms nur 1015 tatsächlich deportiert. Diese Aktion des Papstes, von der ich in den aktuellen Debatten im ‚J'accuse-Stil' noch nichts gehört habe, hat mehr als 4000 Leben gerettet."[32]

Für jüdische Verantwortungsträger einer früheren Generation wäre die Vorstellung, daß Pius XII. als „Hitlers Papst" verleumdet werden könnte, schockierend gewesen. Am Ende des Zweiten Weltkriegs und noch Jahrzehnte danach wurde Pius XII. von wichtigen jüdischen Persönlichkeiten durchgehend gelobt: Dazu zählen der Nobelpreisträger und Physiker Albert Einstein, Chaim Weizmann, Israels erster Präsident, Golda Meir und Moshe Sharett, israelische Ministerpräsidenten, Rabbi Isaac Herzog, der Oberrabbiner von Israel, und Dr. Alexandre Safran, der Oberrabbiner von Rumänien. Jüdische Persönlichkeiten des öffentlichen Lebens überschütteten Pius XII. mit Lob für seinen Einsatz für den Schutz der Juden während des Zweiten Weltkriegs.

Seit 1962 zeichnet Yad Vashem, die israelische Holocaustgedenkstätte, als „Gerechte unter den Völkern" jene Nichtjuden aus, die während des Holocaust jüdische Leben gerettet haben. Millionen Menschen sahen Steven Spielbergs Film „Schindlers Liste" über Oskar Schindler, einen deutschen katholischen Industriellen, der die Leben von 1200 Juden gerettet hat. Viele haben auch von Raoul Wallenberg gehört, dem jungen schwedischen Diplomaten, dem die Rettung von zehntausenden Juden in Budapest zugerechnet wird, sowie von Monsignor Angelo Rotta, dem heroischen Botschafter des Vatikans in Ungarn. Andere katholische Priester, wie Kardinal Pietro Palazzini, wurden ebenfalls auf ähnliche Weise von Israel geehrt. Ich werde in diesem Buch darlegen, warum Pius XII. ebenso als „Gerechter unter den Völkern" ausgezeichnet werden sollte; kein anderer Papst in der Geschichte hat jemals zuvor so umfassendes Lob von Juden erhalten, wie es bei Pius für seine Rolle bei der Rettung von Juden während des Holocausts der Fall gewesen ist.

Dieses Buch wird das Märchen von „Hitlers Papst" entlarven und damit auch den Makel entfernen, mit dem liberale Katholiken ihre eigene Kirche befleckt haben, die im übrigen auch nicht die Quelle des nationalsozialistischen Antisemitismus ist. In Wirklichkeit, wie im folgenden Kapitel ausgeführt, gab es seit zumindest dem 14. Jahrhundert eine Tradition päpstlicher Unterstützung für Europas Juden, eine philosemitische Tradition übrigens, die bis in unsere heutige Zeit mit Benedikt XVI. hineinreicht. Bei seiner Amtseinführung am 24. April 2005 weitete Papst Benedikt, der frühere Kardinal Ratzinger, seine Grüße eigens aus auf die „Brüder und Schwestern des jüdischen Volkes, mit denen wir durch ein großartiges spirituelles Erbe verbunden sind, das in Gottes unwiderruflichen Versprechen wurzelt"[33].

Pius XII. und insbesondere Johannes Paul II. waren beispielhafte Erben dieser langen und ehrwürdigen philosemitischen Tradition in den Beziehungen zwischen dem Papst und dem Judentum, die von katholischen wie von jüdischen Kritikern des Papstes ignoriert oder in Abrede gestellt wird. Eine historisch genaue Bewertung der Rolle von Pius XII. während des Holocausts führt zum exakten Gegenteil der Schlußfolgerung Cornwells: Pius XII. war nicht „Hitlers Papst", sondern ein Beschützer und Freund des jüdischen Volkes zu einem Zeitpunkt in der Geschichte, an dem es am meisten darauf ankam.

Wie wir weiters sehen werden, hatte Hitler in der Tat einen loyalen Kleriker in seiner Entourage. Es war nicht der Papst, sondern Amin al-Husseini, der fanatisch antisemitische Großmufti von Jerusalem, Führer der radikalen islamischen Fundamentalisten in Palästina, Anführer bei den Massenmorden des Jahres 1929 an den Juden in Hebron, Mentor von Jassir Arafat und Vorbild für zahlreiche anderen arabischen Führer. Amin al-Husseini war ein erklärter Verbündeter von Hitler, traf diesen mehrere Male und verlangte wiederholt die

Zerstörung des europäischen Judentums. Es ist außerdem der radikale Islam – Hitlers offenkundiger Verbündeter im Zweiten Weltkrieg – und nicht die katholische Kirche, der heute Juden bedroht.

Päpste als Freunde der Juden

Um Pius XII. in den historischen Kontext zu setzen, ist ein Rückblick auf die Beziehungen zwischen den Päpsten und den Juden erforderlich, die im übrigen besser waren, als es die meisten Menschen annehmen.

Dank der Arbeit zahlreicher rachsüchtiger liberaler Autoren ist die Meinung weit verbreitet, daß die meisten, wenn nicht alle mittelalterlichen und modernen Päpste stramme Antisemiten gewesen seien. David Kertzer, James Carroll, Daniel Jonah Goldhagen und andere Kritiker des Papsttums zeichnen ein grauenhaftes Bild der Päpste. In „Constantine's Sword" argumentiert Carroll: „Auschwitz, im ursächlichen Zusammenhang gesehen, offenbart, daß der Haß auf die Juden keine zufällige Anomalie, sondern eine zentrale Erscheinung in der christlichen Geschichte ist [...], die ihren Höhepunkt im Holocaust gefunden hat"[34]. In „Die katholische Kirche und der Holocaust" erklärt Goldhagen, „daß die Hauptverantwortung für die Erzeugung des andauernden westlichen [antisemitischen] Hasses im Christentum und ganz besonders in der katholischen Kirche liegt"[35]. Diese Autoren schreiben den sich durch die Geschichte ziehenden Antisemitismus der katholischen Kirche und ihrer päpstlichen Führung zu, wobei Pius XII. dieser Traditionslinie der Schande angehöre.

Dies aber ist das Ergebnis verfälschter Geschichtsschreibung und mangelhafter Wissenschaftlichkeit. Die historische Tatsache ist, daß Päpste oftmals zum Schutz der Juden das Wort ergriffen, sie zu Zeiten von Verfolgung und Pogromen beschützten und ihr Recht wahrten, frei in Synagogen ihre Gottesdienste zu feiern. Päpste haben Juden traditionellerweise gegen wildgewordene antisemitische Anwürfe verteidigt, sie haben regelmäßig Antisemiten verurteilt, die versuchten, zu Gewalttaten an Juden anzustacheln, sie haben jüdische Ärzte im Vatikan beschäftigt und zählten Juden zu ihren persönlichen Vertrauten und Freunden. Sie werden diese Tatsachen in den liberalen Anklageschriften nicht finden, sie sind aber wahr.

Wie der an der Cambridge Universität tätige große jüdische Gelehrte Israel Abrahams in seinem erstmals 1896 erschienenen Monumentalwerk „Jewish Life in the Middle Ages“ festgestellt hat, war es „Tradition der Päpste, die Juden, die sich in ihrer Nähe befanden, zu beschützen“[36], speziell jene, die in Italien und Spanien lebten. Des weiteren, schreibt der Historiker Thomas Madden, stehe „die katholische Kirche aus allen mittelalterlichen Institutionen Europas durch ihre konsequente Verurteilung von Judenverfolgungen allein heraus“[37]. Das gesamte Mittelalter hindurch seien Rom und der Kirchenstaat „die einzigen Orte in Westeuropa, an denen Juden dauerhaft frei von Angriffen oder Vertreibungen waren“[38] gewesen. 1016 wurden Juden von der Krim, 1182 aus Paris, 1290 aus England, 1306 aus Frankreich, 1348 aus der Schweiz, 1349 aus Ungarn, 1394 aus der Provence, 1422 aus Österreich, 1492 aus Spanien, 1495 aus Litauen und 1497 aus Portugal vertrieben. In Italien dagegen standen die jüdischen Gemeinden unter dem Schutz des Papstes und wurden nie vertrieben. Tatsächlich sei zu Beginn des 15. Jahrhunderts „der einzige sichere Ort für Juden in Europa in den Ländereien des Papstes“[39] gewesen.

Noch deutlicher als irgendein anderer Historiker hat Cecil Roth, der von 1939 bis 1964 Oxfords hochangesehenen Lehrstuhl für Jüdische Geschichte innehatte, mit seiner epochalen Forschungsarbeit die falschen und irreführenden Behauptungen solcher Papstkritiker wie Kertzer, Carroll und Goldhagen widerlegt. Roth „hinterließ mit seiner immensen Publikationsliste von an die 600 Werken, einer herausragenden Laufbahn als Dozent für Jüdische Geschichte in Oxford und als Höhepunkt der ausgezeichneten Arbeit als Chefherausgeber der ‚Encyclopedia Judaica‘ einen bleibenden Eindruck in der jüdischen Geschichtsschreibung“[40]. Im Laufe der Zeit verfaßte Roth die nach wie vor maßgeblichen Bücher „The History of the Jews of Italy“, „History of the Jews in Venice“ und „The Jews in the Renaissance“ sowie populärwissenschaftliche Darstellungen jüdischer Geschichte wie „Das Volk der Juden. 4000 Jahre Kampf ums Überleben“, „Geschichte der Juden. Von den Anfängen bis zum neuen Staate Israel“ und „Der Anteil der Juden an der politischen Geschichte des Abendlandes“. Als er starb, war Roth weltweit als der profilierteste und meistgelesene jüdische Historiker seiner Zeit und als der bedeutendste jüdische Kenner italienischer jüdischer Geschichte einschließlich päpstlich-jüdischer Beziehungen anerkannt. In vielen seiner Schriften und Vorlesungen betonte Roth immer wieder, daß die Päpste in Rom oftmals die einzigen Führer der Welt waren, die zu Zeiten grassierenden Antisemitismus das Wort zugunsten der Juden erhoben hatten. „Von allen Dynastien Europas", schrieb Roth, „verweigerte das Papsttum nicht nur die Verfolgung von Juden [...], sondern die Päpste waren durchwegs auch Beschützer der Juden [...]. Die Wahrheit ist, daß die Päpste und die katholische Kirche von frühester Zeit an niemals für gewaltsame Judenverfolgungen verantwortlich waren und daß Rom als einzige Hauptstadt der Welt niemals Schauplatz einer jüdischen Tragödie geworden ist. Dafür müssen wir Juden dankbar sein"[41].

Die Anfänge des päpstlichen Schutzes

Gregor I. (590–604), später als Gregor der Große bekannt geworden, begründete die Tradition, Juden zu beschützen. Er erließ ein historisches Dekret mit den Eröffnungsworten „Sicut Judaeis", mit denen fortan alle päpstlichen Edikte zum Schutze der Juden begannen. Er bekräftigte, daß die Juden „in ihren Rechten nicht einzuschränken sind [...]. Wir verbieten es, die Juden zu verleumden. Wir erlauben ihnen, als Römer zu leben und volle Verfügung über ihr Eigentum zu haben". Gregor der Große setzte diese Worte während seines Pontifikats in die Praxis um, indem er Zwangskonversionen von Juden verbot, gegen Gewaltanwendungen gegen Juden einschritt und darauf bestand, daß jüdische religiöse Riten und Praktiken toleriert wurden. Als Bürger von Neapel „dazu ermuntert wurden, den jüdischen Gottesdienst am Sabbat zu stören", griff Gregor zugunsten der Juden ein und „mäßigte die erhitzten Gemüter". Als der Bischof von Palermo „in einem exzessiven Akt religiösen Eifers" mehrere Synagogen, jüdische Armenhäuser und Schulen konfiszierte, intervenierte Gregor erneut „und brachte die Dinge wieder in Ordnung".[42] Als die Juden von Terracina in Mittelitalien sich beschwerten, „daß Bischof Peter ihre Synagoge beschlagnahmt und die Gläubigen hinausgeworfen habe, weil ihr Gesang in einer benachbarten Kirche zu hören gewesen sei", ordnete Gregor an, ihnen anderswo eine Synagoge für den Gottesdienst zu geben.[43] Die Juden Italiens und anderer Länder riefen Gregor wegen seiner Reputation des guten Willens wiederholt um Schutz an und begrüßten sein Einschreiten ausdrücklich. Tatsächlich erlangte Gregor die Bewunderung der jüdischen Geschichtsschreibung als erster großer Freund der Juden auf dem Stuhl Petri und wurde von zahlreichen mittelalterlichen jüdischen Führern und Gelehrten gepriesen. Judah Mosconi, ein wichtiger jüdischer Philosoph des 14. Jahrhunderts, pries Gregor als „großen Weisen und wahren Philosophen", der sich in hebräische Bücher vertiefte „und die Juden sehr mochte und zu seinen Lebzeiten viel [Schaden] von ihnen ferngehalten hat"[44].

Gregors Eingangsworte „Sicut Judaeis" waren auch der Titel eines weiteren Meilensteines päpstlicher Edikte, diesmal von Calixt II. (1119–1124), der versprach, europäische Juden vor der Verfolgung durch christliche Nachbarn oder Kreuzfahrer zu beschützen. „Als eisernes Beispiel" versprach Calixt den Juden „den Schild Unseres Schutzes".[45] Er verurteilte physische Angriffe auf Juden, lehnte ihre Zwangstaufe ab und verbot die Zerstörung ihrer Synagogen und ihrer Friedhöfe.[46] Diese Vorkehrungen waren, wie James Carroll bemerkt hat, „eine Bestätigung" jener von Gregor und „erkannten an, daß nach den Ereignissen [des Ersten Kreuzzuges] von 1096 die Tradition päpstlichen Schutzes für die Juden umso dringender geboten war"[47]. Calixts Verteidigung der Juden mit ihrem Versprechen fortdauernden päpstlichen Schutzes wurde von nachfolgenden Päpsten vom 12. bis zum 15. Jahrhundert mindestens 22-mal erneuert.

Gregor X. (1271–1276) war ein weiterer philosemitischer Papst, er erneuerte „Sicut Judaeis" im Jahr 1272 und fügte eine wichtige Klausel hinzu: „Eine Anklage eines Juden, die ausschließlich auf Zeugenaussagen von Christen beruht, ist ungültig; jüdische Zeugen müssen ebenfalls auftreten."[48]

Als im 14. Jahrhundert den Juden die Schuld am Schwarzen Tod zugeschrieben wurde, kam ihnen Clemens VI. (1342–1352) zu Hilfe – er war darin der einzige europäische Führer. Der Schwarze Tod verwüstete Europa, tötete ein Drittel der Bevölkerung, und die Juden wurden beschuldigt, die Seuche verursacht und verbreitet zu haben, was zu einem antisemitischen Feuersturm führte, der über mehr als 300 jüdische Gemeinden hereinbrach. Dabei wurden tausende Juden getötet, insbesondere in Deutschland, Österreich, Frankreich und Spanien.[49] Am 26. September 1348 erließ Clemens VI. eine Bulle, die die jüdische Schuld an der Seuche zurückwies und festhielt, derartige Anklagen hätten „keine Plausibilität"[50]. In seiner Ablehnung der unterstellten jüdischen Schuld verwies er auf „die offensichtliche Tatsache, daß die angeblichen Urheber der Seuche genauso an dieser starben wie alle anderen"[51]. Er mahnte Priester, Bischöfe und Mönche,

„Juden ebenso unter ihren Schutz zu stellen, wie er selbst es anbot". Edward A. Synan, einer der bedeutendsten Historiker päpstlich-jüdischer Beziehungen des Mittelalters, hat bemerkt, daß Clemens IV. der Juden „wichtigster Verteidiger" gewesen sei und seine Bulle eine wesentliche Ergänzung „der päpstlichen Tradition des Schutzes der Juden" dargestellt habe.[52]

Bonifatius IX., Martin V. und die Juden

Die judenfreundliche Politik der Päpste setzte sich mit Bonifatius IX. (1389–1403) fort, der den päpstlichen Schutz für die Juden ausweitete, einschließlich der Anerkennung von römischen Juden als vollwertige Bürger der Stadt im Jahr 1402. Er war der erste von zahlreichen Päpsten, der Juden als Ärzte im Vatikan beschäftigte. Im Jahr 1392 beförderte Bonifatius seinen Freund Angel ben Manuel zu seinem persönlichen Arzt und gab ihm den Status eines „familiaris" (Mitglied des Haushalts) „unter dem Schutze der heiligen Peter und Paul, so daß er unter dem Patronat des Heiligen Stuhls an allen Ehren teilhaben kann"[53].

Martin V. (1417–1431) bekräftigte den päpstlichen Schutz für die Juden erneut. Er erneuerte das päpstliche Verbot von Zwangstaufen und erweiterte die Bürgerrechte und Privilegien der Juden in Rom, Deutschland und Savoyen. In den Jahren 1419, 1422 und 1429 erließ er Edikte zum Schutz der Juden.[54] Mit dem Wunsch, daß „jeder Christ die Juden mit menschlichem Wohlwollen behandele"[55], und in der Absicht, „zum möglichst umfassenden Zusammenleben zwischen Juden und Christen"[56] zu ermutigen, nahm Martin V. die Juden „unter seinen väterlichen Schutz gegen ungerechte Zumutungen von Seiten der Christen und gegen falsche, aus heuchlerischem religiösen Eifer erwachsende Anschuldigungen"[57]. Die Juden in Italien waren besonders dankbar, als Martin V. erklärte: „Juden sind wie andere Menschen als Abbild Gottes erschaffen, und um ihre Zukunft zu beschützen, dürfen sie weder in ihren Synagogen belästigt noch in ihren Handelsbeziehungen mit Christen behindert werden." 1417 unterstrich er: „Die Rechte der Juden sollten nicht beeinträchtigt werden. Sie sollten weder unter Zwang getauft noch zur Einhaltung der christlichen Feiertage gezwungen werden."[58] Im Schutzedikt von 1422 warnte Martin V. speziell die von dem als „Geißel der Juden" berüchtigten Johannes Capistranus geleiteten Franziskaner, das Aufstacheln der Italiener gegen die Juden einzustellen.[59] In seinem Edikt von 1429 ging Martin V. noch weiter, indem er den Brüdern verbot, „gegen die Juden zu predigen, zu versuchen, ihre normalen Beziehungen mit ihren Nachbarn zu beeinträchtigen, ihre religiösen Rechte zu verletzen oder sie von Aktivitäten des Alltags (einschließlich des Besuchs von Universitäten) auszuschließen"[60]. Cecil Roth rechnet Martin V. das Angebot eines „umfassenden [...] Ausmaßes an Schutz"[61] an, und die italienischen Juden waren dankbar dafür. Es gibt tatsächlich ein berühmtes Gemälde, das zeigt, wie der Papst von den Juden von Konstanz begrüßt wird.[62] Wo auch immer der Papst in Italien ankam, wurde er von den Juden enthusiastisch empfangen.

Die Juden Roms und der Kirchenstaat begrüßten, daß Martin V. Elijah ben Shabbetai Be'er als seinen Leibarzt beschäftigte. Dieser diente sowohl Martin als auch dessen Nachfolger, Eugen IV. (1431–1437), und unterrichtete darüber hinaus Medizin an der Universität von Pavia, womit er der erste Jude war, der dem Lehrkörper einer europäischen Universität angehörte.[63] Ebenso wurden ihm die römischen Bürgerrechte erteilt. Martin V. ermutigte jüdische Ärzte, ihren Beruf im Kirchenstaat auszuüben, und legte Juden nahe, an europäischen medizinischen Fakultäten zu studieren. Dank dieses päpstlichen Patronats waren jüdische Ärzte daraufhin für zumindest zwei Jahrhunderte in Italien und Südeuropa weit verbreitet, und sie dienten Päpsten, Prälaten, Prinzen und Adeligen als Hofärzte.[64] Die Ärzte der Päpste waren auch oft Rabbiner und wurden zu Vertretern und Fürsprechern der jüdischen Gemeinde am päpstlichen Hof. Sie stellten damit sicher, daß die Juden in Rom und im Kirchenstaat immer beim Papst Gehör fanden.

Die Päpste der Renaissance und die Juden

Sixtus IV. (1471–1484) ist als jener Pontifex bekannt, der Rom von einer mittelalterlichen in eine Renaissancestadt verwandelte. Er ließ die Sixtinische Kapelle erbauen und richtete die Bibliothek und das Archiv des Vatikans ein.[65] Er war außerdem einer der judenfreundlichsten Päpste in einer Zeit, die die Tradition päpstlicher Unterstützung für die Juden fortsetzte.

Mit seinem großen Interesse an hebräischer Literatur und einem großen jüdischen Freundeskreis war Sixtus der erste Papst, der einen hebräischen Kopisten in der Bibliothek des Vatikans beschäftigte. Am

Beginn des 15. Jahrhunderts wurde im Vatikan eine bedeutende hebräische Sammlung von 116 Büchern eingerichtet – nach Cecil Roth die beste ihrer Art in einer europäischen Bibliothek. Einer der Vorgänger von Sixtus, Nikolaus V. (1447–1455), hatte mit seinen Bemühungen, das Original des Matthäusevangeliums zu beschaffen, wesentlich zum Entstehen dieses hebräischsprachigen Teils der vatikanischen Bibliothek beigetragen.[66]

Sixtus selbst war ein gepriesener Förderer der Forschung; er kaufte zahlreiche alte hebräische Manuskripte an, damit von einem im Vatikan tätigen anerkannten hebräischen Gelehrten neue Abschriften angefertigt werden konnten.[67] Indem er so zur Sammlung und Bewahrung hebräischer Manuskripte anregte, schuf Sixtus IV. ein Leitbild – sowohl im Sammeln jüdischer Werke als auch in der Beschäftigung hebräischer Gelehrter –, das seine Nachfolger auf dem Stuhl Petri fortsetzen sollten.

Prominente Mitglieder der jüdischen Gemeinde Roms waren willkommene Gäste im sixtinischen Vatikan. Sie waren dankbar dafür, daß der Papst dem üblen Gerücht, Juden hätten das Christenkind Simon von Trient geschächtet, um aus seinem Blut ihr ungesäuertes Pessachbrot herzustellen, vehement entgegentrat. 1475 weigerte sich Sixtus zur Freude der italienischen Juden, Simon von Trient als Märtyrer heiligzusprechen, und stellte sich damit gegen die militanten Befürworter Simons unter den Dominikanern.

Jener Renaissancepapst, den die meisten Historiker als einen der schlechtesten Pontifizes der Geschichte ansehen, war aus Perspektive der Juden Italiens einer der besten. Alexander VI. (1492–1503), der fürchterlich korrupte Borgia, der vier Kinder in die Welt setzte, einschließlich der berüchtigten Geschwister Cesare und Lucretia, war einer der judenfreundlichsten Päpste der Geschichte. Er schuf den ersten Lehrstuhl für Hebräisch an der Universität Rom, hatte oftmals den Oberrabbiner von Rom im Vatikan zu Gast und bot verfolgten Juden eine sichere Zuflucht. Während seiner Amtszeit verdoppelte sich die jüdische Bevölkerung Roms durch Juden, die vor der spanischen und portugiesischen Inquisition geflohen waren, welche von den dortigen königlichen Höfen betrieben wurde. Der Borgia-Papst hieß sie willkommen und stellte sie unter seinen offiziellen Schutz.[68]

Ein bedeutender Jude, der Alexander VI. als Arzt diente, war der aus der Provence stammende Bonet de Lattes. Der renommierte Rabbiner und Astronom war eben auch Arzt und Vertrauter des Papstes, fungierte als Oberrabbiner von Roms wichtigster Synagoge und veröffentlichte jedes Jahr einen astronomischen Kalender, der die Ereignisse des kommenden Jahrs voraussagte. Lattes erfand eine astronomische Ringsonnenuhr – „eine Art am Finger zu tragendes Miniatur-Astrolabor" –, mit dem man die Position der Sonne berechnen und die Zeit bestimmen konnte.[69] Er widmete sein Buch über seine Erfindung, „Annuli per eum Composti Super Astrologiæ Utilitate", seinem Freund und Patron Alexander VI.[70]

Ein Nachfolger von Alexander VI. war Julius II. (1503–1513), bekannt vor allem als Patron von so großartigen Künstlern wie Michelangelo, Raphael und Bramante sowie als jener Papst, der die Pläne für die neue Basilika des heiligen Peter und andere zeitlose Werke der Renaissancearchitektur in Auftrag gab. Unter den von Julius inspirierten und geförderten Werken finden sich Michelangelos Statue von Moses, dessen Gemälde in der Sixtinischen Kapelle, weiters die Fresken von Raffael im Vatikan und weitere Arbeiten, die Motive aus dem Alten Testament betreffen. Mit Samuel Sarfatti finden wir einen weiteren Juden als päpstlichen Arzt, der Julius II. betreute.[71] Außerdem schloß Julius II. in sein Mäzenatentum auch die Förderung der jüdischen Lehre und Forschung ein. Aus Perspektive der jüdischen Gemeinde in Rom war Julius II. ein Freund.

Das günstigste Verhältnis zwischen dem Stuhl Petri und den Juden erreichte aber das Pontifikat des Hauses Medici. Cecil Roth hat dazu folgendes festgehalten: „Kein italienischer Herrscher zeigte sich mit einer besseren Einstellung gegenüber den Juden als die Päpste der Renaissance, und zwar insbesondere jene des Hauses Medici, Leo X. und Clemens VII. Sie waren an Aufgeklärtheit ihrer Zeit voraus und derart tolerant, daß sie jüdische Gelehrsamkeit sogar als integralen Bestandteil ihres intellektuellen Lebens betrachteten, dem sie sich so leidenschaftlich widmeten."[72] Die Herrschaft des ersten Papstes aus dem Hause Medici, Leo X. (1513–1521), war eine besonders erfreuliche Zeit für die Juden. Dies ging so weit, wie Roth hervorgehoben hat, daß die Juden sein Pontifikat als Vorzeichen des messianischen Zeitalters ansahen.[73]

Ein besonders wohlwollendes Edikt Leos X. widerrief die beschwerliche Verpflichtung, daß Juden bestimmte (und herabwürdigende) Abzeichen tragen mußten. Diese waren 1215 durch das vierte Laterankonzil angeordnet worden, um Christen davon abzuhalten, irrtümlich Juden zu heiraten. Die Verpflichtung wurde in den päpstlichen Herrschaftsgebieten in Frankreich durchgesetzt, kam aber in Italien immer weniger und zum Schluß gar nicht mehr zur Anwendung. Daher bestätigte Leo X. im Jahr 1514 die Bürgerrechte der Juden trotz aller Proteste der lokalen antisemitischen Bischöfe auch für die französischen papsteigenen Gebiete der Grafschaft Venaissin.

Leo befaßte sich intensiv mit jüdischer Literatur, förderte jüdische Studien, bewilligte den ersten hebräischen Verlag in Rom, befürwortete das Drucken des Talmud und zeigte in einem Brief an die Bischöfe von Speyer und Worms, daß seine Unterstützung der jüdischen Gelehrsamkeit nicht bloß das Patronat eines kunstinteressierten Renaissancepapstes war, sondern er ein wohlwollendes Verständnis des Talmud und der jüdischen Literatur insgesamt hatte.

Darüber hinaus flammte während seiner Amtszeit ein schwelender Streit über den Talmud auf. Die Kontroverse hatte in Deutschland begonnen, als ein jüdischer Apostat namens Johannes Pfefferkorn erklärte, der Talmud beleidige Jesus und das Christentum. Die Kölner Dominikaner priesen Pfefferkorn als Experten für die Verkommenheit des Judentums an. In mehreren Pamphleten, die unter seinem Namen erschienen, beschrieben Ghostwriter die vermeintlichen Gefahren, die vom Judentum ausgingen, und priesen die Heiligkeit, die darin bestehe, den Talmud zu zerstören. Infolgedessen erwog der römisch-deutsche Kaiser Maximilian I., den Talmud und andere jüdische Bücher zu konfiszieren und zu verbrennen.

Johannes Reuchlin, der profilierteste christliche Kenner des Hebräischen in Deutschland, wies Pfefferkorn zurück. Reuchlin war ein deutscher Jurist und einer der größten europäischen Humanisten, der als erster christlicher Gelehrter ein Werk zur hebräischen Grammatik zusammenstellte und die jüdische Literatur einschließlich der Kabbala, des großartigen Hauptwerks des jüdischen Mystizismus, über das er mehrere Kommentare verfaßte, ausführlich studierte. Reuchlin flehte den Kaiser und alle vernünftigen Christen an, die Zerstörung der jüdischen Schriften nicht zuzulassen. Als der Disput fortdauerte, kontaktierte Reuchlin den Oberrabbiner von Rom und Leibarzt des Papstes, Bonet de Lattes: Könnte der Rabbi nicht bei Leo X. zugunsten der Juden intervenieren? Lattes gab Reuchlins Ansuchen weiter. Schließlich ermunterte Leo X. einen christlichen Verleger in Rom, den gesamten Talmud in unzensierter Form zu veröffentlichen. Daraufhin wurde er von den Juden Roms als „beispielhaft für die gerechte und menschliche Einstellung des Papstes“[74] und als Freund und Schutzherr des jüdischen Volkes gepriesen.

Der zweite Medicipapst, Clemens VII. (1523–1534), war derart judenfreundlich, daß ihn zeitgenössische jüdische Autoren als „Gönner Israels“[75] bezeichneten, und sein Ansehen in der jüdischen Gemeinde ging so weit, daß ihn diese zur Streitbeilegung in ihren eigenen Angelegenheiten anrief. In diesem Zusammenhang bat Clemens VII. seinen Freund, Rabbi Daniel Ben Isaac Donzeille von Pisa, einen wohlhabenden Bankier und Gemeindevorsteher, der bei Christen wie Juden hoch angesehen war, die Organisationsform der jüdischen Gemeinde von Rom neu zu strukturieren. Auf Geheiß des Papstes ernannte Rabbi Donzeille drei *Fattori* (Verwalter), „die dem päpstlichen Hof gegenüber für alle inneren Angelegenheiten der jüdischen Gemeinde verantwortlich sein würden“[76]. Diese *Fattori* wurden unterstützt von einem Gemeinderat mit 60 Mitgliedern, „auszuwählen jeweils zur Hälfte aus den Reichen und den Armen“ der jüdischen Gemeinde Roms. 1524 wurden diese Bestimmungen vom Papst bestätigt und blieben für die darauffolgenden Jahrzehnte die Basis für die Verwaltung der jüdischen Gemeinde in Rom. In seinem Dekret verordnete der Papst, daß sie „für alle Zeiten eingehalten werden sollten“[77]. Diese ganze Periode hindurch war Rabbi Donzeille für den Papst als Berater und Vertrauensmann tätig.

Clemens VII. spielte auch in einer anderen dramatischen Episode der päpstlich-jüdischen Beziehungen eine zentrale Rolle. Dabei ging es um den „romantischen Abenteurer“ David Reubeni, einen jüdischen Reisenden aus Jerusalem, der von den Juden und dem Papst in Italien willkommen geheißen wurde und der für einige Zeit ein gern gesehener Gast beim Papst und dessen Hof blieb. Er erschien im Jahr 1523 in Venedig, wo er sich als Bruder des Josef, des Königs des Stammes Ruben, ausgab und die ansässigen Juden darum bat, „ihm bei einer wichtigen Mission beim Papst zu helfen“[78]. Er erreichte Rom im Februar 1524 auf einem weißen Pferd, begleitet von einer jubelnden Eskorte, wo ihn Scharen begeisterter jüdischer Römer empfingen, ebenso wie Kardinal Aegidius de Viterbo, ein Freund des Papstes, der als Kenner hebräischer Schriften der Rabbiner und der jüdischen Mystik bekannt war. Getreu seiner Reputation als „großer Freund der Juden“, arrangierte Aegidius für Reubeni ein Treffen mit Clemens VII.[79]

Während der Audienz schlug Reubeni einen Vertrag zwischen seinem „Staat“ (den verstreut lebenden 300.000 Angehörigen des Stammes Ruben) und den Ländern des christlichen Europa gegen die Muslime vor. Reubeni beabsichtigte einen jüdischen Kreuzzug, um das Heilige Land von den muslimischen Türken zurückzuerobern. Für dieses Vorhaben wünschte er die aktive Unterstützung und den Segen des Papstes sowie Waffen von christlichen Ländern.[80] Um die Durchführung dieses Plans zu erleichtern, bat Reubeni den Papst, Empfehlungsschreiben an die führenden Monarchen von Europa (einschließlich des Kaisers des Heiligen Römischen Reiches Karl V., Johann III. von Portugal und Franz I. von Frankreich) zu verfassen. Clemens VII. unterstützte Reubeni energisch und stellte die erwünschten Schreiben zur Verfügung.

Reubeni verblieb auf Einladung von Clemens VII. mehr als ein Jahr in Rom, genoß dabei ein vom Papst gestaltetes Tourismusprogramm und erhielt sogar die Erlaubnis, sich zu Pferde in den Petersdom zu begeben. Er wurde zu einem festen Gast am Hof des Papstes, lebte in der Nähe des päpstlichen Palastes und beriet sich regelmäßig mit dem Papst.[81] Auch wenn im Lauf der Zeit die Verhandlungen von David Reubeni mit dem König von Portugal abbrachen und sein utopischer Plan für einen jüdischen Kreuzzug zur Eroberung des Heiligen Landes nie konkret wurde, blieb sein kurzer Aufenthalt in Rom historisch bemerkenswert. Die Gastfreundschaft und die Beliebtheit, die Reubeni am Hof des Papstes genießen konnte, sind ein klares Zeichen für die besonders freundschaftlichen Beziehungen, die zwischen den Juden Roms und den Medicipäpsten, insbesondere Clemens VII., bestanden.

Clemens' VII. Leibarzt und medizinischer Berater war Joseph Sarfati, einer der erfolgreichsten Ärzte von Rom und bekannte Führungsfigur der jüdischen Gemeinde, der sich als Dauergast am Hof des Papstes mit den einflußreichsten Kardinälen unterhalten konnte.[82] Zusätzlich zu seiner Tätigkeit als Mediziner war Sarfati als Philosoph, Mathematiker und hebräisch schreibender Dichter renommiert. Er übersetzte die spanische Komödie „La Celestina" ins Hebräische und verfaßte eine hebräische Grabinschrift für einen der Kardinäle von Clemens VII.[83]

Mit Jacob Mantino war ein weiterer jüdischer Arzt im Vatikan hochgeachtet. 1529 erhielt er einen Ruf an die Universität von Bologna, wodurch ihm „durch einen geschickten Zug seines Förderers, Papst Clemens VII., ein regelmäßiges Einkommen verschafft wurde, ohne den Haushalt des Papstes zu belasten"[84].

Clemens' VII. Förderung der jüdischen Literatur beinhaltete u.a. die Beauftragung einer Übersetzung des Alten Testaments vom hebräischen Original ins Lateinische, wobei die Arbeiten von sechs jüdischen und sechs christlichen Gelehrten gemeinsam ausgeführt werden sollten. Dieses historisch bemerkenswerte Projekt war nach Cecil Roth „von einer überaus toleranten Einstellung von Seiten des Pontifex“[85] geprägt. Roth bekräftigt auch, daß „die freundlichen Beziehungen zwischen Juden und Christen im Italien der Renaissance am Hof von Clemens VII. ihren Höhepunkt erreichten“[86].

Die Beziehungen blieben während des Pontifikates von Paul III. (1534–1549), einem „außergewöhnlich judenfreundlichen Papst“[87], der die aus anderen Ländern vertriebenen Juden dazu einlud, sich in Italien niederzulassen, freundlich. Darunter fielen später auch die sogenannten Marranen (Juden, die eine Konversion zum Christentum vorgetäuscht hatten, um der Verfolgung zu entgehen), denen er Schutz vor der spanischen Inquisition versprach.[88] Sein Nachfolger Julius III. erneuerte diese Garantien.

Die Ritualmordlegende

David Kertzer widmet drei Kapitel seines Buchs „Die Päpste gegen die Juden. Der Vatikan und die Entstehung des modernen Antisemitismus“ den grauenhaften Vorwürfen, daß Juden während des Pessachfests Ritualmorde an christlichen Kindern begehen würden. Juden wurden beschuldigt, das Blut der Kinder im ungesäuerten Brot beim Pessachmahl zu verwenden. Dabei läßt er die wesentliche und unbestrittene historische Tatsache unter den Tisch fallen, daß eine ganze Reihe von Päpsten seit dem 12. Jahrhundert (als die Anschuldigung des Ritualmords erstmals erhoben wurde) diesen Rufmord verurteilt hat.

Der erste angebliche Fall eines Ritualmords wurde 1144 in Norwich, England, gemeldet. Am Karfreitag wurde der Leichnam eines christlichen Kinds gefunden, und es verbreiteten sich Gerüchte, daß der Knabe von den Juden der Stadt ermordet worden sei, um sein Blut während des Pessachfests zu sich zu nehmen. Wie Léon Poliakov, ein bedeutender Historiker des Antisemitismus, festgestellt hat, tauchten derartige Gerüchte zwischen 1140 und 1150 „beinahe gleichzeitig“ in England, Frankreich und Deutschland auf und schwappten bald auf ganz Europa über,[89] wobei sie in England auf „besonders fruchtbaren Boden“[90] fielen. Als 1255 der Leichnam von Hugh von Lincoln, einem achtjährigen christlichen Kind, in einem Brunnen gefunden wurde, fiel der Verdacht wiederum auf die Juden. Nach einem Gerichtsprozeß wurden 90 Juden in den Tower von London eingesperrt und 18 hingerichtet. Der kleine Hugh von Lincoln wurde Gegenstand eines Kults und von Wallfahrten, und die Legende des Ritualmords an ihm „wurde ein derart fester Bestandteil der Traditionen des Landes“[91], daß sie das Bild des einfachen englischen Volks von Juden für Jahrhunderte prägte. Tatsächlich wurde diese Ritualmordlegende zu einem Teil der englischen Literatur und nistete sich tief in das Volksempfinden ein, wie dies in den „Canterbury Tales“ in der bekannten, von der Priorin erzählten Geschichte des Martyriums eines Kinds, das von Juden ermordet wird, zum Ausdruck kommt.[92] Ebenso hat Marc Saperstein, ein jüdischer Gelehrter, festgestellt, daß die „Ballade von Sir Hugh oder des Juden Tochter“ über Hugh von Lincoln „am Ende von James Joyces ‚Ulysses‘ Leopold Bloom von Stephen Dedalus vorgetragen wird“[93].

Die Ritualmordlegende war in Frankreich wie auch in England die Grundlage für hunderte Anklagen und Prozesse gegen Juden, denen nicht selten die Verbrennung am Scheiterhaufen folgte. Im Mai 1171 führte ebendiese Beschuldigung (die nicht einmal durch das Auffinden eines Leichnams belegt war) zum Feuertod fast der gesamten jüdischen Gemeinde von Blois in Frankreich, einschließlich sieben Frauen.[94] Die nächsten 100 Jahre sahen beinahe eine Epidemie von Ritualmordanklagen in ganz Kontinentaleuropa, der hunderte jüdische Männer und Frauen durch Haft oder Tod zum Opfer fielen.

Ungeachtet der Tatsache, daß die jüdischen Gesetze es verbieten, tierisches Blut in irgendeiner Form zu konsumieren, und trotz der „Ähnlichkeit mit einer der Verleumdungen, denen die Christen von den heidnischen römischen Anklägern ausgesetzt waren“, hatte „die unglaubwürdige Behauptung, daß der jüdische Ritus Menschenopfer erfordert und daß die Juden zu diesem Zweck christliche Kinder entführten und ermordeten“[95] für mehr als 800 Jahre Bestand, bis ins 20. Jahrhundert hinein. Von Anfang an erhoben die Päpste ihre Stimme gegen diese antisemitische Legendenbildung. Saperstein hat dazu festgestellt, daß wann immer „die mittelalterlichen Päpste Kenntnis von Ritualmordanschuldigungen erlangten, sie diese als haltlos und mit der jüdischen Lehre unvereinbar verurteilten“[96]. Im Jahr 1247 erließ Innozenz IV. die erste von mehreren der Zurückweisung der jüdischen Ritualmordlegende gewidmeten päpstlichen Bullen. Dieses Dekret bleibt bei den gegen die Päpste gerichteten Tiraden von Kertzer, Goldhagen und Carroll vollkommen unerwähnt. Innozenz' IV. „wichtigster Beitrag zu der langen Liste von päpstlichen Texten zugunsten der Juden“[97], der an die Erzbischöfe und Bischöfe in Deutschland und Frankreich gerichtet war, lautete auszugsweise wie folgt:

> Obwohl die heiligen Schriften den Juden gebieten: „Du sollst nicht töten“, und es ihnen verboten ist, zum Pessachfest irgendeinen toten Körper zu berühren, werden sie fälschlicherweise beschuldigt, das Herz eines ermordeten Kindes zum Pessachfest zu sich genommen zu haben, und daß dies ihnen von ihren Gesetzen geboten würde, dabei ist genau das Gegenteil wahr. Wann immer irgendwo ein Leichnam gefunden wird, sind es die Juden, denen der Mord böswillig angedichtet wird. Sie werden unter solchen Vorwänden und oder ähnlichen Fabeln verfolgt, und unter Mißachtung der ihnen vom Heiligen Stuhl gewährten Privilegien werden ihnen ein Gerichtsverfahren und ein gerechtes Urteil verweigert. Unter Verhöhnung jeder Gerechtigkeit werden sie enteignet, ausgehungert, inhaftiert und gefoltert, so daß ihr Schicksal möglicherweise noch beklagenswerter ist als jenes ihrer Vorfahren in Ägypten.[98]

Mit einer Vermutung über das der Ritualmordlegende zugrundeliegende Motiv verurteilte er vehement jene Christen, die „Vorwände konstruieren, um [den Juden] unrechtmäßig ihr Eigentum zu rauben“[99]. Innozenz IV. ergänzte außerdem in Bekräftigung von „Sicut Judaeis“ den folgenden wichtigen Absatz, in dem er nicht nur die Ritualmordlegende verurteilte, sondern es auch allen gläubigen Katholiken verbot, sich an der Verbreitung derselben zu beteiligen:

> Es soll sie [die Juden] auch niemand beschuldigen, Menschenblut in ihren religiösen Riten zu verwenden, da sie im Alten Testament angewiesen werden, überhaupt kein Blut, geschweige denn Menschenblut, zu verwenden. Da aber [...] viele Juden aufgrund solcher Verdächtigung getötet worden sind, [...] verbieten wir strengstens, daß dies in der Zukunft wiederholt wird. Wenn irgend jemand in Kenntnis dieses Dekrets, Gott bewahre, es wagen sollte, sich diesem zu widersetzen, so soll dieser mit dem Verlust von Rang und Amt bestraft werden oder als exkommuniziert gelten, es sei denn, er leistet eine geeignete Wiedergutmachung für seine Vermessenheit.

Dieses historische Edikt bildete ein bedeutendes Präjudiz zur Verteidigung der Juden gegen die Ritualmordlegende, dem weitere Päpste folgen sollten. Als Beispiel sei die 1272 von Gregor X. erneut herausgegebene Fassung von „Sicut Judaeis“ genannt, in der eine ausführliche Abhandlung zur Ritualmordlegende ergänzt wurde, die er in unmißverständlicher Weise verurteilte:

> Es kommt manchmal vor, daß einzelne Christen ihre christlichen Kinder verlieren. Die Feinde der Juden beschuldigen diese sodann, sie hätten diese Kinder im Geheimen gestohlen und ermordet und ihr Herz und Blut geopfert. Die Väter dieser Kinder oder andere Christen, die neidisch auf die Juden sind, ver-

> stecken sogar die Kinder, um einen Vorwand zu haben, die Juden zu belästigen oder ihnen Geld abzupressen, um ihre Schulden zu begleichen. Sie versichern in der Folge höchst unaufrichtig, die Juden hätten diese Kinder entführt und ermordet und deren Herz und Blut geopfert. Dabei verbieten es die Gesetze der Juden diesen ausdrücklich, Blut zu essen oder zu trinken [...]. Dies haben Juden, die zum christlichen Glauben gefunden haben, unserer Kurie mehrmals bestätigt. Trotzdem wurden unter diesem Vorwand oft viele Juden gefaßt und entgegen jeder Gerechtigkeit in Haft genommen. Wir bestimmen daher, daß kein Christ unter diesem Vorwand irgendwelche Vorwürfe gegen Juden erheben darf. Wir befehlen weiters, daß die Juden, die wegen dieser Sache eingekerkert sind, aus den Gefängnissen freigelassen und nicht wieder unter derart haltlosen Anschuldigungen verhaftet werden sollen, es sein denn, sie würden auf frischer Tat ertappt (was wir für unmöglich halten).[100]

Im gleichen Sinne und in Übereinstimmung mit den Prinzipien seiner Vorgänger ging Martin V. im Jahr 1422 vor, als ihn eine Delegation von Juden um seinen Schutz vor der Ritualmordlegende bat, „die wieder ihr Haupt erhoben hatte", indem er „die Anschuldigung, die Juden würden Blut mit ihrem ungesäuerten Brot vermischen, als eine ‚ungerechtfertigte' brandmarkte"[101]. Als 1540 diese Anschuldigung ein weiteres Mal gegen jüdische Gemeinden in Mitteleuropa erhoben wurde, riefen die Juden Paul III. an. Dieser reagierte mit seiner an die Bischöfe von Ungarn, Böhmen und Polen gerichteten Bulle „Licet Judaei" („Es sei den Juden gestattet"), in der „die bitteren Todfeinde der Juden", die „vorgeben, die Juden würden kleine Kinder töten und ihr Blut trinken, um sie um ihr Hab und Gut zu bringen"[102], verworfen wurden. Der Papst beklagte, daß die Juden wegen der Ritualmordlegende „ungerechterweise nicht nur um ihr Gut, sondern in vielen Fällen auch um ihr Leben gebracht wurden". Paul III. verurteilte die Ritualmordlegende mit klaren Worten und erklärte sich selbst zum Unterstützer und Schutzherrn der Juden. Die Äußerungen der Päpste Innozenz IV., Gregor X., Martin V. und Paul III. drückten, „so deutlich es Worte vermögen, die offizielle Haltung der Päpste und der katholischen Kirche"[103] und deren Ablehnung und Verurteilung der Ritualmordlegende aus. Traurigerweise blieben die Päpste damit unter den europäischen Herrschern allzuoft allein.

Im Polen des 17. und 18. Jahrhunderts erreichten Ritualmordanschuldigungen und gewaltsame Ausbrüche des Volkszorns gegen die Juden schließlich epidemische Ausmaße. 1650 überbrachte der Generalvikar der Dominikaner, Giovanni Battista de Marini, eine „an die polnischen Mitglieder seines Ordens gerichtete Anweisungen aus Rom, die Ritualmordlegende von der Kanzel aus zu bekämpfen"[104].

Nichtsdestotrotz verschlimmerte sich die von der Landbevölkerung ausgehende antisemitische Gewalt und führte zur Inhaftierung, Folter und Hinrichtung vieler unschuldiger Juden und zur Vertreibung ganzer jüdischer Gemeinden aus mehreren polnischen Städten.

1758 entsandten die Leiter polnischer jüdischer Gemeinden mit Jakob Zelig einen Sondergesandten zu einer Papstaudienz nach Rom. Zelig überbrachte Benedikt XIV. einen erschütternden Bericht des Leidens und der Verfolgung, die die polnischen Juden ertragen mußten. Der Papst beauftragte daraufhin Lorenzo Ganganelli, einen „hochgebildeten und angesehenen" Franziskaner, die Angelegenheit zu untersuchen. Ganganelli war ein einflußreicher und anerkannter Professor der Theologie und Rektor am Kollegium San Bonaventura in Rom, sollte vom nächsten Papst, Clemens XIII., 1759 zum Kardinal ernannt[105] und zehn Jahre später zu Papst Clemens XIV. erhoben werden. Nach einer jahrelangen Untersuchung lieferte Ganganelli seinen offiziellen Bericht, „eines der bemerkenswertesten, aufgeschlossensten und menschlichsten Dokumente in der Geschichte der katholischen Kirche – ein Dokument, das das jüdische Volk für immer in Dankbarkeit und Zuneigung in Erinnerung und Ehre halten wird"[106]. Der umfassende Bericht war sowohl wissenschaftlich wie auch investigativ, er analysierte Quellen und Texte und untersuchte alle berichteten Fälle von jüdischen Ritualmorden in der Geschichte. Mit der Ausnahme von zwei Fällen mit zweifelhafter Quellenlage (die seither von den meisten Historikern verworfen wurden) belegte er das Fehlen jedweder Grundlage für die Anschuldigungen.[107]

Ganganellis historische Zurückweisung der Ritualmordlegende wurde von den Juden Osteuropas mit Freude aufgenommen. Als Ganganelli das Papstamt antrat, betrachteten ihn die Juden bereits als ihren Freund und Schutzherrn, ein Eindruck, der sich während seines fünfjährigen Pontifikats weiter verstärkte. Als Clemens XIV. billigte er das Recht der Juden, frei zu reisen und Geschäfte außerhalb der Ghettos zu betreiben, medizinische Berufe auszuüben, als Handwerker zu arbeiten und kleine Seiden- und Hutproduktionen zu betreiben. Aus der Perspektive der Juden war er einer der besten Päpste der Geschichte.

Im 19. und 20. Jahrhundert ergriff Leo XIII. (dessen 25 Jahre währendes Pontifikat von 1878 bis 1903 damals das zweitlängste der Geschichte nach jenem seines Vorgängers Pius IX. war)[108] zugunsten der Juden das Wort, und dies insbesondere für Hauptmann Alfred Dreyfus, den französischen Offizier, den man im Jahr 1894 fälschlicherweise des Hochverrats bezichtigte. Diese überzeugende historische Tatsache wird in den Berichten zur Dreyfus-Affäre und den Darstellungen zu katholisch-jüdischen Beziehungen zumeist unterschlagen. Papstkritische Autoren wie Kertzer, Carroll und Goldhagen erwähnen diese beispielsweise überhaupt nicht. Dagegen findet sie sich in der Arbeit des anerkannten – und unpolitischen – britischen Kirchenhistorikers Owen Chadwick. Dieser stellte in seinem Standardwerk „A History of the Popes 1830–1914" fest, daß „überall die Protestanten wegen der Dreyfus-Affäre das Papstamt angriffen, obwohl dieses mit der Sache überhaupt nichts zu tun hatte. Soweit Leo XIII. sich dazu äußerte, geschah dies immer zugunsten von Dreyfus"[109]. Ebenso unbeachtet bleibt bei den Kritikern des Papstes die wesentliche historische Tatsache, daß Leo XIII. 1892 – also zwei Jahre vor dem Beginn der Affäre Dreyfus – die Juden in einem Interview mit der französischen Tageszeitung „Le Figaro" vehement verteidigte.

Päpste und Juden im 20. Jahrhundert

Leos XIII. Nachfolger Pius X. (1903–1914) „war der erste Papst seit Jahrhunderten, der von einer bäuerlichen Familie abstammte und eine Karriere von den niedrigsten Stellen in der Kirche bis auf den Stuhl Petri absolvierte"[110], was seine freundlichen Empfindungen gegenüber den Juden beeinflußt haben dürfte.[111] Geboren als Giuseppe Sarto, verbrachte er nach seiner Priesterweihe neun Jahre als Hilfspfarrer und neun weitere als einfacher Gemeindepfarrer, bevor er zum Bischof von Mantua ernannt und in der Folge zum Patriachen von Venedig wurde. Sarto war während seiner gesamten Karriere in der Kirche ein Freund der Juden, er verteidigte das jüdische Volk gegen Beleidigungen und Gewalt und trug entscheidend dazu bei, eine 20 Jahre andauernde antisemitische politische Kampagne in Italien zu beenden.[112]

Als junger Gemeindepfarrer traf Sarto gegen Ende der 1870er Jahre Romanin Jacur, einen jüdischen Ingenieur und einflußreichen Politiker aus Padua, woraus eine 40jährige Freundschaft entstehen sollte.[113] Jacur war von 1880 bis 1919 konservativer Abgeordneter im italienischen Parlament und ab 1920 bis zu seinem Tod Mitglied des Senats. Als Sarto zum Papst wurde, war sein langjähriger Freund regelmäßiger Abendgast im Vatikan und wurde päpstlicher Vertrauter und Berater in einer ganzen Reihe jüdischer Angelegenheiten, von Antisemitismus im zaristischen Rußland bis zu den zionistischen Hoffnungen auf einen jüdischen Staat in Palästina. Der Papst unterstützte den Wahlkampf seines Freunds für die Wiederwahl, und nach der Wahl des Jahres 1913 beglückwünschte er Jacur in einem Schreiben zu seiner „friedlichen und erfolgreichen Wiederwahl“[114].

Als Bischof von Mantua (1884–1893) genoß Sarto die Gunst bedeutender jüdischer Familien, mit denen er freundschaftliche Verbindungen pflegte. Von Leo XIII. gefragt, welche die besten Christen der Stadt seien, antwortete er sogar: „Um ehrlich zu sein, was die Nächstenliebe betrifft, sind die besten Christen die Juden.“[115]

Als Papst traf er am 26. Jänner 1904 mit dem Anführer der zionistischen Bewegung, Theodor Herzl, zusammen, der dabei war, Unterstützung für eine jüdische Heimat in Palästina zu sammeln. Wie auch Kritiker des Papstes anerkannten, war bereits die bloße Tatsache, daß er Herzl empfing, historisch bedeutsam. Wie Herzl später berichten sollte, sprach der Papst während ihrer Unterhaltung unter anderem über den Tempel in Jerusalem und erkundigte sich, ob es Überlegungen gäbe, diesen wieder zu errichten und die alten Opferdienste zu erneuern.[116] Pius erzählte Herzl auch, daß er froh darüber sei, seit seiner Zeit in Mantua viele jüdische Freunde zu haben. „Gerade letzten Abend“, ergänzte Pius „waren zwei Juden hier, um mich zu treffen. Es gibt mehr als die Religion, was Menschen verbindet: beispielsweise gesellschaftlicher Umgang und Wohltätigkeit.“[117]

In Folge einer neuen Welle antisemitischer Pogrome sandte Pius X. 1905 ein scharf formuliertes Schreiben an die polnischen Bischöfe und erinnerte sie daran, daß die Kirche antisemitische Gewalt verurteilte. Während des berüchtigtsten Ritualmordprozesses des 20. Jahrhunderts – dem Verfahren gegen den russischen Juden Mendel Beilis – wiederholte Pius X. nicht nur die päpstliche Zurückweisung und Verurteilung der Ritualmordlegende, sondern bot auch Lord Leopold Rothschild von England in einem Brief Beweismittel und Bezeugungen an.

Der Kontext für dieses Schreiben lag in einem katholischen Priester, der als ein Hauptzeuge der Anklage geführt wurde. Er beabsichtigte, zu bezeugen, daß „die Ermordung von christlichen Kindern und das Konsumieren ihres Blutes zu den religiösen Pflichten der Juden gehört“. Er behauptete außerdem, daß die päpstlichen Dokumente, die die Juden gegen die Ritualmordlegende verteidigten, Fälschungen seien. Aus diesem Grund wies Pius X. seinen Staatssekretär Rafael Merry del Val an, die Richtigkeit und Authentizität sowohl der Bulle von Innozenz IV. zum Schutz der Juden als auch Lorenzo Ganganellis Bericht aus dem 18. Jahrhundert mit seiner Zurückweisung der Ritualmordlegende in einem Schreiben an Rothschild zu bekräftigen. Die russische Botschaft in London bestätigte das Schreiben als authentisch und leitete es an Mendel Beilis Anwalt in Kiew weiter, wo es half, den Freispruch für Beili zu erreichen. (Es bestehen Hinweise darauf, daß Zar Nikolaus selbst del Vals Brief las und russische Beamte anwies, die Geschworenen zu einem „nicht schuldig" zu bewegen.)

Benedikt XV. (1914–1922) beseitigte die letzten Reste von Antisemitismus in der italienischen „papstverbundenen"[118] Presse und verurteilte den Antisemitismus 1916 in einer weitverbreiteten Stellungnahme auf Anfrage des American Jewish Comittee, das den Papst inständig um eine Protestnote gegen einen erneuten antisemitischen Ausbruch in Polen gebeten hatte. Auch diese historisch belegte Verurteilung des Antisemitismus bleibt in den Büchern von Kertzer, Carroll und Goldhagen unerwähnt.

Nachum Sokolow, ein sehr bedeutender europäischer Vertreter der zionistischen Bewegung, traf am 10. Mai 1917 mit Benedikt XV. im Vatikan zusammen, um die Unterstützung des Heiligen Stuhls für die Balfour-Erklärung zu erhalten, die zur Gründung eines jüdischen Staats in Palästina aufrief. Vor dieser Begegnung erfolgten mehrere vorbereitende Besprechungen mit Eugenio Pacelli, zu der Zeit stellvertretender vatikanischer Staatssekretär, dem die Gestaltung von Sokolows Privataudienz zugeschrieben wird, welche deutlich länger als die normalerweise anberaumte halbe Stunde dauerte. Benedikt XV. bat Sokolow, das zionistische Programm zu erklären, hörte aufmerksam zu und beschrieb es anschließend als in Übereinstimmung mit dem Willen Gottes.[119] „Wie sehr hat sich die Geschichte geändert", sagte der Papst zu Sokolow, „neunzehnhundert Jahre sind vergangen, seit die Römer euer Land zerstört haben, und nun kommen Eure Exzellenz nach Rom, um dieses Land wiederzubeleben!"

Sogar, als die heiklen Fragen der heiligen Stätten der Christen zur Sprache kamen, überwog der gute Wille. „Ich habe keinen Zweifel", so der Papst, „daß eine zufriedenstellende Vereinbarung gefunden werden wird." Die Audienz schloß mit Benedikts Worten: „Si, si, io credo che saremo buoni vicini!" („Ja, ja, ich glaube, daß wir gute

Nachbarn sein werden!"). Um das zu betonen, wiederholte er diesen letzten Satz mehrere Male.[120]

Vier Monate später wurde des Papstes Wohlwollen auf die Probe gestellt, was nach den Berichten von Sokolows Sohn zur Rettung der Stadt Tel Aviv führte:

> Als die britische Armee im Herbst 1917 unter General Allenby ihren siegreichen Angriff auf Palästina begann, befahl der türkische Oberkommandierende, Cemal Pascha, eine rücksichtslose Evakuierung von Tel Aviv, die die Plünderung, wenn nicht die vollständige Vernichtung der Stadt bedeutet hätte [...]. Wer sollte helfen? Sokolow dachte, daß der Vatikan der geeignetste neutrale Vermittler zur Beeinflussung der türkischen Regierung sei; dies vor allem deshalb, weil er gehört hatte, daß der apostolische Gesandte in Konstantinopel, Monsignor Dolce, gute Beziehungen zu den offiziellen Kreisen dort pflegte. Er bat in der Sache [den vatikanischen Staatssekretär] Kardinal Gasparri, der mit Zustimmung des Papstes Monsignor Dolce instruierte. Die Intervention hatte das beabsichtigte Ergebnis: Der Evakuierungsbefehl wurde zurückgenommen und Tel Aviv vor der sicher scheinenden Zerstörung bewahrt.[121]

„Ein großer Papst und Friedensstifter": Pius XI. und die Juden

Einer der gelehrtesten Päpste der Neuzeit, Pius XI. (1922–1939), verbrachte einen Großteil seiner frühen Laufbahn als Direktor zweier der weltweit großartigsten Kirchenarchive, der Ambrosius-Bibliothek in Mailand und der Bibliothek des Vatikans in Rom. Nach seiner Ernennung zum Nuntius in Warschau durch Benedikt XV. 1918 wurde er drei Jahre später Erzbischof von Mailand und erhielt im Jahr 1921 die Kardinalswürde. Nach weniger als einem Jahr, im Februar 1922, wurde er zum Papst gewählt. Während er nebenbei als erster Papst das Radio als Kommunikationsmedium nutzte und sich als „erster Papst [...] in seiner Freizeit intensiv dem Bergsteigen widmete"[122], war eines der größten (und heute weitgehend in Vergessenheit geratenen) Vermächtnisse seines Pontifikats seine historische Rolle als Gegner des Antisemitismus und als päpstlicher Verteidiger der Juden.

Pius XI. hatte seit seiner Zeit als Direktor der Ambrosius-Bibliothek in Mailand, wo er häufig hebräische Manuskripte mit dem Oberrabbiner von Mailand und anderen Prominenten der jüdischen Gemeinde besprach, freundschaftliche Beziehungen zu italienischen Rabbinern und anderen jüdischen Vertretern. Als junger Priester in Mailand studierte er die hebräische Sprache bei einem Rabbiner der Stadt, und bei einer Gelegenheit bat ihn der Mailänder Oberrabbiner um seine Gebete für sich und sein Volk. Während seiner Amtszeit als Nuntius in Polen trat Pius das erste Mal dem Antisemitismus, der Verfolgung und dem Leiden, dem Europas Juden ausgesetzt waren, entgegen. Kurz nach seiner Ankunft in Warschau 1918 brachen Pogrome aus, bei denen viele Juden getötet, jüdische Wohnungen, Synagogen und Geschäfte zerstört wurden. Der spätere Papst war von dem polnischen Antisemitismus schockiert und bekämpfte ihn erbittert, wie dies von Sir William Clonmore in seiner maßgeblichen Biographie „Pope Pius XI and World Peace“ ausgiebig dokumentiert wurde. Als Nuntius kümmerte er sich um das Wohlergehen der polnischen Juden, schrieb Clonmore, und „stellte klar, daß jeder antisemitische Ausbruch vom Heiligen Stuhl schwer verurteilt werden würde“[123]. Er half auch persönlich und konkret den jüdischen Opfern. Auf Anweisung von Benedikt XV. verteilte er die seiner Verantwortung unterliegenden Hilfsmittel für Polen nach dem Ersten Weltkrieg nicht nur an Katholiken, sondern auch an verarmte Juden, die in den Pogromen ihre Wohnungen und Geschäfte verloren hatten.[124]

Als Papst gab er 1928 ein Dekret heraus, in dem er den Antisemitismus verurteilte. „Geleitet von der christlichen Nächstenliebe hat der Heilige Stuhl dieses Volk [die Juden] immer gegen ungerechte Unbill geschützt, und wie er den Groll und die Konflikte zwischen den Völkern ablehnt, verurteilt er insbesondere den unverdienten Haß gegen das von Gott auserwählte Volk; jenen Haß, den wir unter dem Namen Antisemitismus kennen“[125].

Im Jahr 1931 hielten die Bischöfe von acht bayerischen Diözesen in einem auf Geheiß des Papstes an den katholischen Klerus von Deutschland gerichteten pastoralen Schreiben fest, daß die aufstrebende nationalsozialistische Partei von Adolf Hitler „die wesentlichen Grundlagen“ der katholischen Lehre verwerfe. Weiters stellten die Bischöfe „die Tatsache fest, daß die Ideologie der Überlegenheit einer Rasse und der daraus abgeleitete Antisemitismus in Widerspruch zur christlichen Lehre stehen“[126]. Im November 1931 bedankte sich der Oberrabbiner von Mailand bei einem persönlichen Besuch im Vatikan beim Papst für dessen Einsatz gegen die religiöse Verfolgung und die fortgesetzte Unterstützung für die Juden in Italien.[127]

Der Verlauf der 1930er Jahre brachte Pius XI. zur Ansicht, in Hitler „den größten Feind von Christus und der Kirche in der Neuzeit“ zu sehen, und er verglich Hitler mit dem Antichristen. „Die Verfolgung der katholischen Kirche in Deutschland“, erklärte er, sei „einzig und allein"[128] Hitlers Werk. In einer seiner alljährlichen Weihnachtsansprachen vor dem Kardinalskollegium verurteilte er sowohl den italienischen wie den deutschen Faschismus energisch und beschrieb das nationalsozialistische Hakenkreuz als „Kreuz in Feindschaft zum Kreuz Christi"[129]. Am 12. März 1937 gab Pius XI. seine berühmte Enzyklika „Mit brennender Sorge" heraus. Das Dokument war an die Bischöfe Deutschlands gerichtet und wurde von allen Kanzeln der katholischen Kirchen in Deutschland in voller Länge verlesen; die Enzyklika löste eine zornige Reaktion der nationalsozialistischen Regierung in Berlin aus.

„Mit brennender Sorge" benannte den nationalsozialistischen Antisemitismus nicht direkt, sondern konzentrierte sich darauf, wie ein „aggressives Heidentum" die katholische Kirche in Deutschland verfolgte, kam dem aber sehr nahe: „Wer die biblische Geschichte und die Lehrweisheit des Alten Bundes aus Kirche und Schule verbannt sehen will, lästert das Wort Gottes, lästert den Heilsplan des Allmächtigen, macht enges und beschränktes Menschendenken zum Richter über göttliche Geschichtsplanung. Er verneint den Glauben an den wirklichen, im Fleische erschienenen Christus [...]." Das Dokument des Papstes fährt an anderer Stelle fort: „Offenbarung im christlichen Sinn ist das Wort Gottes an die Menschen. Dieses gleiche Wort zu gebrauchen für die ‚Einflüsterungen' von Blut und Rasse, für die Ausstrahlungen der Geschichte eines Volkes, ist in jedem Fall verwirrend. Solch falsche Münze verdient nicht, in den Sprachschatz eines gläubigen Christen überzugehen." Die Nationalsozialisten verstanden „Mit brennender Sorge" mit Sicherheit als eindeutig projüdisches Dokument, und sie unternahmen einen giftigen Gegenangriff auf den Heiligen Stuhl. Die nationalsozialistische Propaganda ging so weit, Gerüchte zu verbreiten, Pius XI. sei Halbjude, dessen Mutter eine niederländische Jüdin sein sollte.

1938, zu jener Zeit, als der britische Premierminister Neville Chamberlain in München die Appeasement-Politik gegenüber Hitler betrieb, war Pius XI. einer der wenigen europäischen Staatenlenker, die den Antisemitismus unmißverständlich verurteilten. Im März desselben Jahres verfügte er die Auflösung der „Amici Israel", einer katholischen Organisation, die viele Jahre lang versucht hatte, Juden zur Konversion zu bewegen, und die begonnen hatte, Pamphlete zu verfassen, „die von Haßgefühlen zeugten" gegenüber dem Volk der Juden. Die Auflösungsanordnung bekundete: „So wie der Apostolische Stuhl allen Neid und alle Feindschaft unter den Völkern verwirft, so verdammt er um so mehr den Haß gegen das von Gott einst auserwählte Volk, jenen Haß nämlich, den man heute mit dem Namen Antisemitismus zu bezeichnen pflegt"[130].

Später in demselben Frühling, als Hitler während des „Anschlusses" triumphal in Wien einzog, war Pius XI. über den Wiener Erzbischof Theodor Innitzer erzürnt, weil dieser in Wien die Kirchenglokken läuten ließ und eine nationalsozialistische Beflaggung erfolgte. Pius XI. bestellte Innitzer zur Bestrafung nach Rom und ließ diese Tatsache „über diplomatische Kontakte in die Vereinigten Staaten bekannt machen, damit die Regierungen der Welt wüßten, welche Position der Vatikan zu Hitlers Deutschland hatte"[131]. Als Benito Mussolini „die Straßen Roms anläßlich des Staatsbesuches von Adolf Hitler im Mai mit Hakenkreuzen herausputzen ließ", brüskierte der Papst Hitler, indem er die Stadt verließ. Noch während der Anwesenheit Hitlers in Rom brachte die Zeitung des Vatikans, der „Osservatore Romano", auf Geheiß des Papstes einen Leitartikel, der den nationalsozialistischen Rassismus verurteilte und es Katholiken verbot, derart rassistische Ideen zu verbreiten.[132]

Pius XI. war entsetzt, als faschistische Hochschulprofessoren am 14. Juli 1938 auf Anweisung Mussolinis eine „Rassenerklärung" abgaben, in der es hieß, daß „Juden nicht zur italienischen Rasse gehören", bei welcher es sich um die „reine arische Rasse"[133] handele. Im September 1938 gab die Regierung Mussolini ihre erste Welle an judenfeindlichen Gesetzen bekannt, der zwei Monate später weitere folgen sollten. Diese sogenannten Rassengesetze, die den infamen, von den Nationalsozialisten erlassenen Nürnberger Gesetzen nachempfunden waren, entließen jüdische Lehrer aus den öffentlichen Schulen und schlossen jüdische Schüler vom Besuch der Sekundarstufe aus. Juden wurden außerdem überhaupt aus dem öffentlichen Dienst, einschließlich der Streitkräfte, entlassen und von weiteren Bereichen des öffentlichen Lebens, einschließlich des Besuches von Universitäten, ausgeschlossen. Eheschließungen zwischen Juden und Katholiken wurden verboten, und Juden durften keine Christen mehr als Hausangestellte beschäftigen. Pius XI. verurteilte diese antijüdische Gesetzgebung mehrmals.

Am 6. September, bereits von Leiden gezeichnet und nur wenige Monate vor seinem Tod, empfing Pius XI. eine Gruppe belgischer Pilger. Er nahm ein altes Gebetsbuch als Geschenk an und las daraus eines der Gebete vor, anschließend sagte er: „Ich kann nicht anders, als tief bewegt zu sein. Antisemitismus ist mit dem Denken und der tiefen Wahrheit, die in diesem Text zum Ausdruck gebracht wird, nicht vereinbar. Es ist eine haßerfüllte Bewegung, eine Bewegung, an der wir als Christen in keiner Form teilhaben dürfen." Mit Tränen in den Augen schloß er: „Antisemitismus ist inakzeptabel, spirituell sind wir alle Semiten."

Geschichtsschreiber sollten später zu dem Schluß kommen, daß „dieser letzte Satz vielleicht die berühmtesten Worte sind, die Pius XI. jemals gesagt hat"[134]. Die Shoa-Kommission des Vatikans zitierte ihn 1998 korrekterweise als Beleg für des Papstes dauerhaften Widerstand gegen den Antisemitismus und seine wohlwollende Einstellung gegenüber dem jüdischen Volk. David Kertzer bemängelt daran, daß diese Worte des Papstes nicht in der offiziellen Zeitung des Vatikans, dem „Osservatore Romano", abgedruckt worden seien, sie „informell und spontan"und „in keinem offiziellen päpstlichen Dokument aufgezeichnet worden"[135] seien. Andere katholische Zeitungen in Europa verbreiteten die Meldung sehr wohl, und Pius' XI. Worte „inspirierten Katholiken bei ihren Rettungsmaßnahmen während des Holocaust"[136].

In den letzten Monaten seines Lebens fuhr Pius XI. mit seinen Verurteilungen des nationalsozialistischen Regimes und dessen antisemitischer Politik fort. Als in der berüchtigten „Kristallnacht" hunderte Synagogen und Geschäfte zerstört wurden, prangerte er die nationalsozialistischen Grausamkeiten an und wies den Münchener Kardinal Michael Faulhaber an, es ihm gleichzutun und außerdem dem Münchener Oberrabbiner dabei zu helfen, die Torahrollen in Sicherheit zu bringen, bevor seine Synagoge vollständig verwüstet wurde.[137] Er wies den „Osservatore Romano" an, die von den italienischen Faschisten verordnete Verbannung von Juden aus den Theatern und anderen öffentlichen Orten als „Akte unchristlicher Verfolgung" zu verurteilen. Er ersuchte katholische Kardinäle, dabei mitzuhelfen, für jüdische Forscher und Professoren, die von ihren Posten an den deutschen Universitäten vertrieben worden waren, Plätze an Universitäten in Nordamerika zu finden. Am 14. Jänner 1939 sprach Pius vor dem diplomatischen Corps des Vatikans und forderte die versammelten Botschafter auf, so viele Einreisevisa wie möglich „für die Opfer der rassistischen Verfolgung in Deutschland und Italien"[138] zu beschaffen.

Pius XI. hatte sich seit dem Juni intensiv mit der Vorbereitung einer Enzyklika, die den Antisemitismus direkt verurteilen sollte, beschäftigt. Diese wurde nach einem Treffen mit dem amerikanischen Jesuiten Pater John La Farge in Castel Gandolfo (der Sommerresidenz des Papstes) unter höchster Geheimhaltung verfaßt. La Farge war der Herausgeber der Zeitschrift „America", des Periodikums der Jesuiten, und ein bekannter Gegner der in den Südstaaten herrschenden Gesetze zur Rassentrennung, wie dies auch in seinem im Jahr 1937 erschienenen Buch „The Unity of Human Race" zum Ausdruck kam. Pius XI. hatte das Werk gelesen und bewundert und bat La Farge daraufhin, die Enzyklika zu entwerfen. La Farge nahm diesen Auftrag an und bat um die Hilfe von Pater Wladimir Ledochowski, der bereits Pius XI. bei der Erstellung früherer Enzykliken geholfen hatte. La Farge stellte seinen ersten Entwurf im September 1938 fertig und gab ihn bei Ledochowski ab mit der Erwartung, daß dieser das Dokument umgehend an den Papst weiterleiten werde. Statt dessen hielt Ledochowski das Dokument für Monate zurück, bis der Papst bereits im Sterben lag. Pius XI. starb bald danach, am 10. Februar 1939, und die geheime Enzyklika mit ihm. Sie wurde nie als offizielles Dokument des Heiligen Stuhls veröffentlicht, blieb aber in den Archiven des Vatikans.[139]

Die Juden beklagten das Ableben von Pius XI. Der Oberrabbiner von Paris, Julien Weil, verfaßte die folgende Hommage, um an den Papst zu erinnern:

> Der Tod Seiner Heiligkeit Pius XI. bewegt mich zutiefst und erfüllt mich mit großem Schmerz. Das Judentum schließt sich von ganzem Herzen der weltweiten Verehrung, die diesem erhabenen Pontifex entgegengebracht wird, an, der als Diener Gottes, als wahrer Apostel der sozialen Gerechtigkeit, des Friedens und der Brüderlichkeit unter den Menschen bewundert und geehrt wird. Bei zahlreichen Gelegenheiten verurteilte Pius mit glänzender Standhaftigkeit und Klarheit den verderblichen Irrtum des rassistischen Heidentums, und er verurteilte den Antisemitismus als unvereinbar mit dem christlichen Glauben und als Quell von Frevel und abscheulicher Gewalt. Ich bin sicher, daß ich die Gefühle meiner Mitjuden zum Ausdruck bringe, wenn wir der großen Persönlichkeit Pius XI. die höchste Achtung bekunden und unsere Trauer und unsere Dankbarkeit für diesen großen Diener des Gottes der Gerechtigkeit und Liebe in unseren Gebeten zum Ausdruck bringen.[140]

Leon Blum, der frühere Premierminister von Frankreich und einer der herausragendsten jüdischen Bürger dieses Landes, schloß sich der Trauer von Rabbi Weil am folgenden Tag an: „Ein großer Papst und Friedensstifter [...] hat es als seine Pflicht betrachtet, gegen rassistische Kräfte und die Verbreitung von rassistischen Theorien auf der ganzen Welt zu kämpfen [...]. Es ist nicht nur die Achtung vor seiner großartigen Amtsführung und seinem ungebrochenen Mut, die uns unser Haupt vor seinem Sarg verneigen läßt." Die Vorsteher der Alliance Israèlite Universelle, des Zentralrats der französischen jüdischen Gemeinschaft, schrieben nach Rom: „Niemals werden wir die Güte und den Mut vergessen, mit dem der Papst in seinen letzten Jahren alle Opfer von Verfolgung ungeachtet ihrer Rasse oder Religion im Namen jener ewigen Grundsätze, deren großmütigster Fürsprecher er auf Erden gewesen ist, verteidigt hat. [...] Er hat wahrlich unsere ewige Dankbarkeit und immerwährende Bewunderung verdient."[141]

Für die Jewish Agency, die Vorläuferorganisation der Regierung des Staates Israel, schrieb Bernard Joseph an den Patriarchen von Jerusalem: „Gemeinsam mit der gesamten zivilisierten Menschheit bedauert das jüdische Volk den Verlust eines der bedeutendsten Fürsprecher des internationalen Friedens und Wohlwollens [...]. Nicht nur einmal durften wir für die Einstellung, mit der er gegen die Verfolgung von rassischen Minderheiten aufgetreten ist, und insbesondere für die tiefe Sorge, die er über das Schicksal der verfolgten Juden Mitteleuropas zum Ausdruck gebracht hat, zutiefst dankbar sein. Seine edlen Bemühungen zu ihren Gunsten werden ihm für alle Zeit einen Ehrenplatz in der Erinnerung des jüdischen Volks sichern, wo auch immer die Juden leben."[142]

„National Jewish Monthly", eines der wichtigsten jüdischen Periodika, das von B'nai B'rith herausgebracht wurde, brachte in seiner Ausgabe vom Februar 1939 ein Portrait des Papstes auf der Titelseite und pries im Leitartikel seinen mutigen Widerstand gegen den Faschismus und den Antisemitismus. „Ungeachtet ihrer persönlichen religiösen Überzeugungen", schrieben die Herausgeber, „haben Männer und Frauen, die an Demokratie und Menschenrechte glauben, überall den standhaften und kompromisslosen Widerstand von Papst Pius XI. gegen die faschistische Brutalität, das Heidentum und die Rassentheorien gepriesen". Die Autoren zitierten den Chicagoer Bischof Bernard J. Sheil: „Es erfüllt mich mit Stolz, daß Papst Pius XI. die erste internationale Stimme der Welt war, die sich erhob, um das grauenhafte Unrecht, das dem jüdischen Volk von brutalen Tyranneien angetan wurde, streng zu verurteilen, und ich bin froh und stolz darauf, meine schwächliche Stimme mit jener machtvollen des Pontifex in seiner erhabenen Verurteilung dieser ruchlosen Schreckensherrschaft, die Kindern Gottes unabhängig von ihrer Rasse, Religion oder Staatsangehörigkeit das grausame Joch der Verfolgung antut, zu vereinen."[143]

Dies war die Tradition des Papsttums, die auch jene des nächsten Papstes, Pius XII., bleiben sollte. Weit entfernt davon, „Hitlers Papst“ zu sein, wurde er ein großer Verteidiger des jüdischen Volkes, wie es schon so viele Päpste vor ihm gewesen waren. Die Umstände aber, denen Pius XII. ausgesetzt war, stellten alles, was seine Vorgänger erleben mußten oder sich vorstellen konnten, in den Schatten: der größte Krieg in der Weltgeschichte und ein mächtiges Regime, das entschlossen war, das jüdische Volk zu vernichten.

Der künftige Papst

Eugenio Pacelli wurde am 2. März 1879 in Rom als Sproß einer vornehmen und aristokratischen Familie geboren. Die Familie Pacelli diente dem Heiligen Stuhl seit 1819, als der Großvater Marcantonio Pacelli nach Rom kam, um dort das Kirchenrecht zu studieren. Er erlangte während des Pontifikats von Pius IX. große Bedeutung und wurde 1848 einer der vertrautesten Berater des Papstes.[144] 1851 ernannte dieser ihn zum vatikanischen Unterstaatssekretär des Inneren, eine Stellung, die Pacelli bis zum Jahr 1870 behalten sollte.[145] Pacelli unterstützte auch den Aufbau der Zeitung des Vatikans, des „Osservatore Romano“, der einflußreichsten katholischen Zeitschrift der Welt und „moralisches und politisches“ Sprachrohr des Heiligen Stuhls.[146] Marcantonio Pacelli blieb bis zu seinem Tod im Alter von 102 Jahren im Jahr 1902 dessen Herausgeber.[147]

Eugenios Vater, Filippo Pacelli, war ein weiterer bedeutender Rechtsgelehrter des Vatikans und diente Pius IX. und Leo XIII. als Berater in finanziellen Angelegenheiten. Außerdem war er ein wichtiges Mitglied des „schwarzen Adels“ aus römischen Aristokraten und bürgerlichen Führern, die sich in dem erbitterten Streit über die Schaffung eines einheitlichen italienischen Staats gemeinsam mit dem Papst der italienischen Monarchie entgegenstellten. Die Einigung Italiens (einschließlich Roms) unter der liberalen Monarchie im Jahr 1870 brachte den Juden politische Emanzipation und Freiheitsrechte, die für sie bis dahin unbekannt gewesen waren.

Im selben Jahr wurde das römische Ghetto aufgelöst, und die ersten beiden Juden wurden in den Gemeinderat von Rom gewählt.[148] Damit verschwanden die alten Barrieren, die bis dahin der sozialen Integration von Juden und Christen im Weg standen, und Juden „wurden in die italienische Gesellschaft und Politik vollständig integriert und hatten Zugang zu Laufbahnen, [...] die ihnen anderswo im Westen verwehrt waren“[149]. Filippo Pacellis Einbindung in die Regionalpolitik (er gewann zweimal Wahlen zum römischen Gemeinderat) brachte ihn in engen Kontakt mit den Juden der Stadt, wobei er auch mit zwei jüdischen Kollegen im Gemeinderat Freundschaft schließen konnte. Als die heftig antikatholischen liberalen Gemeinderäte mit einer Resolution die Entfernung des Kruzifixes vom Eingang des Friedhofs Campo Verano betrieben, unterstützte der jüdische Gemeinderat (und langjährige Vorsitzende der jüdischen Gemeinde) Samuel Altari Filippo Pacelli beim Widerstand gegen dieses Ansinnen.[150] Der Papst, mit dem Altari immer befreundet blieb, bemerkte dazu: „Ich wußte immer, daß Sor Samuele der Katholischste von allen Gemeinderäten war."[151]

Die Eltern von Eugenio Pacelli verkehrten regelmäßig mit den wichtigsten jüdischen Familien Roms, einschließlich der Altaris. Außerdem schickten sie Eugenio an eines der liberalsten („freisinnigen") staatlichen Gymnasien, wo er mehrere jüdische Klassenkameraden hatte, was eine nie dagewesene persönliche Erfahrung für einen späteren Papst darstellte. Niemals zuvor war ein Pontifex in einer Stadt aufgewachsen, in der für Juden politische und soziale Gleichberechtigung herrschten und Religionsfreiheit selbstverständlich war. All dies sollte dazu beitragen, Eugenio Pacellis Abneigung gegen den Antisemitismus zu formen.

Eugenios älterer Bruder, Francesco Pacelli, setzte die Familientradition fort, indem er ein bekannter Laien-Kirchenrechtler wurde. Er unterstützte den Staatssekretär des Vatikans, Kardinal Pietro Gasparri, bei den Verhandlungen mit Benito Mussolini, die schließlich zum Lateranvertrag von 1929 führten.[152] Dieser schuf einen souveränen, unabhängigen Vatikanstadtstaat und erkannte die römisch-katholische als die offizielle Religion von Italien an – wesentliche Zugeständnisse an die Kirche nach nahezu 60 Jahre währenden Feindseligkeiten zwischen Kirche und Staat.

Anfangs schien es, Eugenio würde im Sinne der Familientradition den Beruf des Kirchenrechtlers im Laienstand ergreifen, bis er im Alter von 18 Jahren der Berufung als Priester folgte und in Roms hochangesehenes Seminar Almo Collegio Capranica eintrat. Dank seiner herausragenden Sprachbegabung – er war einer der besten Studenten seines Jahrgangs – sprach er schließlich fließend Latein, Griechisch, Englisch, Französisch, Deutsch, Spanisch, Portugiesisch, Hebräisch und Aramäisch. Nach der Fortsetzung seiner Studien an der römischen Gregorianischen Universität wurde Eugenio Pacelli am 2. April 1899, Ostersonntag, zum Priester geweiht und anschließend zum Assistenzpriester an die Chiesa Nuova entsandt, die auch die Pfarrkirche seiner Familie war und an der er im Kindesalter als Ministrant hatte dienen dürfen. Parallel zu dieser Tätigkeit setzte er seine akademische Ausbildung fort und wurde 1902 in Theologie, danach auch noch in kanonischem und bürgerlichem Recht promoviert.

Der Historiker Jose Sanchez merkte an, daß Eugenio Pacelli mit diesem Hintergrund „zum Papst geboren und sogar schon vor seiner Priesterweihe auf einer steilen Karriereleiter zum Papstamt war“[153]. Sein Talent blieb nicht unbemerkt. Leo XIII. hatte unter der Aufsicht des Amtes für Außerordentliche kirchliche Angelegenheiten ein Programm eingerichtet, das aussichtsreiche junge Kleriker für den diplomatischen Dienst des Vatikans ausbildete. Zwei Jahre nach seiner Priesterweihe wurde Eugenio Pacelli von Kardinal Gasparri, dem neuernannten Sekretär des Amtes für Außerordentliche kirchliche Angelegenheiten, zur Teilnahme an diesem Programm eingeladen. Zunächst lehnte Pacelli dies mit dem Hinweis darauf ab, daß er lieber „als Seelsorger tätig“[154] sei. Doch Kardinal Gasparri gelang es, Pacelli davon zu überzeugen, daß die Tätigkeit als Diplomat des Vatikans ebenso dem Seelenheil diene.[155]

Wenige Wochen danach wählte Leo XIII. Pacelli dazu aus, die Beileidsbekundungen des Vatikans anläßlich des Todes von Königin Victoria von England an den neuen König, Edward VII., zu überbringen. Dies war ein weiterer Beleg dafür, daß der damals Fünfundzwanzigjährige bereits auf dem Weg zu höheren Weihen im Umfeld des Heiligen Stuhls auserkoren war.[156] Im Jahr 1908 kehrte Pacelli als Vertreter des Vatikans am internationalen eucharistischen Kongreß in London nach England zurück. Bei diesem Aufenthalt traf er auch mit Winston Churchill zusammen, der damals als junger Parlamentsabgeordneter bestrebt war, mit antikatholischem Eifer im öffentlichen Leben Englands aufzuräumen.[157] Mit nur einem Jahr Altersunterschied schlossen Pacelli und Churchill Freundschaft, und ihre Karrieren sollten einander ähneln; während Churchill im britischen Parlament immer wichtiger wurde, stieg Pacelli als Diplomat und Staatsmann des Vatikans auf.

1904 ernannte ihn Pius X. zum Monsignore und beauftragte ihn, in einer Arbeitsgruppe unter der Leitung von Kardinal Gasparri an der Revision und Systematisierung des Kirchenrechts mitzuwirken, ein Projekt, dem er sich für zwölf Jahre widmen sollte. Er diente ebenso als *Minutante* (Protokollführer), der die Reden und Aufzeichnungen des Papstes verfaßte bzw. in Evidenz hielt, und wurde zum persönlichen Gesandten des Papstes bei Kaiser Franz Joseph von Österreich.[158]

Als Gelehrtem wurden Pacelli 1911 Professorenstellen für Kirchenrecht an der Universität Rom und an der Katholischen Universität von Amerika angeboten. In beiden Fällen überzeugte ihn Kardinal Gasparri, abzulehnen und die Stelle als Diplomat des Vatikans zu behalten. 1914 folgte Pacelli dem Kardinal (der zum Staatssekretär des Vatikans aufstieg) als Sekretär des Amtes für Außerordentliche kirchliche Angelegenheiten nach. In dieser Funktion schloß Pacelli ein Konkordat mit Serbien ab, dem weitere derartige Abkommen mit anderen Staaten folgen sollten. Die Unterfertigung des serbischen Konkordats erfolgte nur wenige Tage, bevor der österreichische Thronfolger Franz Ferdinand in Sarajevo ermordet wurde.[159] Beim Ausbruch des Ersten Weltkriegs wurde Pacelli damit betraut, Verzeichnisse der Kriegsgefangenen zu führen und Gefangenenaustausche zu organisieren, eine der humanitären Aufgaben, die der Vatikan übernommen hatte.[160]

Für die nächsten drei Jahre war Pacelli Gasparris rechte Hand und half ihm dabei, alle offiziellen päpstlichen Dokumente zu entwerfen und zu formulieren, die der Staatssekretär für Benedikt XV. zur Unterschrift vorbereitete. Viele wichtige päpstliche Dokumente einschließlich der Verurteilung des Antisemitismus im Februar des Jahres 1916 waren zunächst von Pacelli angeregt und entworfen worden.

Eugenio Pacelli und die Juden

Als Eugenio Pacelli 1914 zum wichtigsten vatikanischen Untergebenen von Kardinal Gasparri wurde, waren Juden sowohl in der italienischen wie in der römischen (Stadt-)Regierung vertreten. 1907 wurde Ernesto Nathan – ein persönlicher Freund von Pius X. – der erste jüdische Bürgermeister von Rom. Auf Bundesebene waren bereits 1874 neun jüdische Abgeordnete in das neue italienische Parlament gewählt worden, das nach der Einigung Italiens im Jahr 1870 zusammentrat; bis 1894 sollte sich diese Zahl auf 15 erhöhen. Noch vor der Jahrhundertwende waren mehrere Juden als *Elder statesmen* Mitglieder des vom König nominierten Senats. Beispielhaft genannt seien hier Giuseppe Ottolenghi, der erste jüdische General Italiens, der 1902 zum Kriegsminister ernannt wurde,[161] und Isaac Artom, Italiens erster Unterstaatssekretär für äußere Angelegenheiten (1870–1876), der auch der erste europäische Jude war, der im höheren diplomatischen Dienst im Ausland tätig war, als er als Botschafter seines Landes nach Dänemark entsandt wurde.[162]

Der erfolgreichste jüdische Politiker Italiens war Luigi Luzzatti. Er galt als ein Finanzgenie und war Ökonom und Professor für Verfassungsrecht, ehe er 1870 in das Parlament gewählt wurde. Er absolvierte eine glänzende Karriere: dreifacher Finanzminister (1891/92, 1896–1898 und 1904–1906), weiters Minister für Landwirtschaft, Handel und Industrie, Innenminister sowie Staatssekretär. 1910 wurde er zum ersten jüdischen Premierminister Italiens (und Europas), 26 Jahre, bevor in Frankreich ein Jude dieses Amt bekleiden sollte.[163] Als moderater Politiker betrieb er nicht jenen scharfen Antiklerikalismus, der sich vielfach in der italienischen Politik breitgemacht hatte.

Eugenio Pacelli betrachtete die jüdischen Politiker als sozial gleichgestellt und als Freunde in Politik und Gesellschaft. Nach dem Ersten Weltkrieg und am Vorabend des Aufstiegs von Mussolinis faschistischer Bewegung in den 1920er Jahren fanden sich im italienischen Parlament 24 jüdische Abgeordnete und elf Senatoren.[164] Pacelli sollte den Antisemitismus aber in Deutschland und nicht in Italien erstmals aus nächster Nähe kennenlernen.

Ein künftiger Papst in Deutschland

1917, mitten in den Wirren des Ersten Weltkriegs, wurde Pacelli zum Nuntius in Bayern ernannt. Unmittelbar vor seiner Entsendung machte ihn der Papst zum Bischof, um ihm dann umgehend die Kardinalswürde zu verleihen. Der Einsatz in einem derart bedeutenden Land in Verbindung mit der raschen Beförderung (Pacelli war zu dem Zeitpunkt 41 Jahre alt) ist ein weiterer Beleg dafür, daß er von seinen Zeitgenossen als „der herausragendste Diplomat des Papstes“[165] seiner Zeit betrachtet wurde. Als Nuntius im Königreich Bayern war er in Ermangelung eines Nuntius zu Preußen *de facto* der Botschafter für das gesamte Deutsche Reich.[166] Es lag nun in Pacellis Verantwortung, ein neues Konkordat mit Bayern zu entwickeln und diplomatische Beziehungen zum übrigen Deutschland aufzubauen.[167] Zu diesem Zweck besuchte Pacelli im Juni 1917 Berlin, um sich bei der deutschen Regierung einschließlich Kaiser Wilhelm II. vorzustellen.[168] Pacelli lebte als Diplomat des Vatikans bis zum Ende des Kriegs in München und kümmerte sich besonders darum, das Leid der Kriegsgefangenen und der zivilen Opfer zu lindern.[169] Als der Vertreter Benedikts XV. und anschließend Pius' XI. in Bayern blieb Pacelli zwölf Jahre lang in Deutschland und kehrte schlußendlich 1929 nach Rom zurück, wo er sich auf seine nächste Stellung als Staatssekretär des Vatikans vorbereitete.

Einer der ersten Juden, deren Bekanntschaft Pacelli nach seiner Ankunft in München machte und mit ihnen Freundschaft schloß, war ein anderer Neuankömmling, Bruno Walter, der brillante Dirigent des Münchener Opernhauses. Walter war ein Protegé von Gustav Mahler, und da Pacelli die Oper liebte und er außerdem die Werke Mahlers sehr schätzte, hatten die beiden viel gemeinsam. Im späteren Leben konvertierte Walter (wie übrigens auch Mahler) zum Katholizismus, und man kann sicher annehmen, daß Pacelli sowohl sein spiritueller Mentor als auch Freund gewesen ist.

Unglaublicherweise wird diese Pacelli-Walter-Freundschaft von den Kritikern Pius' XII. überhaupt nicht erwähnt, ja nicht einmal seine Fürsprecher führen sie an, die diesen wesentlichen Aspekt des Lebens von Eugenio Pacelli offenbar übersehen haben. Dafür findet sich in Walters Erinnerungen „Thema und Variationen" die Darstellung, wie Pacelli dabei half, seinen während eines Pogroms zu Unrecht inhaftierten jüdischen Freund und Musikerkollegen Ossip Gabrilowitsch aus dem Gefängnis zu holen. Nach fruchtlosen Versuchen, bei den deutschen Behörden die Freilassung seines Freunds zu erreichen, schrieb Walter: „[...] und wir begaben uns zum Nuntius Pacelli, von dessen edler Persönlichkeit ich ebensoviel gehört hatte wie von seiner Musikliebe. Der Nuntius hörte uns mit Teilnahme an, versprach uns seine Hilfe, und am nächsten Tage war Ossip frei."[170]

Dank der guten Dienste seines Freunds, des „wohlwollenden und hilfreichen Nuntius Eugenio Pacelli", schrieb Walter, war es Ossip Gabrilowitsch möglich, mit seiner Familie nach Zürich und anschließend in die USA zu kommen, wo er der Gründer und erste musikalische Direktor des symphonischen Orchesters von Detroit wurde. Ossip Gabrilowitsch findet erstaunlicherweise in keinem bisherigen Buch über Pius XII. Erwähnung, obwohl er der erste von vielen Juden war, die zu retten Eugenio Pacelli helfen sollte, und zwar zunächst als Diplomat des Vatikans und schließlich als Papst.

Genauso ist in früheren Büchern nichts zu finden über den Versuch von Eugenio Pacelli, die Ermordung des jüdischen deutschen Außenministers Walther Rathenau im Juni 1922 zu verhindern. Die

Ermordung Rathenaus durch antisemitische deutsche Extremisten veränderte die Entwicklung der deutschen Politik und trug unermeßlich zu Verfall und Instabilität der Weimarer Republik bei.

Walther Rathenau war der Sohn eines wohlhabenden jüdischen Industriellen und baute das Unternehmen seines Vaters zu einem der weltgrößten Industriekonglomerate aus.[171] Rathenau hatte danach eine lange Karriere als Berater der deutschen Regierung und später als Leiter des Rohstoffbeschaffungsamts des deutschen Kriegsministeriums.

Joseph Wirth, führendes Mitglied der katholischen Zentrumspartei und früherer Außenminister, wurde im Mai 1921 Kanzler der neuen Weimarer Regierung[172] und ernannte Rathenau zum Minister für den Wiederaufbau. Schon im Februar 1922 ernannte er Rathenau dann zum Außenminister, was unverhohlene Morddrohungen gegen Rathenau zur Folge hatte. Im Mai 1922 vertraute Pacelli Wirth an, daß ein Priester ihm von einem Attentatsplan gegen Rathenau berichtet hatte.[173] Wirth gab später Rathenaus Freund und Biograph, Harry Graf Kessler, folgendes über sein Gespräch mit Pacelli zu Protokoll:

> Pacelli informierte mich schlicht und nüchtern in wenigen Sätzen davon, daß das Leben von Rathenau in Gefahr sei. Ich stellte das nicht in Frage: Das Gespräch erfolgte absolut vertraulich [...]. Anschließend baten wir Rathenau herein. Ich bat ihn inständig [...] darum, seinen Widerstand gegen einen verstärkten Polizeischutz aufzugeben [...] [aber] er lehnte das hartnäckig ab [...]. Mit einer Ruhe, wie ich sie selten erlebt habe, [...] kam er auf mich zu, legte beide Hände auf meine Schultern und sagte: „Lieber Freund, es ist nichts. Wer sollte mir etwas antun?"[174]

Die Antwort bekam er am 24. Juni, als neben Rathenaus offener Limousine – er hatte eine Polizeieskorte abgelehnt – ein Attentäter auftauchte und ihn aus nächster Nähe mit mehreren Schüssen tötete.[175]

Der Brief aus München

Eines der zentralen Beweisstücke, das von den Kritikern des Papstes gegen ihn verwendet wird, ist ein Brief, den er im Jahr 1919 geschrieben hat. Ihre Verwendung dieses Briefs ist aber sowohl falsch als auch irreführend, und die daraus folgende Darstellung von Pacellis Handeln in München hat keine faktische historische Grundlage.

München war zum Zeitpunkt der Ankunft von Eugenio Pacelli dank des lokalen Arms der militanten, von Eugen Leviné geführten, prosowjetischen Kommunistischen Partei Deutschlands ein Brennpunkt politischer Unruhen. In der auch von Rosa Luxemburg mitgegründeten Partei waren zahlreiche assimilierte, säkulare Juden tätig.

Am 7. November 1918 führten Leviné und Kurt Eisner (ebenfalls säkularer Jude) eine Revolution in München an und errichteten die kurzlebige Bayerische Räterepublik. Die meisten ausländischen Diplomaten verließen München, aber Pacelli blieb auf seinem Posten und wurde zum Ziel bolschewistischer Feindseligkeit und Gewalt. Wie John Cornwell anerkennt, wurde Pacellis Amtssitz von einem Fahrzeug aus unter Maschinengewehrfeuer genommen. Ein anderes Mal drang eine kleine Gruppe von Bolschewisten in die Nuntiatur ein, bedrohte Pacelli mit Revolvern und versuchte, ihn auszurauben. Wieder ein anderes Mal griff eine wütende Menge bolschewistischer Revolutionäre Pacellis Automobil an, brüllte herum und drohte, das Fahrzeug umzuwerfen.[176] Bei diesen beiden Vorfällen trat Pacelli den Revolutionären entgegen und überzeugte sie, ihre Angriffe einzustellen. Die Bolschewisten konnten aber den Königspalast in München unter ihre Kontrolle bringen, der das Hauptquartier ihrer Regierung wurde.

Diplomaten lebten gefährlich unter dem neuen bolschewistischen Regime. Zwei Botschaften wurden gestürmt, und der österreichisch-ungarische Generalkonsul wurde ohne Anklage festgenommen und mehrere Stunden lang festgehalten.[177] In seiner Sorge um die Sicherheit der Menschen, für die er verantwortlich war, entsandte Pacelli Monsignore Lorenzo Schioppa zu Eugen Leviné, nun Vorsitzender des Rats der Volkskommissare der neuen Bayerischen Räterepublik.[178] Das Treffen verlief alles andere als erfolgreich; Leviné warnte Schioppa, daß jeder Widerstand Pacellis gegen die kommunistische Regierung zum Hinauswurf der Nuntiatur führen werde, für die die Kommunisten „keine Verwendung“ hätten.[179]

Pacelli sandte ein Schreiben nach Rom, um über die Begegnung Schioppas mit Leviné zu berichten. In „Hitler’s Pope“ übersetzt John Cornwell einige sorgfältig ausgesuchte Sätze aus diesem Brief und versucht, damit zu beweisen, daß Pacelli ein Antisemit gewesen sei. Die Stelle wurde von Cornwell wie folgt übersetzt (und von seinem Papstkritikergenossen Daniel Jonah Goldhagen unkritisch übernommen):

> Eine Bande junger Frauen, von zweifelhaftem Aussehen, Juden wie alle anderen, die mit lüsternem Benehmen und anzüglichem Lächeln in allen Büros herumhingen. Die Anführerin dieses Gesindels war eine junge Russin, eine ge-

> schiedene Jüdin [, während ihr Chef] ein junger Mann von etwa 30 oder 35, ebenfalls Russe und Jude ist. Blaß, schmutzig, mit leeren Augen, heiserer Stimme, vulgär, abstoßend, mit einem intelligenten und verschlagenen Gesichtsausdruck.[180]

Nach Cornwell beweist diese Darstellung (die Beobachtungen von Schioppa wiedergibt), daß Pacelli ein Antisemit gewesen ist. Die Verwendung von „Jude“ oder „Juden“ gemeinsam mit wenig schmeichelhaften Beschreibungen der Revolutionäre erweckt für Cornwell den Eindruck einer „stereotypisch antisemitischen Verachtung“[181].

Tatsächlich ist diese Übersetzung, wie der wissenschaftlich arbeitende Ronald J. Rychlak festgestellt hat, „grob tendenziös“, indem Cornwell abwertende, Antisemitismus nahelegende Wörter anstelle neutraler, die dem italienischen Original viel näher kämen, verwendete. Beispielsweise ist der am meisten inkriminierende Teil, „Juden wie alle anderen“, eine verzerrende, unzweifelhaft ungenaue Übersetzung des italienischen „i primi“. Die wörtliche Übersetzung wäre „die ersten“ oder „die eben genannten“. Des weiteren wird „schiera“ von Cornwell als „Bande“ statt als „Schar“ übersetzt, was genauer und angemessener wäre. Außerdem sei „gruppo“ mit „Gruppe“ und nicht mit „Gesindel“ zu übersetzen.[182]

Es sollte auch bedacht werden, daß Pacellis Brief sechs Seiten lang ist, was Cornwell nicht davon abgehalten hat, nur zwei Absätze zu zitieren, die „einen chaotischen Vorfall in einem von Revolutionären eingenommenen Königspalast“[183] beschreiben. Während diese Absätze den Leser zur Annahme verleiten, daß jeder in dem Palast als Jude beschrieben würde, ist dies eindeutig nicht der Fall, wenn der gesamte Brief gelesen wird. In seiner Gesamtheit ist das Schreiben auf jeden Fall nicht antisemitisch. Rychlak liegt meiner Meinung nach richtig, wenn er zu dem Schluß kommt, daß der antisemitische Ton „willkürlich […] durch Cornwells fragwürdige Übersetzung“[184] hineingebracht wird.

Viele der bolschewistischen Führer in München – wie Kurt Eisner, Eugen Leviné und Gustav Landauer[185] – waren Juden, und es ist nicht antisemitisch, auf diese Tatsache hinzuweisen. Sie waren aber säkularisierte Juden, die von ihrem Glauben und oft von ihren eigenen Familien entfremdet waren. Pacelli und Schioppa war dies durchaus bewußt. Sie erkannten, daß die Kirche vom militanten, atheistischen Kommunismus bedroht war. Sie verspürten keine Angst oder Haß gegenüber dem Judentum; ihre Abneigung galt den Bolschewisten, nicht den Juden.[186] Pacelli schrieb in seiner Bezugnahme auf Schioppas Bericht über das, was im Münchener Palast geschah, nicht über verfolgte Juden, sondern über die Anführer einer unterdrückerischen Revolutionsregierung, die die Kirche bedroht hatte.[187]

Pacelli und die Juden

Wesentlich aufschlußreicher als jener Brief aus dem Jahr 1919 stellt sich Eugenio Pacellis lebenslange Freundschaft mit Guido Mendes dar, einem jüdischen Freund aus der Schulzeit, der einer der herausragendsten Ärzte und Medizinprofessoren Roms werden sollte. Guido Mendes war Nachkomme einer berühmten jüdischen Ärztefamilie, die unter anderem Fernando Mendes, den Leibarzt von Karl II. von England, zu ihren Ahnen zählen konnte, und Sproß einer der bekanntesten jüdischen Familien Roms, bei der der junge Eugenio Pacelli ein willkommener Gast war.[188] Pacelli war der erste Papst, der in seiner Jugend in einer jüdischen Familie an einem Sabbatabendessen teilgenommen und Fragen jüdischer Theologie mit der jüdischen Gemeinde von Rom in informellem Rahmen diskutiert hatte. Mendes erinnerte sich später, daß Pacelli mit seinen jüdischen Klassenkameraden am Gymnasium Collegio Romano enge Freundschaften schloß,[189] er positiv über jüdischen Glauben und Kultur sprach und bei Familie Mendes oft zu Gast gewesen war. Er borgte sich sogar Bücher über jüdische Philosophie und Theologie aus der mendesschen Familienbibliothek,[190] einschließlich der Werke „Apologetica“ und „Dogmatica“ des italienischen Rabbiners Elijah ben Hamozeg.[191] Mendes erinnerte sich auch an Pacellis Wunsch, Hebräisch zu lernen, um die hebräischen Schriften lesen zu können.

Es ist erstaunlich, daß keines der bisherigen Bücher über Pius XII. Guido Mendes erwähnt hat. Dies ist insbesondere für John Cornwell bemerkenswert, weil dieser der Darstellung – seiner Meinung nach – antisemitischer Einflüsse auf Pacelli durch einen seiner Lehrer ausgiebig Raum gibt. Dabei handelt es sich um den Schuldirektor an Pacellis Schule, der die Angewohnheit gehabt haben soll, „über die Hartherzigkeit und den Starrsinn der Juden Vorträge zu halten“[192]. Der Schuldirektor soll „gewußt haben, daß Kinder die Eindrücke, die sie im jungen Lebensalter sammeln, niemals vergessen“[193], und daher sei – so argumentiert Cornwell – Pacelli „sicher von den Ausführungen über den Starrsinn der Juden beeinflußt“[194] worden, womit „das

Potential" einhergehe, „jene Überzeugung, die auch bei Katholiken ohne antijudaistische, geschweige denn antisemitische Einstellungen verbreitetet ist, zu verstärken, daß die Juden ihr Unglück selbst verschuldet hätten"[195]. Diese Ansicht, so Cornwell, habe „die Funktionäre der Kirche in den 1930er Jahren dazu ermuntert, wegzusehen, als der Antisemitismus in Deutschland wütete"[196].

Die Schwäche der cornwellschen Argumentation und Analyse liegt in ihrem Fußen auf einer fehlerhaften Übersetzung der Aussagen des Schuldirektors über die Juden. Cornwell beruft sich auf die englische Übersetzung einer Biographie über Pius XII. von Nazzareno Padellaro. Das italienische Original dieses Buchs offenbart aber, daß der Schulleiter „nicht vor starrköpfigen Juden, sondern verstockten Schülern"[197] warnte.

Wichtiger als die Frage der Übersetzung der Äußerungen des Direktors von Pacellis Schule ist in jedem Fall seine Rolle bei der Ausarbeitung der Verurteilung des Antisemitismus durch Benedikt XV. im Jahr 1916.[198]

Am 30. Dezember 1915 appellierte das American Jewish Comittee an den Papst, seinen moralischen und spirituellen Einfluß für eine Verurteilung der in Polen ausgebrochenen antisemitischen Pogrome einzusetzen, bei denen hunderte Juden getötet und tausende verwundet worden waren. Um der immer schwerer werdenden Bedrängnis der polnischen Juden zu begegnen, stellte der Papst in seiner Erklärung unter anderem fest:

> Der höchste Pontifex [...] als Haupt der katholischen Kirche betrachtet in Treue zu deren heiliger Lehre und ihrer glorreichen Tradition alle Menschen als Brüder und lehrt sie, einander zu lieben. Er wird unablässig den einzelnen Menschen wie auch den Völkern den Gehorsam gegenüber den Prinzipien des Naturrechts einschärfen und alles verurteilen, das dieses verletzt. Dieses Recht muß im Fall der Kinder Israels wie auch aller anderen eingehalten werden, weil es mit der Gerechtigkeit und der Religion selbst unvereinbar wäre, davon nur aufgrund des religiösen Bekenntnisses abzuweichen. Der höchste Pontifex fühlt zur Zeit in seinem väterlichen Herzen [...] die Notwendigkeit, daß alle Menschen sich daran erinnern, daß sie Brüder sind und daß ihr Heil in der Rückkehr zum Gesetz der Liebe besteht, das das Gesetz des Evangeliums ist.[199]

Diese Erklärung von Benedikt XV. aus dem Jahr 1915 zugunsten der Juden Polens wird heutzutage als die erste wesentliche Stellungnahme des heiligen Stuhles gegen den Antisemitismus im 20. Jahrhundert betrachtet. Der jüdische Historiker Abraham A. Neuman stellte dazu fest, daß der „dramatische Appell an Seine Heiligkeit

Papst Benedikt XV. weltweit kommentiert und begrüßt wurde [...] und er half dabei, das Leiden der polnischen Juden nach dem Krieg einzudämmen“[200]. Vertreter des Judentums betrachteten den Papst, Kardinal Gasparri und Pacelli als Fürsprecher, nicht als Gegner.

Benedikts XV. Verurteilung des Antisemitismus erschien am 17. April 1916 in der „New York Times“ unter dem Titel „Papal Bull Urges Equality for Jews“. Sie wurde in der „Civiltà Cattolica“ am 28. April 1916 erneut abgedruckt, und am darauffolgenden Tag in „Tablet“ (London).[201] Trotz alledem wird diese bedeutende und historische Ächtung des Antisemitismus – eines der wichtigsten offiziellen Dokumente des Vatikans über Juden und das Judentum des 20. Jahrhunderts – von Cornwell, Goldhagen und all den anderen Kritikern des Papstes nie erwähnt. Ebensowenig findet es bei anderen Kritikern des Papsttums der Moderne, wie David Kertzer, eine Erwähnung.

Nicht anders erging es den Erinnerungen von Cyrus Adler, dem amerikanisch-jüdischen Funktionär, der den Appell des American Jewish Comittee an Benedikt XV. formuliert hatte. Nahezu 50 Jahre lang war Adler eine zentrale Figur im jüdischen öffentlichen Leben der USA, der als Präsident der Gesellschaft jüdischer Historiker, des Jewish Theological Seminar und anderer bedeutender jüdischer Institutionen wirkte.[202] Bei einem Besuch in Rom traf Adler mit Pacelli zusammen, wo er „von seinem großen Wissen und seiner Erfahrung“[203] beeindruckt war. Dies war die erste Begegnung von Pacelli in seiner Rolle als Diplomat des Vatikans mit einem der wichtigsten Vertreter des jüdischen Gemeindewesens, dem auch großer Erfolg beschieden war. Adler bedankte sich bei Pacelli für die Erklärung des Vatikans gegen den Antisemitismus. Pacelli habe, so sagte er, seine Abneigung gegen religiöse Verfolgung und Diskriminierung geteilt, und in seinen Memoiren hielt er fest, daß er und Pacelli „nach den gleichen Dingen streben“[204] – Religionsfreiheit und Bürgerrechte für alle religiösen Minderheiten, für Katholiken ebenso wie für Juden.

Der Dialog der beiden Männer sollte sich nach dem Ersten Weltkrieg fortsetzen: 1936, als Pacelli als Staatssekretär des Vatikans die USA besuchte, traf er erneut mit Adler und zwei weiteren jüdischen Vertretern, dem Richter Joseph Proskauer und Lewis S. Strauss, zusammen, um jüdisch-katholische Angelegenheiten zu besprechen.

Pacelli und Pater Coughlin

Pacelli stattete im Jahr 1936 als erster Staatssekretär des Vatikans den USA einen Besuch ab. Bei diesem 30tägigen Aufenthalt reiste er ca. 10.000 km mit dem Flugzeug. Dabei besuchte er unzählige katholische Colleges, Priesterseminare, Schulen, Klöster, Pfarrkirchen und Spitäler im ganzen Land. Er bestieg die Spitze des Empire State Building, sah sich Hollywoodfilme an und besichtigte den Grand Canyon, „Fisherman's Wharf" in San Francisco sowie die Niagarafälle. Von den Medien auch als der „fliegende Kardinal" bezeichnet, wurde ihm nachgesagt, er sei „von der Vogelperspektive, aus der er die Berge, Ebenen, Wüsten und Wälder des Landes sehen konnte, zutiefst bewegt gewesen"[205]. Er erinnerte sich später, sein Besuch in Amerika habe „bei ihm den tiefsten Eindruck seines Lebens zurück[gelassen]"[206]. Der Höhepunkt war sein persönliches Treffen mit dem Präsidenten Franklin D. Roosevelt am 6. November 1936, das im Anwesen des Präsidenten in Hyde Park stattfand. Zwei Tage nach der Wiederwahl von Roosevelt war dies die erste Zusammenkunft eines Staatssekretärs des Vatikans mit einem Präsidenten der USA auf amerikanischem Boden. Für die Juden in den USA besonders wesentlich war daran aber Pacellis verdeckte Mitwirkung daran, den notorisch antisemitischen „Radiopriester" Pater Charles Coughlin zum Schweigen zu bringen – eine Angelegenheit, die bei dem Gespräch mit Roosevelt Thema war.

Roosevelts Beweggrund, um das Treffen mit dem Papst zu bitten, war sehr einfach: Er wollte erreichen, daß der in Detroit tätige Pater Coughlin und sein gegen den New Deal gerichtetes Radioprogramm nicht weiter gesendet wurden. Coughlins Sonntagabendprogramm, in dem er antisemitisch eingefärbte Tiraden gegen Roosevelt vom Stapel ließ, war in ganz Amerika sehr populär, es hatte eine landesweite Zuhörerschaft von 30 Millionen Menschen.[207] Der demagogische Priester hatte zuvor Roosevelt bei der Wahl 1932 unterstützt, wurde aber inzwischen von der Regierung gefürchtet. Politisch fand er sich nun mit dem Demokraten Huey Long, dem Gouverneur von Louisiana, auf einer Linie, der Roosevelt ebenfalls heftig kritisierte. So mancher in der Demokratischen Partei schätzte, daß „eine unabhängige, von Long und Coughlin gestaltete Wahlbewegung Roosevelt gute sechs Millionen Stimmen kosten könnte und damit einen Sieg der Republikaner sichern würde"[208]. Auch nach der Ermordung Longs im Jahr

1935 betrachtete Roosevelt Coughlin als Bedrohung und fürchtete, daß die Radiosendungen des Priesters, in denen er selbst als „Lügner", „Gottesfeind" und Kommunist angegriffen wurde, ihn tausende katholische Stimmen kosten würden, die einen wichtigen Teil seiner Unterstützerbasis für den New Deal darstellten.[209]

Das erste Ziel von Roosevelts Zusammenkunft mit Pacelli – Pater Coughlin zum Schweigen zu bringen – war umgehend erreicht. Auch wenn Pacelli nie offenlegen sollte, was er zu seinem Priester gesagt hatte, erklärte Coughlin am 8. November, daß dies nun seine letzte Sendung werde,[210] und begründete dies mit dem überwältigenden Wahlsieg von Roosevelt – dieser erzielte 1936 in allen Staaten außer Maine und Vermont die Mehrheit –, nicht mit einer offiziellen Anweisung aus dem Vatikan. Jahre später jedoch gestand Coughlin ein, daß er „zum Schweigen gebracht wurde", und erwähnte in einem Brief aus dem Jahr 1954, daß „Pacelli während seines Besuches in den USA Gespräche mit hohen Vertretern unserer Regierung geführt hat, die den Charakter eines informellen Paktes annahmen. [...] Unbedeutend, wie ich war, war es nötig, daß meine Stimme verstummte"[211].

Neben dieser Intervention erreichte Pacelli sein eigenes politisches Ziel, nämlich die Zusage des Präsidenten zu erhalten, einen offiziellen Vertreter der USA beim Heiligen Stuhl zu ernennen. Mit dieser diplomatischen Tradition hatten die Vereinigten Staaten im Jahr 1870 gebrochen, als der Papst seine weltliche Macht eingebüßt hatte und damit in den Augen der US-Regierung die Grundlage für diplomatische Beziehungen mit dem Vatikan weggefallen war.[212] Roosevelt versicherte Pacelli, daß er einen persönlichen Gesandten beim Heiligen Stuhl ernennen werde, einen Diplomaten, der informell im Auftrag des Präsidenten tätig sein und nicht die Zustimmung des Senats benötigen würde. Roosevelt stand zu seinem Wort und ernannte im Dezember 1939, kurz vor Weihnachten, Myron C. Taylor zu seinem persönlichen Vertreter bei Pius XII.[213] Nach der Erneuerung dieser Bestellung durch Präsident Truman diente Taylor bis 1950 auf diesem Posten.

Ein Kardinal im Angesicht des Nationalsozialismus

Das Treffen von Pacelli mit jüdischen Vertretern in den USA und seine Intervention in der Sache Coughlin ist insbesondere im Kontext mit einem Ereignis, das drei Jahre zurücklag, von Bedeutung: dem Zustandekommen des Konkordates des Heiligen Stuhles mit Deutschland 1933. Dies ist ein weiterer Punkt, der Pius XII. von seinen Kritikern gern vorgeworfen wird. Konkordate – diplomatische Abkommen – waren zu diesem Zeitpunkt bereits seit einem Jahrhundert ein wichtiges Element der Diplomatie des Vatikans, spätestens seitdem Pius VII. 1801 das kontroversielle Konkordat mit Napoleon Bonaparte eingegangen war.[214] Eamon Duffy, Historiker an der Universität zu Cambridge, stellte in seiner Geschichte des modernen Papsttums fest: „Das 19. Jahrhundert war das Zeitalter der Konkordate, die Päpste verhandelten mit den Monarchien innerhalb und außerhalb von Europa [...] mit Bayern und Sardinien 1817, mit Preußen und den Provinzen des Oberen Rheins 1821, mit Hannover 1824, mit Belgien 1827, mit der Schweiz 1828 und dann wieder 1845, mit Sizilien 1834 und so weiter, bis zum Ende des Jahrhunderts mehr als zwei Dutzend solcher Abkommen entstanden waren."[215] Das Aushandeln von Konkordaten sollte im frühen 20. Jahrhundert ebenso zum Markenzeichen der Diplomatie des Vatikans werden: Zwischen 1919 und 1933 schloß der Vatikan an die 38 Konkordate, Staatsverträge und Vereinbarungen mit anderen Staaten ab.[216]

Das Reichskonkordat – wie das Abkommen des Jahres 1933 mit dem nationalsozialistischen Deutschland üblicherweise genannt wird – wurde zu einem der kontroversiellsten derartigen Verträge des Vatikans im 20. Jahrhundert.[217] Kritiker behaupten, es habe deutsche Katholiken, die andernfalls Hitler offenen Widerstand geleistet und ihn unter Kontrolle gehalten hätten, zum Schweigen gebracht. Auf der anderen Seite besteht auch die überzeugend ausgeführte Position von Jose Sanchez, wonach das Reichskonkordat eine pragmatisch und moralisch vertretbare Maßnahme zum Schutz der deutschen Katholiken gewesen sei und der katholischen Kirche in Deutschland eine gewisse Freiheit verschafft habe. Sanchez erinnert uns, daß „die Deutschen das Konkordat vorgeschlagen hatten", und hätte es der Vatikan „ausgeschlagen, wäre dies für die Rechte der Katholiken in Deutschland schädlich gewesen"[218]. Ebenso war es aus dem Blickwinkel der Juden moralisch vertretbar, da es im Juli 1933 abgeschlossen wurde, noch bevor Hitler seine antisemitischen Gesetze und Verordnungen in Kraft gesetzt hatte.

Das Konkordat löste auch nicht den Zusammenbruch der katholischen deutschen Zentrumspartei aus, wie Kritiker des Papstes behauptet haben. Der Vatikan hatte die Intention, daß das Konkordat „vor allem die deutschen Katholiken in politischen Situationen beschützen sollte, in der ihre traditionelle Schutzmacht, die Zentrumspartei, nicht mehr bestehen würde"[219]. Nachdem sie unter dem Pontifikat Pius' IX. mit dem Zweck gegründet worden war, die Katholiken gegen den von Reichskanzler Otto von Bismarck gegen sie gerichteten „Kulturkampf" zu verteidigen, schwand der Einfluß der Zentrumspartei in den letzten Jahren der Weimarer Republik beständig. 1933 war sie kaum noch ein politischer Faktor, und schon am 5. Juli 1933, also zwei Wochen vor dem Abschluß des Konkordats, erfolgte durch die verbliebenen Parteimitglieder der Auflösungsbeschluß.[220] Auch James Carroll anerkennt widerwillig, daß „die Zentrumspartei schon vor dem offiziellen Abschluß des Konkordats nicht mehr existierte"[221].

Trotzdem wird die angebliche Rolle des Vatikans – und Pacellis – beim Untergang der Zentrumspartei heftig diskutiert. Cornwell behauptet, Pacelli habe die Zentrumspartei torpediert, um mit Hitler eine unheilige Allianz zu schmieden, und der Vatikan habe das Konkordat eiligst abschließen wollen, um seine Kontrolle über die katholische Kirche in Deutschland zu konsolidieren und damit Pacellis lebenslang betriebene Anstrengung, die Macht im Vatikan zu zentralisieren, voranzubringen. Im Gegensatz zu Cornwells Darstellung beendete das Konkordat den Widerstand des deutschen katholischen Klerus gegen das nationalsozialistische Regime nicht. Cornwell und andere Kritiker ignorieren in dieser Sache nahezu vollständig die überwältigenden historischen Belege, die ihrer These widersprechen.[222]

Die Kritiker von Pacelli argumentieren, daß Hitler auf das Konkordat gedrängt habe, um seinem Regime moralische Legitimität zu verschaffen. Sanchez hat dazu allerdings klargestellt, daß das Konkordat keine moralische Zustimmung zu Hitlers Regime zum Ausdruck brachte. Tatsächlich versuchte Hitler, diesen Eindruck zu erwecken, indem er „die Anerkennung der gegenwärtigen Regierung" durch den Vatikan begrüßte. Pacelli verneinte genau dies in zwei Artikeln, die im „Osservatore Romano" erschienen: „Alles, was die Kirche getan hat, war die Aushandlung eines Abkommens, nichts weiter."[223] Das Konkordat implizierte keine moralische Unterstützung für Hitler oder den Nationalsozialismus; dies war nicht der Zweck solcher Verträge. Als Pius VII. 1801 sein Konkordat mit Napoleon abschloß, beinhaltete dies keine moralische Bestätigung; tatsächlich wurde der Papst einer der führenden Gegner Napoleons. Die Diplomaten des Vatikans handelten über mehr als ein Jahrhundert hinweg Vereinbarungen mit konstitutionellen Monarchien wie mit revolutionären Diktaturen aus; das Ziel war dabei immer, die Rechte der Katholiken zu schützen, und nicht, tyrannische Regime zu billigen.

Am 11. August 1933 verlieh Pacelli in einer privaten Unterhaltung mit Ivone Kirkpatrick, dem britischen Botschafter beim Vatikan, „seiner Empörung und Abscheu“ über Hitlers Terrorherrschaft Ausdruck. Kirkpatrick berichtete: „Er mußte wählen [zwischen] einem Abkommen nach der Vorstellung der Nationalsozialisten und der praktischen Eliminierung der katholischen Kirche im Reich.“[224] Während der Verhandlungen über das Konkordat ließ Hitler 92 katholische Priester verhaften, veranlaßte Hausdurchsuchungen bei 16 katholischen Jugendorganisationen und die Einstellung von neun katholischen Zeitschriften – all das in einem Zeitraum von drei Wochen.[225] Am 19. August 1933 meldete Botschafter Kirkpatrick an das britische Außenministerium: „Seine Eminenz, der Kardinal und Staatssekretär, war sehr freimütig und gab sich keine Mühe, seinen Ekel vor der Vorgehensweise von Hitlers Regierung zu verbergen.“ In seinem Bericht betonte er einen wichtigen Aspekt:

> Normalerweise beteuert der Vatikan, beide Seiten einer jeden politischen Frage zu betrachten, aber hier gab es kein Wort der Beschönigung oder der Entschuldigung [...]. [Kardinal Pacelli] beklagte das Vorgehen der deutschen Regierung im Inland, ihre Verfolgung der Juden [...], die Herrschaft des Terrors, dem die ganze Nation unterworfen wurde [...]. Diese Überlegungen über die Frevel in Deutschland leiteten den Kardinal bei seiner ausführlichen Erklärung, wie es dazu kam, daß er mit solchen Leuten ein Konkordat abschloß. Er sagte, eine Pistole sei auf seinen Kopf gerichtet gewesen, und er habe keine Alternative gehabt [...] und nicht nur das, er hatte nicht mehr als eine Woche Zeit, sich zu entscheiden. [...] Wenn die deutsche Regierung den Vertrag bräche – was mit Sicherheit geschehen werde – hätte der Vatikan zumindest eine rechtliche Grundlage für seinen Protest.[226]

Neuere Arbeiten haben die Position der Verteidiger von Pius XII. bestätigt, daß der Vatikan mit der Unterzeichnung des Reichskonkordats nicht die Absicht gehabt habe, dem nationalsozialistischen Regime moralische Legitimität zu verleihen. Der an der Universität von British Columbia tätige Professor John Conway, der Pius XII. ansonsten nicht unkritisch sieht, sagte dazu: „Der Abschluß des Reichskonkordates mit dem nationalsozialistischen Regime 1933 [...] kann nicht als Zeichen einer Zustimmung des Vatikans [...], sondern vielmehr als ein Versuch verstanden werden, den unberechenbaren revolutionären Eifer [des Regimes] durch irgendeinen rechtlich bindenden

Rahmen einzudämmen."[227] Der deutsche Historiker Konrad Repgen stimmt der Sicht zu, daß das Konkordat für die katholische Kirche „keine Allianz, sondern ein defensives Mittel war"[228].

Klarerweise gibt es noch einen weiteren Aspekt, der bei der Frage, ob es sich um „Hitlers Papst" gehandelt habe, berücksichtigenswert ist. Warum traf sich Pacelli nie mit Hitler? Weder während der Verhandlungen über das Reichskonkordat noch als Nuntius noch als Papst noch in irgendeiner anderen Rolle kam es zu einem Gespräch oder einem persönlichen Treffen mit Adolf Hitler. Während Hitlers medial intensiv begleitetem Besuch in Rom 1938 brüskierte Pacelli die Nationalsozialisten öffentlich, indem er ein Treffen verweigerte und sich in seine Sommerresidenz Castel Gandolfo absetzte. Niemand beschuldigt Neville Chamberlain, wegen des Münchener Abkommens „Hitlers Premierminister" gewesen zu sein, und niemand kann Eugenio Pacelli redlicherweise als „Hitlers Papst" bezeichnen, weil er versucht hat, die Rechte der Katholiken gegenüber einem gefährlichen Regime, das er verachtete, zu bewahren.

Redlichkeit tut in der Sache Not. Der heimtückische Titel „Hitler's Pope" der englischsprachigen Originalausgabe wird durch ein irreführendes Umschlagbild verstärkt, auf dem Pacelli, damals Nuntius in Berlin, beim Verlassen eines Empfanges beim verfassungsmäßig korrekt gewählten Reichspräsidenten Paul von Hindenburg im Jahr 1927 zu sehen ist. Diese Photographie, ein Lieblingsbild all jener, die Pius XII. in schlechtem Licht erscheinen lassen wollen, zeigt ihn mit den offiziellen diplomatischen Insignien (die leicht mit der Kleidung des Papstes verwechselt werden können), während ihm zwei deutsche Soldaten der Weimarer Republik salutieren, als er das deutsche Regierungsgebäude verläßt. Die markante Form der Stahlhelme kann den Leser leicht dazu verleiten, die Soldaten für solche des Dritten Reichs zu halten. Die Verwendung dieser Abbildung gemeinsam mit dem Buchtitel „Hitler' Pope" hinterläßt den Eindruck, Pius XII. komme gerade von einem freundlichen diplomatischen Treffen mit Adolf Hitler. „Der gewöhnliche Leser", legt der Historiker Philip Jenkins nahe, „soll offenbar annehmen, Pacelli komme gerade von einem trauten Beisammensein mit Hitler – vielleicht haben sie ja über die Pläne für ein neues Vernichtungslager geplaudert?"[229] „Möglicherweise lügen Photos nicht", schlußfolgert Jenkins, „aber dieses Titelbild in diesem Kontext und unter dem Titel ‚Hitler's Pope' kommt dem schon recht nahe."[230]. Das Sahnehäubchen setzte dem Ganzen die britische Ausgabe mit ihrer Bildbeschreibung auf: „Das Titelbild zeigt Kardinal Pacelli, den späteren Papst Pius XII., beim Verlassen des Präsidentenpalastes in Berlin im März 1939."

Die amerikanische Ausgabe von „Hitler's Pope" enthält die falsche Bildbeschreibung nicht, verwendet aber diese Abbildung mit einem augenscheinlich hinzugefügten Bildeffekt: Pacelli ist scharf zu sehen, aber die Soldaten zu seiner Linken sind verschwommen wiedergegeben, vermutlich um die Uniformen schlechter erkennen zu lassen. Nachdem dieser Effekt bei der britischen Ausgabe fehlt, haben daraus manche geschlossen, daß der Verlag „Viking Press die Bilder absichtlich verändert hat, um die These des Autors zu unterstützen"[231]. Aber die Auswahl dieses Bilds war kein Fehler des Verlags; Cornwell selbst bestätigte in einem Interview, daß er die von Viking Press vorgenommene Auswahl der Photographie persönlich freigegeben hatte.

Pius XI. und sein „judenfreundlicher" Kardinal

Es gehört schon einiges dazu, Pacelli als „Hitlers Papst" zu brandmarken, wenn die Nationalsozialisten selbst den Kardinal als „Judenfreund" ansahen. Tatsächlich war Pacelli von 1933 bis 1945, also sowohl vor als auch nach seinem Amtsantritt als Papst, allgemein und insbesondere bei den Nationalsozialisten als unerbittlicher Gegner des nationalsozialistischen Regimes bekannt. Schon am 14. November 1923, nur fünf Tage nach Hitlers gescheitertem Putschversuch in München, verurteilte Pacelli in einem Schreiben an Kardinal Gasparri die nationalsozialistische Bewegung und hob das Engagement des Münchener Erzbischofs Michael Faulhaber zugunsten der bayerischen Juden lobend hervor.[232] Von den 44 Ansprachen, die Pacelli in Deutschland als Nuntius zwischen 1917 und 1929 gehalten hat, prangerten 40 zumindest einen Aspekt der aufkeimenden nationalsozialistischen Ideologie an.

Am 4. April 1933 wies der damalige Staatssekretär des Vatikans, Kardinal Pacelli, den Nuntius in Berlin auf Ersuchen von jüdischen Vertretern an, das Regime von Adolf Hitler davor zu warnen, die Juden in Deutschland zu verfolgen.[233] Die jüdischen Vorsteher, schrieb Pacelli, „haben an den Heiligen Vater appelliert, um ihn um Intervention gegen die Gefahr antisemitischer Exzesse zu bitten [...]. Der Heilige Vater bittet daher Eure Exzellenz" (den Nuntius Monsignore Cesare Orsenigo in Berlin), sich zugunsten der Juden Deutschlands aktiv „einzubringen".[234] Dieses Schreiben ist ein weiteres Dokument, das die Kritiker von Pacelli nie zitieren.

1962 verfaßte Pater Robert Leiber, der als Assistent von Pacelli vor und nach dessen Papstwahl tätig gewesen war, einen Artikel über den Hintergrund von „Mit brennender Sorge" (der antinationalsozialistischen Enzyklika von Pius XI. von 1937, an deren Entwurf Pacelli beteiligt war), in dem er unter anderem schrieb: „Es ist bemerkenswert, daß die erste Initiative des Heiligen Stuhles gegenüber der Regierung in Berlin die Juden betroffen hat. Schon am 4. April 1933, zehn Tage nach dem Ermächtigungsgesetz, wurde der Nuntius in Berlin [Orsenigo] angewiesen, bei der Reichsregierung zugunsten der Juden zu intervenieren und die Gefahren zu betonen, die mit einer antisemitischen Politik verbunden sind."[235] Skeptiker haben die Bezeugung von Leiber bezweifelt, weil er ein enger Freund von Pacelli gewesen ist, aber die Authentizität des Schreibens von Pacelli, das Forschern zur Verfügung gestellt wurde, steht außer Frage. Sie wurde von Historikern, Archivaren und offiziellen Vertretern des Vatikans bestätigt.[236] Wichtig ist auch das Datum dieses Briefs, weil die neue Regierung Hitler am 1. April 1933 einen großen Boykott jüdischer Geschäfte ankündigte. Drei Tage später erging der Auftrag an den Nuntius. Wie üblich, interessiert auch dieses Schreiben Pacellis Kritiker nicht.

Ebensowenig findet bei ihnen die Tatsache Berücksichtigung, daß die nationalsozialistische Presse Pacelli in den 1930er Jahren laufend als Pius' XI. „judenfreundlichen" Kardinal bezeichnete, weil dieser während seiner Amtszeit als vatikanischer Staatssekretär mehr als 55 Protestnoten an das nationalsozialistische Regime gerichtet hatte. Seine unmißverständliche Ablehnung des Nationalsozialismus führte auch dazu, daß Hitlers Regime gegen seine Wahl zum Nachfolger von Pius XI. lobbyierte.[237] Am Tag nach seiner Wahl beklagte die Berliner „Morgenpost": „Die Wahl von Kardinal Pacelli wird in Deutschland nicht mit Wohlwollen aufgenommen, weil er sich dem Nationalsozialismus immer entgegengestellt hat und praktisch die [projüdische] Politik des Vatikans unter seinem Vorgänger bestimmt hat."[238]

Als „falsche Propheten mit dem Stolz des Luzifer"[239] bezeichnete Pacelli die Nationalsozialisten in einem offenen Brief an den Bischof von Köln im März 1935. Noch im selben Jahr prangerte er in Lourdes vor einer enormen Menge an Pilgern Ideologien an, die „vom Aberglauben an Rasse und Blut besessen"[240] seien. Zwei Jahre später erwähnte er in der Kathedrale von Notre Dame Deutschland als „jene edle und mächtige Nation, die schlechte Hirten vom rechten Weg abbringen und in eine Rassenideologie führen würden“[241]. Unter Freunden bezeichnete er die Nationalsozialisten als „teuflisch“. Zu seiner langjährigen Sekretärin, Schwester Pascalina, sagte er, Hitler sei „vollkommen besessen“. „Alles, was ihm nicht nützt, das zerstört er; [...] dieser Mann ist imstande, auf Leichen herumzutrampeln.“[242] Bei einem Treffen mit dem mutig gegen den Nationalsozialismus auftretenden Dietrich von Hildebrand erklärte er: „Es gibt keine vorstellbare Versöhnung“ zwischen dem Christentum und dem nationalsozialistischen Rassismus; diese seien wie „Feuer und Wasser“.[243]

Pacelli brachte seine vehemente Ablehnung des Nationalsozialismus auch in privaten Gesprächen mit zwei US-Diplomaten 1937 und 1938 zum Ausdruck. Alfred W. Klieforth, der Generalkonsul in Berlin, beschrieb ein denkwürdiges dreistündiges Treffen mit dem späteren Papst im Jahr 1937, in welchem sich herausstellte, daß Pacelli „Hitler nicht nur für einen treulosen Schuft, sondern für eine von Grund auf boshafte Person hielt“[244]. In einem offiziellen Bericht über diese Begegnung, den er im Nachgang an das Außenministerium sandte, hielt er auch fest, daß der Kardinal „nicht glaubt, daß Hitler trotz allem Anschein zur Mäßigung fähig ist“, und daß er „unumstößlich jeden Kompromiß mit dem Nationalsozialismus ablehnt“[245].

Joseph P. Kennedy, der damalige Botschafter der USA in Großbritannien, war mit Pacelli befreundet und traf ihn im April 1938 im Vatikan, wobei er die Kopie eines geheimen Memorandums erhielt. Das Dokument stammte von Pacelli selbst und führte im Detail aus, warum er den Nationalsozialismus ablehnte (unter anderem, weil dieser „das fundamentale Prinzip der Freiheit der Religionsausübung“ angriff). Der größere Teil des Memorandums beschäftigte sich mit der Mißbilligung der österreichischen Bischöfe, die für die nationalsozialistische Besetzung Österreichs eine unterstützende Erklärung abgegeben hatten. Pacelli nahm an, daß diese dazu gezwungen worden seien, und meinte, die Kirche fühle sich „in ihrem täglichen Kampf gegen die zahlreichen Formen politischer Exzesse von Bolschewismus bis zu dem neuen Heidentum der ‚arischen‘ Generationen machtlos und vereinsamt“. Pacelli erklärte Kennedy weiters, daß es seitens des nationalsozialistischen Regimes „keine Anzeichen guten Willens“ gäbe und „die Vorstellung einer Vereinbarung“ oder eines „politischen Kompromisses“ mit den Nationalsozialisten „nicht in Frage kommt“[246]. Pacelli schrieb, daß das Dokument seine „persönlichen

Ansichten“ wiedergebe, daß aber der Botschafter diese mit seinem „Freund in der Heimat“ teilen dürfe, womit wohl Präsident Roosevelt gemeint war.[247]

Diese Kontakte zwischen Pacelli und amerikanischen Diplomaten brachte Charles R. Gallagher SJ, Historiker an der St.-Louis-Universität, in einem Artikel der jesuitischen Zeitschrift „America“ vom 1. September 2003 ans Licht. Forscher, die die beiden Dokumente, die bis dahin den Papstkritikern unbekannt waren, sahen, kamen zu dem Schluß, daß „diese die Ansicht [der Verteidiger Pius'], daß der Mann, der später Papst werden sollte, alles andere als ein Sympathisant des Nationalsozialismus gewesen ist“ stützten, und daß Pius XII. vielmehr davon überzeugt war, daß die Nationalsozialisten eine Bedrohung für die katholische Kirche und die Stabilität in Europa seien.[248] Gerald P. Fogarty, Priester und Professor für Geschichte an der Universität von Virginia sowie ein angesehener Kenner der Diplomatie des Vatikans, stellte fest, daß sie „klarstellen, daß sich Pacelli seit den 1930er Jahren dem Nationalsozialismus entgegenstellte“, eine Auffassung, die von anderen Historikern geteilt wird, indem sie annehmen, daß diese diplomatischen Unterlagen schlüssig „zeigen, daß der künftige Papst während seiner diplomatischen Tätigkeit für den Vatikan“ in den 1930er Jahren „in seiner privaten Kommunikation mit amerikanischen Offiziellen eine starke Abneigung gegen das nationalsozialistische Regime zum Ausdruck brachte“[249].

In seinen beiden letzten Jahren als vatikanischer Staatssekretär kam Pacellis „starke Abneigung gegen das nationalsozialistische Regime“ auch auf andere Weise zum Ausdruck. Als Pius XI. 1938 einer Gruppe belgischer Pilger erklärte, daß „es für einen Christen unmöglich ist, den Antisemitismus mitzumachen. Antisemitismus ist unverzeihlich, spirituell sind wir alle Semiten“, pflichtete Pacelli dem nicht nur bei, sondern wiederholte dies öffentlich.[250] Jacques Maritain, der wohl bedeutendste katholische Philosoph dieser Ära, zollte Pius XI. und Pacelli seine Anerkennung, als er ein Jahr später schrieb: „Spirituell sind wir alle Semiten – kein strengeres Wort wurde von einem Christen gegen den Antisemitismus gesagt, und dieser Christ war der Nachfolger des Apostels Petrus.“[251]

Schon 1937 hatte dieser Nachfolger des Apostels Petrus die von Pacelli entworfene Enzyklika „Mit brennender Sorge“ veröffentlicht, eine Verurteilung des Nationalsozialismus, in der es unter anderem hieß:

> Wer die Rasse oder das Volk oder den Staat oder die Staatsform, die Träger der Staatsgewalt oder andere Grundwerte menschlicher Gemeinschaftsgestaltung – die innerhalb der irdischen Ordnung einen wesentlichen und ehrengebietenden Platz behaupten – aus dieser ihrer irdischen Wertskala herauslöst, sie zur höchsten Norm aller, auch der religiösen Werte macht und sie mit Götzenkult vergöttert, der verkehrt und fälscht die gottgeschaffene und gottbefohlene Ordnung der Dinge. Ein solcher ist weit von wahrem Gottesglauben und einer solchem Glauben entsprechenden Lebensauffassung entfernt.

Als Pacelli im Jahr 1939 den Stuhl Petri bestieg, sollte seine Konfrontation mit dem nationalsozialistischen Deutschland noch dramatischer werden.

Ein Gerechter unter den Völkern: Papst Pius XII. und der Holocaust

Pius XI. war lange schon der Meinung gewesen, daß Kardinal Pacelli ein ausgezeichneter Papst wäre,[252] und meinte sogar einmal, daß er zurücktreten würde, wenn er sicher sein könnte, daß Pacelli als sein Nachfolger gewählt würde.[253] Die Wahl Pacellis zum Papst erfolgte im März 1939, wenige Monate vor dem Ausbruch des Zweiten Weltkriegs.[254] Seine Erfahrungen als geschickter, bewährter Diplomat machten ihn in den Worten von Pater Richard P. McBrien „zum unausweichlichen Kandidaten"[255].

Die Papstwahl Pius' XII.

Die Debatte im Vatikan, ob die Kirche einen „spirituellen" oder „diplomatischen" Papst brauche, wurde zugunsten des „erfahrensten und brillantesten verfügbaren Diplomaten" entschieden.[256] Pacelli war für sein „kühles und kritisches Denken" und als „wahrer Fürst der Diplomatie" bekannt.[257] Er war mit Franklin Roosevelt und Winston Churchill zusammengetroffen und war unter den führenden Politikern der Welt besser bekannt als frühere Männer, die die Papstweihe erhalten hatten.[258] Die Wahl fiel so eindeutig auf ihn, daß sich das Kardinalskollegium dafür nur einen Tag beriet, obwohl er seit 1667 der erste Staatssekretär des Vatikans war, der zum Papst gewählt wurde.[259]

Er war in vielem „der erste": Er war seit 200 Jahren der erste gebürtige Römer und römische Bürger, der auf den Stuhl Petri berufen wurde.[260] Er war der erste Papst, der seinen ersten päpstlichen Segen über das Radio ausstrahlen ließ, der erste Papst, dessen gesamte Krönungsfeierlichkeiten auf Film aufgenommen wurden, und er sollte später der erste Papst sein, der das Fernsehen „als Mittel pastoraler Kommunikation"[261] verwendete. So gut wie jeder Staat der Welt entsandte seine Delegierten zur Krönung. Der amerikanische Botschafter in Großbritannien, Joseph P. Kennedy, war in Begleitung seines Sohns

John F. Kennedy der erste offizielle Vertreter der USA, der der Krönung eines Papstes beiwohnte, und sein Sohn der erste künftige US-Präsident, der bei der Krönung eines Papstes anwesend gewesen war.

Deutschland war das einzige europäische Land, das mit keinem Gesandten bei der Krönung von Eugenio Pacelli zu Papst Pius XII. am 12. März 1939 vertreten war, nachdem seine Wahl von allen Staaten Europas und der gesamten westlichen Hemisphäre enthusiastisch begrüßt worden war. Außer in Deutschland, wo die „Frankfurter Zeitung“ schrieb: „Viele der Ansprachen [Pacellis] haben klargemacht, daß er die politischen und ideologischen Beweggründe, die in Deutschland ihren Siegeszug angetreten haben, nicht verstanden hat.“[262]

Die Wahl des Papstes fand am 2. März 1939 statt. Das Tagebuch von Joseph Goebbels enthält für den 4. März 1939 einen Eintrag, wonach Hitler es erwog, das Reichskonkordat von 1933 wegen der Wahl Pacellis zum Papst aufzukündigen.[263] Die nationalsozialistische Führung nahm an, Pacelli würde als Papst jene „projüdische“ Politik fortsetzen, die er als Staatssekretär des Vatikans betrieben hatte.

Der Papst schützt jüdische Gelehrte

Am 15. März 1938 verlautbarte die faschistische Regierung von Benito Mussolini ihr „Rassenmanifest“, in dem die italienischen Juden als unassimilierbare Fremde dargestellt wurden.[264] Dem folgte eine Flut von judenfeindlichen Gesetzen und Verordnungen, die – um mit Cecil Roth zu sprechen – „die soziale Stellung der italienischen Juden zu jener von Parias herabsetzten“[265]. Das erste derartige Gesetz untersagte den Juden, zu studieren oder an irgendeiner Schule oder Universität zu unterrichten. Zusätzlich wurden alle von Juden verfaßten Bücher aus den Hochschulbibliotheken verbannt.

Mit der Rechtskraft dieser antisemitischen Gesetzgebung wurden hunderte Juden aus dem öffentlichen Dienst, aus den Universitäten und anderen Berufen entfernt. Das Dekret, mit dem die Beschäftigung von Juden an den Universitäten des Landes verboten wurde, traf das italienische Judentum besonders hart, weil die Juden über Jahrzehnte hinweg einen beträchtlichen Anteil am intellektuellen Leben Italiens gehabt hatten. 1930 waren acht Prozent aller Universitätsprofessoren Juden.[266] Eine vorläufige Liste von nahezu 100 entlassenen jüdischen Hochschullehrern, die unmittelbar nach dem Beschluß über die neuen Rassengesetze erstellt wurde, beinhaltete einige der bekanntesten Wissenschaftler Italiens.[267]

Der eben gekrönte Papst reagierte auf das antisemitische Dekret, indem er mehreren ihrer Stelle verlustig gegangenen jüdischen Gelehrten eine Stelle in der Bibliothek des Vatikans verschaffte. Dabei ist die Bestellung des bekannten jüdischen Kartographen Roberto Amalgià besonders bemerkenswert. Dieser war der führende Geograph Italiens und insbesondere für seine zukunftsweisende Monographie über die Topographie und die Geologie des Heiligen Landes ausgezeichnet worden. Das italienische Außenministerium hatte ihn auch mit der Abfassung einer Geschichte der italienischen Entdecker beauftragt.[268] Einen Tag nach der Entlassung von seiner Professur an der Universität von Rom – die er seit 1915 innegehabt hatte – wurde er zum Direktor der geographischen Abteilung der Bibliothek des Vatikans ernannt und mit der Restauration und Katalogisierung des dort vorhandenen Kartenmaterials betraut.[269]

Nachdem Mussolini seine antisemitische Gesetzgebung eingeführt hatte, zählten all die Beiträge von Amalgià für die italienische Wissenschaft und das öffentliche Leben nichts mehr – außer für den Vatikan. Seine Bücher verschwanden aus den Büchereien und Klassenräumen. Ohne seinen Lehrstuhl und die Mitgliedschaft in der italienischen Königlichen Akademie stand Amalgià vor der Wahl zwischen dem Exil und dem Leben im Elend.[270] Die persönliche Intervention Pius' XII. ersparte ihm jedoch dieses Schicksal. Der Papst beauftragte ihn damit, eine künstlerische Reproduktion einer Landkarte der Donauländer zu fertigen, deren Original im Jahr 1546 entstanden war, und ließ den Nuntius in Berlin eine Kopie von Almagiàs Karte dem nationalsozialistischen Außenminister Joachim von Ribbentrop zeigen. Im Februar empfing Pius XII. Almagià zu einer Privataudienz, um sich bei dem jüdischen Gelehrten für „seine vortreffliche Arbeit“[271] zu bedanken.

Ein weiteres Opfer von Mussolinis antisemitischen Gesetzen war Professor Giorgio del Vecchio, eine allseits geachtete Autorität in bürgerlichem und internationalem Recht. Auch er fand durch eine persönliche Intervention von Pius XII. eine Stelle im Vatikan. Als Abkömmling einer der ältesten und ehrwürdigsten jüdischen Familien Italiens war del Vecchio unter der faschistischen Regierung der erste Rektor der Universität Rom und 15 Jahre lang der beliebte Dekan der Fakultät für Rechtswissenschaft, Mitglied der Faschistischen Partei seit ihrer Gründung und einer der glühendsten Unterstützer Mussolinis. Mit der Verabschiedung der italienischen antisemitischen Gesetze wurde del Vecchio dennoch umgehend seines Postens enthoben – und von Pius XII. eingestellt, der ihn der Bibliothek zuwies, ihn zum Mitglied der Päpstlichen Akademie der Wissenschaften ernannte und ihm Forschungsarbeiten im Bereich römischer Jurisprudenz anvertraute.[272]

Mit Professor Giorgio Levi della Vida wurde eine der bedeutendsten jüdischen Kapazitäten in der Islamwissenschaft nach seiner Entlassung von der Universität Rom von Pius XII. ebenfalls in der Bibliothek des Vatikans angestellt, wo er fortan arabische Manuskripte katalogisieren sollte.[273]

Sowohl Pius XI. als auch Pius XII. waren die Wissenschaft und die Arbeit von Gelehrten wichtiger als politische Differenzen. Pius XII. unterstrich seine Entschlossenheit, diese Linie auch gegen äußere Widerstände beizubehalten, indem er Professor Tullio Levi-Civita, Italiens bedeutendsten Physiker jener Zeit, zum Mitglied der Päpstlichen Akademie der Wissenschaften ernannte, nachdem Mussolini Juden von der neu gegründeten Faschistischen Akademie der Wissenschaften ausgeschlossen hatte.[274] Levi-Civita berichtete via Radio Vatikan auf persönliche Einladung von Pius XII. über die neuesten Entwicklungen der Physik. Dies war, wie jüdische Zeitgenossen bemerkten, „das erste Mal in der Geschichte, daß die Stimme eines Juden aus dem Zentrum des Katholizismus gesendet wurde“[275].

Bereits ab November 1938, zunächst als vatikanischer Staatssekretär und später als Papst, intervenierte Eugenio Pacelli persönlich, um die erforderlichen Einreisedokumente für andere entlassene jüdische Professoren zu beschaffen, damit diese aus dem faschistischen Italien nach Palästina oder Amerika auswandern konnten. Auf diese Weise konnte Vito Volterra, einer der herausragendsten Mathematiker und Physiker Italiens, nach einer zwischenzeitlichen Anstellung in der vatikanischen Bibliothek aus Italien flüchten. Er emigrierte nach Amerika und wurde dort Professor an der Universität von Pennsylvania.

Pacelli intervenierte ebenso zugunsten seines Freundes aus Kindheitstagen, Guido Mendes. Als dieser im November 1938 seine Professur an der medizinischen Fakultät der Universität Rom verlor, arrangierte er es, daß eine katholische Universität in Südamerika ihm eine wichtige Stelle anbot.[276] Als Mendes wissen ließ, daß er es vorzöge, mit seiner Familie nach Palästina zu gehen, half ihm Pacelli, in die Schweiz zu fliehen, wo er auf die Ausstellung der notwendigen

Einreisedokumente warten konnte.[277] 1939 konnte der nunmehrige Staatssekretär des Vatikans, Giovanni Batista Montini, die Papiere für die Familie Mendes beschaffen, obwohl das nicht den üblichen Zuwanderungsbeschränkungen entsprach.[278] Guido Mendes errichtete schließlich eine erfolgreiche Ordination in Ramat Gan, einem Vorort von Tel Aviv.

Der Papst, der nicht geschwiegen hat

Zur Zeit seiner Erhebung ins Papstamt war Pius XII. bereits ein beständiger und lautstarker Kritiker Hitlers und des Nationalsozialismus. Seine erste Enzyklika „Summi Pontificatus" vom 20. September 1939 flehte um Frieden, wies den Nationalsozialismus eindeutig zurück und erwähnte ausdrücklich die Juden – all dies haben die modernen Kritiker des Papstes übersehen. Wenige Wochen nach dem Ausbruch des Zweiten Weltkriegs stellte der Text klar, daß es in der katholischen Kirche nicht „Heide oder Jude, Beschnittener oder Unbeschnittener" heiße, sondern: „Christus ist alles und in allen" – eine klare Ablehnung des nationalsozialistischen Antisemitismus. So wurde er auch weitgehend verstanden, insbesondere im nationalsozialistischen Deutschland. Der Chef der Gestapo, Heinrich Müller, schrieb dazu folgendes: „Diese Enzyklika ist ausschließlich gegen Deutschland gerichtet, sowohl in ideologischer Hinsicht als auch betreffend des deutsch-polnischen Konflikts. Wie gefährlich sie für unsere auswärtigen Beziehungen als auch für unsere inneren Angelegenheiten ist, steht außer Streit."[279] Die „New York Times" begrüßte die Enzyklika mit einer Schlagzeile auf der Titelseite: „Papst verurteilt Diktatoren, Vertragsbrecher, Rassismus." Alliierte Flugzeuge warfen 88.000 Kopien der Enzyklika über Teilen Deutschlands ab, um damit Stimmung gegen den Nationalsozialismus zu machen.[280]

Während des gesamten Zweiten Weltkriegs ergriff Pius XII. zugunsten der europäischen Juden das Wort. Als ihm die Grausamkeiten der nationalsozialistischen Besatzungsmacht in Polen bekannt wurden, drängte er die Bischöfe von Europa dazu, alles in ihrer Macht Stehende zu tun, um die Juden und andere Verfolgte zu schützen. Am 19. Jänner 1940 setzten Radio Vatikan und der „Osservatore Romano" die Welt auf Anweisung des Papsts über die „fürchterlichen Grausamkeiten einer unzivilisierten Tyrannei", die die Nationalsozialisten an jüdischen und katholischen Polen begingen, in Kenntnis.[281]

In der darauffolgenden Woche berichtete der „Jewish Advocate" in Boston über die Sendung von Radio Vatikan und lobte „die ausdrückliche Verurteilung deutscher Grausamkeiten in Polen, mit der erklärt wurde, daß diese das moralische Gewissen der Menschheit herausforderten"[282]. Die „New York Times" schrieb im Leitartikel: „Nun hat der Vatikan mit unzweifelhafter Autorität gesprochen und die schlimmsten Befürchtungen des Terrors bestätigt, die aus der Finsternis über Polen bekanntgeworden sind."[283] In England pries der „Manchester Guardian" Radio Vatikan als „den mächtigsten Fürsprecher des geschundenen Polen"[284].

Im März 1940 gewährte Pius XII. dem deutschen Außenminister Joachim von Ribbentrop eine Audienz, der damit der einzige hochrangige Nationalsozialist war, der den Vatikan besuchen sollte. Dabei war die deutsche Interpretation der Position von Pius eindeutig: Ribbentrop warf dem Papst vor, sich auf die Seite der Alliierten zu stellen, woraufhin Pius aus einer langen Liste der von den Deutschen begangenen Grausamkeiten vorlas. „Mit seinen leidenschaftlichen Äußerungen gegenüber Herrn Ribbentrop kam der Papst den Juden in Deutschland und Polen zu Hilfe"[285], berichtete die „New York Times" am 14. März 1940.

Im Rahmen der Osterpredigt 1940 klagte er die nationalsozialistische Bombardierung von wehrlosen Bürgern an. Am 11. Mai 1940 verurteilte er die nationalsozialistische Invasion von Belgien, den Niederlanden und Luxemburg und klagte über „eine von Lügen und Treulosigkeit vergiftete Welt, die von Gewaltexzessen verwundet liegt". Im Juni 1942 sprach er sich gegen die Massendeportationen von Juden aus dem nationalsozialistisch besetzten Frankreich aus. Darüber hinaus wies er den Nuntius in Paris an, beim Oberhaupt der Vichy-Regierung, Marschall Henri Petain, gegen „die unmenschlichen Festnahmen und Deportationen von Juden aus dem besetzten Frankreich nach Schlesien und in Teile Rußlands"[286] zu protestieren.

Die „London Times" lobte Pius ausdrücklich für seine Verurteilung des Nationalsozialismus und seine öffentliche Unterstützung der jüdischen Opfer des nationalsozialistischen Terrors: „Angesichts dessen, was Papst Pius XII. seit seiner Thronbesteigung dazu gesagt hat, gibt es keinen Zweifel. Er verurteilt die Gewaltverherrlichung und ihre konkrete Ausprägung in der Unterdrückung der Freiheit der Völker und der Verfolgung der jüdischen Rasse."[287]

Die Weihnachtsansprachen des Papstes von 1941 und 1942, die über Radio Vatikan Millionen von Zuhörern erreichten, sprachen die gleichen Themen an. Die Pius-Kritiker argumentieren, daß jene von 1941 nicht nachdrücklich genug gewesen sei. Zeitgenössische Beobachter hingegen empfanden sie als eindeutig, so schrieben beispielsweise die Herausgeber der „New York Times" dazu folgendes:

> Die Stimme von Pius XII. ist eine einsame Stimme in der Stille und Dunkelheit, die Europa diese Weihnachten einhüllt [...]. Indem er eine „wirkliche neue Ordnung" auf Grundlage von „Freiheit, Gerechtigkeit und Liebe" forderte, [...] hat sich der Papst geradeheraus gegen den Hitlerismus gestellt. Während er anerkannte, daß es keinen Weg zu einer Einigung zwischen Kriegsparteien gibt, „deren jeweilige Kriegsziele und Agenden unvereinbar erscheinen", ließ Pius XII. keinen Zweifel daran, daß die nationalsozialistischen Ziele mit seiner eigenen Vorstellung eines christlichen Friedens ebenso unvereinbar sind.[288]

Hörer des Jahres 1941 verstanden die Weihnachtsansprache des Papstes als klare Verurteilung der nationalsozialistischen Angriffe auf die europäischen Juden.

Das Gleiche gilt für die Ansprache des Papstes vom 24. Dezember 1942, in der er seine mitfühlende Sorge „um jene Hunderttausende, die persönlich schuldlos, bisweilen nur um ihrer Volkszugehörigkeit oder Abstammung willen dem Tode geweiht oder fortschreitender Verelendung preisgegeben sind", ausdrückte. Diese Aussage wurde weithin als öffentliche Anprangerung der nationalsozialistischen Judenvernichtung verstanden. Auf jeden Fall haben dies die Nationalsozialisten selbst als klare Verurteilung des Nationalsozialismus und als Appell zugunsten von Europas Juden interpretiert: „Seine Rede ist ein langer Angriff auf alles, wofür wir stehen", stellte dazu eine interne Analyse für das Auswärtige Amt fest, wo es weiter heißt: „Er spricht eindeutig für die Juden [...], er beschuldigt praktisch das deutsche Volk, an den Juden ein Unrecht zu verüben, und macht sich selbst zum Sprachrohr der jüdischen Kriegsverbrecher."[289]

Professor Eamon Duffy von der Universität Cambridge stellt dazu in seiner Geschichte über das Papsttum der Moderne fest, daß „sowohl Mussolini als auch Ribbentrop über diese Ansprache erzürnt waren, und daß Deutschland meinte, daß Pius damit jeden Schein von Neutralität verspielt habe. Sie empfanden dies so, daß Pius die Behandlung der Juden durch die Nationalsozialisten unmißverständlich verurteilt hatte"[290]. Die Kritiker von Pius XII. spielen die Bedeutung der Weihnachtsansprache von 1942 herunter und unterlassen es, die Reaktion der Nationalsozialisten darauf zu berücksichtigen.

In der damaligen Zeit befürchtete man, daß die vom Papst ausgesprochene Verurteilung der Nationalsozialisten zu gewaltsamer Vergeltung führen könnte. Sogar der notorische Kritiker des Papstes, Rolf Hochhuth, gab zu, daß Hitler in Erwägung zog, im Vatikan einzumarschieren.[291] Dafür gab es auch historische Vorläufer: Napoleon belagerte 1809 den Vatikan, nahm Pius VII. mit vorgehaltenem Bajonett fest, entführte ihn aus Rom und hielt den Papst fünf Jahre lang (bis zu Napoleons Niederlage und Abdankung im Jahr 1814) gefangen, „in einer förmlichen Einzelhaft", bewacht von 1400 Soldaten.[292] Dies geschah ungeachtet des Konkordats zwischen dem Papst und Napoleon aus dem Jahr 1801. Da aber der Papst Napoleons Blockade von England im Jahr 1808 abgelehnt und den französischen Diktator im darauffolgenden Jahr exkommuniziert hatte, löste er Rachegelüste aus.

Ebenso war Pius IX. im November 1848 aus Rom geflohen, um sein Leben zu retten, nachdem die revolutionären Anhänger von Giuseppe Mazzini seinen Kanzler ermordet hatten. Während der Belagerung der Vatikanstadt durch die Revolutionäre blieb er bis zur Wiederherstellung der päpstlichen Herrschaft 14 Monate lang im Exil.[293] Auch Leo XIII. (1878–1903) wurde im späten 19. Jahrhundert vorübergehend ins Exil gezwungen.

Trotz dieser Vorgeschichte war Pius XII. „bereit, sich in ein Konzentrationslager deportieren zu lassen, bevor er in irgendeiner Weise gegen sein Gewissen handeln würde", wetterte Mussolinis Außenminister. Tatsächlich sprach Hitler offen darüber, daß er in den Vatikan eindringen „und das verhurte Gesindel einpacken"[294] wolle. Auch Pius XII. waren die verschiedenen Pläne der Nationalsozialisten, ihn zu entführen, bekannt.

Es ist seit langem bekannt, daß Hitler einmal plante, den Papst zu entführen und ihn in Obersachsen zu inhaftieren. Es existieren Aufzeichnungen einer Besprechung vom 26. Juli 1943, bei der Hitler das Eindringen in den Vatikan offen diskutierte. Ernst von Weizsäcker, der deutsche Botschafter beim Vatikan, schrieb, daß er von Hitlers Plan, Pius XII. zu entführen, gehört hatte und daß er vatikanische Beamte regelmäßig davor warnte, Berlin zu provozieren. Auch der nationalsozialistische Botschafter in Italien, Rudolf Rahn, beschrieb die Entführungspläne sowie seine Bemühungen und die anderer nationalsozialistischer Diplomaten, diese zu verhindern. Ebenso hat General Karl Wolff, der Höchste SS- und Polizeiführer in Italien, am Ende des Krieges bezeugt, daß er von Hitler im Jahr 1943 Befehle erhalten habe, „so schnell wie möglich den Vatikan und die Vatikanstadt zu besetzen, die Archive und die Kunstschätze mit einzigartigem Wert zu sichern und den Papst zusammen mit der Kurie zu ihrem eigenen Schutz zu verbringen, so daß diese nicht in die Hände der Alliierten fallen können, um politischen Einfluß zu nehmen". Wolff gelang es im Dezember 1943, Hitler den Plan wieder auszureden.[295]

Hitler exkommunizieren

Die Kritiker von Pius XII. weisen oft auf sein „Versagen" hin, Hitler und andere Führer der NSDAP zu exkommunizieren. Tatsächlich sind auch viele Fürsprecher des Papstes der Meinung, daß er das hätte tun sollen. Unbeschadet solcher Empfindungen sprechen die Tatsachen dafür, daß eine Exkommunikation von Hitler eine rein symbolische Geste gewesen wäre, die außerdem zu mehr – und nicht weniger – Verfolgung geführt hätte.

Hitler, Heinrich Himmler und andere nationalsozialistische Führer waren getaufte – wenn auch abgefallene – Katholiken, die nie formell durch ein päpstliches Dekret exkommuniziert wurden. Die Geschichte zeigt aber, daß die Exkommunikation „ein päpstliches Mittel ist, das mit besonderer Vorsicht einzusetzen ist"[296]. Sie war bei einigen wenigen Gelegenheiten zeitweise wirksam, wie beispielsweise, als Gregor VII. mit seiner Erklärung Heinrich IV. zu seinem Bußgang nach Canossa im Jahr 1077 bewegen konnte. Viel häufiger aber erzielte die Exkommunikation nicht das von den Päpsten erwünschte Ergebnis. Beispielsweise exkommunizierte Johannes XXII. 1324 den gewählten Kaiser von Deutschland, Ludwig IV. von Bayern, und rief die Prinzen und den Adel auf, gegen Ludwig Widerstand zu leisten. „Kurz gefaßt", schrieb dazu Pinchas Lapide, „der Papst hat damit all das getan, was Hochhuth von Pius XII. in bezug auf Hitler erwartet hätte." Das unbeabsichtigte Ergebnis war, daß Ludwig mit einer Armee in Rom einmarschierte und sich selbst zum römischen Kaiser krönte. Es folgte die Wahl eines Gegenpapstes, und Johannes XXII. starb im Exil. Dies geschah vor fast 700 Jahren, zu einer Zeit – und darin sind sich alle Historiker einig –, als das Prestige und die Macht des Papstes unvergleichlich bedeutender war, als dies zur Amtszeit Pius' XII. der Fall war. Außerdem hatte Ludwig IV. von Bayern nur einen Bruchteil jener militärischen Macht, über die Hitler verfügte.[297]

Die von Pius V. 1570 ausgesprochene Exkommunikation der Königin Elisabeth I. von England erwies sich für die katholische Kirche als ein Desaster. Sie führte zur endgültigen Abspaltung der anglikanischen Kirche, der Hinrichtung von hunderten englischen Katholiken und der Konsolidierung der englischen Macht unter der Monarchie, da die überwältigende Mehrheit der englischen Katholiken ihrer Königin treu blieb.

Ebenso wirkungslos blieb die Exkommunikation von Napoleon, die dem Papst schlußendlich das Exil einbrachte. Auch hatte sie keinerlei Einfluß auf die Grande Armée, deren katholische Soldaten ihrem Kaiser begeistert von Schlacht zu Schlacht folgten.[298] Es ist also eine Lektion aus der Geschichte, daß die päpstliche Exkommunikation eines Herrschers nach hinten losgehen kann, indem sie Völker veranlaßt, sich hinter ihrem Führer zu vereinen.

Darüber hinaus war damals die Furcht verbreitet, daß eine päpstliche Exkommunikation Hitlers den „Führer" dazu anstacheln könnte, sowohl gegen die Kirche als auch gegen die Juden noch brutaler vorzugehen. Aryeh Leon Kubovy, ein Vertreter des Jüdischen Weltkongresses, fragte einmal Don Luigi Sturzo, den Gründer der Christdemokratischen Bewegung im Italien der Kriegszeit, warum der Papst Hitler nicht exkommuniziert habe. Die Meinung von Sturzo dazu war, daß der Papst fürchtete, daß ein von der Exkommunikation bedrohter Hitler noch mehr Juden getötet hätte, als dies schlußendlich der Fall war.[299] Autoren und Historiker, die mit der Psychologie Hitlers vertraut sind, teilen die Einschätzung von Sturzo und nehmen an, daß jede Provokation durch den Papst zu gewaltsamer Vergeltung, zahlreichen zusätzlichen ermordeten Juden (vor allem jener, die damals unter dem Schutz der Kirche standen) und einer verstärkten nationalsozialistischen Verfolgung von Katholiken geführt hätte. Es ist dies ein überzeugendes Argument, das auch von Erinnerungen jüdischer Holocaustüberlebender wie Marcus Melchior, dem früheren Oberrabbiner von Dänemark, gestützt wird, der meinte, daß „es ein Irrtum ist, zu glauben, daß Pius XII. irgendeinen Einfluß auf das Hirn eines Verrückten hätte haben können. Hätte der Papst die Stimme erhoben, hätte Hitler vermutlich mehr als sechs Millionen Juden und vielleicht zehn mal zehn Millionen Katholiken massakriert, wenn er dazu in der Lage gewesen wäre."[300] Robert M.W. Kempner berief sich auf seine Erfahrungen als Ankläger bei den Nürnberger Prozessen: „Jede propagandistische Handlung der katholischen Kirche gegen Hitler wäre nicht nur ein Selbstmord gewesen, sondern hätte auch die Ermordung von noch mehr Juden und Priestern beschleunigt."[301]

Ein von den Fürsprechern des Vatikans häufig angeführtes Beispiel ist der öffentliche Protest der niederländischen Bischöfe im Jahr 1942 gegen die Deportation der Juden aus den Niederlanden. Die Bischöfe der Niederlande, die ihre Inspiration Pius XII. zuschrieben, gaben ein pastorales Schreiben heraus, das in jeder katholischen Kirche des Landes verlesen wurde, in dem „die gnadenlose und ungerechte Behandlung, der die Juden von den Machthabern in unserem Land ausgesetzt sind", verurteilt wurde. In keinem anderen Land widersetzten sich die lokalen Bischöfe der nationalsozialistischen Besatzung vehementer als in den Niederlanden, allein ihr gutgemeintes pastorales Schreiben hatte genau das Gegenteil des Beabsichtigten zur Folge. Pinchas Lapide hält dazu fest: „Die traurigste und verstörendste Schlußfolgerung ist, daß, obwohl der Klerus in Holland lautstärker, eindeutiger und häufiger gegen die Judenverfolgung als die Kirchenhierarchie in irgendeinem anderen von den Nationalsozialisten besetzten Land protestierte, mehr Juden – und zwar ungefähr 110.000 oder 79 Prozent der jüdischen Bevölkerung – in die Todeslager deportiert worden sind."[302] Der Protest der niederländischen Bischöfe provozierten also die brutalste der nationalsozialistischen Repressalien. Die große Mehrheit der Juden Hollands – und der höchste Prozentanteil von Juden in allen nationalsozialistisch besetzten Ländern in Westeuropa – wurde deportiert und getötet.

Wenn die revisionistischen Kritiker von Pius' XII. das „Schweigen" des Papstes angreifen, tun sie dies unter Mißachtung der Tatsache, daß Vertreter des Judentums und die Bischöfe in den besetzten Ländern ihm dringend nahelegten, die Nationalsozialisten nicht zu weiteren Grausamkeiten anzustacheln. Als Clemens August von Galen, der Bischof von Münster, die Stimme gegen die Verfolgung der Juden in Deutschland erheben wollte, ersuchten ihn die jüdischen Vertreter seines Diözesangebiets, davon Abstand zu nehmen, da sie annahmen, daß das Ergebnis nur eine noch heftigere Verfolgung sein würde. Pinchas Lapide zitiert einen italienischen Juden, dem es mit der Hilfe des Vatikans gelang, der Deportation der Juden Roms im Oktober 1943 zu entgehen, und der 20 Jahre später eindeutig festhielt: „Keiner von uns wollte, daß der Papst offen die Stimme erhebt. Wir waren alle Flüchtlinge und wollten nicht, daß man auf uns aufmerksam wird. Die Gestapo hätte nur ihre Ermittlungen verstärkt und ausgeweitet [...]. Es war viel besser, daß der Papst sich ruhig verhielt. Wir empfanden alle dasselbe und glauben das noch immer." Bischof Johann Bernhard von Luxemburg, inhaftiert in Dachau von Februar 1941 bis August 1942, berichtete dem Vatikan, daß sich „die Behandlung der Häftlinge sofort verschlechterte, wann immer Proteste eingelegt wurden"[303].

Der Papst war gezwungen, seine Wortwahl so zu balancieren, daß er nicht das Leben von tausenden Juden gefährdete, die im Vatikan, in den Kirchen Roms, in Klöstern, Konventen und katholischen Einrichtungen in ganz Italien versteckt waren. Er mußte bei seinen Äußerungen darauf achten, nicht das Leben des katholischen Klerus und der Laien zu gefährden, die versuchten, die Juden zu retten. Ebenso mußte er dabei vermeiden, die Nationalsozialisten zu provozieren, damit diese nicht noch mehr Priester in die Konzentrationslager deportierten. In Polen wurde beispielsweise ein Fünftel aller Priester nach Auschwitz oder in andere Konzentrationslager transportiert und getötet.[304]

Viele italienische Holocaustüberlebende stimmen mit Michael Tagliacozzo, einem römischen Juden, der mehrere Monate im Seminaro Romano, dem päpstlichen Seminar in der Nähe der Lateranbasilika, versteckt war, überein. Eine klarere öffentliche Verurteilung der Nationalsozialisten, so die Annahme, hätte das Leben der Priester und Laien, die sie versteckt und geschützt hatten, gefährdet. Sogar Susan Zucotti gibt in ihrer Kritik an Pius XII. zu bedenken, daß „des Papstes Schweigsamkeit auch von der Sorge um die versteckten Juden und deren katholische Beschützer getragen war"[305].

Man kann sich fragen, was schrecklicher sein sollte als der Massenmord an sechs Millionen Juden. Die Antwort ist: die Ermordung hunderttausender weiterer. Pius XII. wußte, daß er mit seinen Worten den Holocaust nicht aufhalten würde. Er wählte seine Äußerungen mit Bedacht, um nicht jene Leben zu gefährden, die er retten konnte. Und wie wir sehen werden, sprach er wirkungsvoll in entschlossenen Protestnoten, sobald er den Eindruck hatte, daß er damit etwas ausrichten könnte – wie gegenüber den Regierungen des Admirals Miklós Horthy in Ungarn und des Präsidenten Jozef Tiso (eines Priesters) in der Slowakei.

Rom unter der nationalsozialistischen Besatzung

Aus jüdischer Perspektive ist Pinchas Lapide eine der besten Quellen, aus denen die außerordentlichen Hilfs- und Rettungsbemühungen, die Pius XII. und seine Diplomaten während des Holocaust unternahmen, hervorgehen. Mit seiner länderweisen Analyse der päpstlichen Bemühungen, Juden im gesamten nationalsozialistisch besetzten Europa zu retten, weist Lapide nach, daß die Anstrengungen der katholischen Kirche eine größere Anzahl an Juden gerettet haben als alle anderen Kirchen, religiösen Einrichtungen und Rettungsorganisationen zusammengenommen.

Während ungefähr 80 Prozent der Juden in Europa während des Zweiten Weltkriegs den Tod fanden, wurden 85 Prozent der 40.000 italienischen Juden gerettet.[306] Die Deportation der italienischen Juden begann am 16. Oktober 1943, nur fünf Wochen, nachdem die Wehrmacht Rom besetzt hatte und die Angelegenheiten der inneren Sicherheit der SS anvertraute. Die berüchtigte Razzia gegen die Juden Roms wurde von Susan Zuccotti sehr eindringlich beschrieben:

> Um 5:30 Uhr am verregneten Morgen des Samstags, 16. Oktober 1943, begannen Polizeikräfte der deutschen SS in Rom mit jener Aktion, die die größte einzelne Massenfestnahme von Juden im besetzten Italien werden sollte. In tausenden zerfallenden Wohnhäusern des ehemaligen römischen Ghettos und in hunderten anderen überall in der Heiligen Stadt hämmerten Polizeikräfte an die Türen und rissen schlafende Menschen aus ihren Betten. Wartende Lastwagen transportierten die Opfer, oftmals noch in ihrer Schlafkleidung, in ein improvisiertes Anhaltezentrum in der italienischen Militärakademie, nur 200 Meter vom Vatikan entfernt. Innerhalb von neun Stunden wurden 1259 Angehörige der 12.000 Mitglieder zählenden Gemeinde festgenommen und inhaftiert. Darunter waren 896 Frauen und Kinder.
>
> Zwei Tage später, vor der Morgendämmerung des 18. Oktober, wurden die festgenommenen Juden erneut mit Lastwagen zur Güterverladeplattform des Bahnhofs Roma Tiburtina verbracht. Als die Gefangenen ankamen, wurden sie von Wachen sofort in ungefähr 20 Güterwaggons gepfercht und die Türen von außen verriegelt. 50 bis 60 Menschen warteten in jedem Wagen in Dunkelheit, brütender Hitze und voller Schrecken, bis die Verladung abgeschlossen war. Um ungefähr 2 Uhr nachmittags begann die grauenhafte Reise.[307]

Somit wurden innerhalb von 48 Stunden nach der Verhaftungswelle vom 16. Oktober mehr als 1200 römische Juden in einen „Todeszug“ nach Auschwitz gepfercht, wo sie eine Woche später ermordet wurden. Von Oktober 1943 bis zur Inbesitznahme der Stadt durch die Alliierten im Juni 1944 gingen die Deportationen weiter, wodurch schlußendlich 2091 Juden Roms in den Todeslagern der Nationalsozialisten den Tod fanden.

Was Pius XII. während und unmittelbar nach den Verhaftungen im Oktober sowie während der gesamten darauffolgenden nationalsozialistischen Besatzungszeit für die Juden Roms getan oder unterlassen hat, bleibt umstritten. Es gab eine Richtung in der Holocaustforschung, die das Argument der Gegner des Papstes, dieser habe bereits im vorhinein von der anstehenden Festnahmewelle gewußt, unkritisch übernommen hat. Zucotti und andere meinen, Pius XII. habe die Möglichkeit und die Verpflichtung gehabt, die Juden zu informieren und ihnen Zeit zur Flucht zu verschaffen. Allerdings stammt diese Anklage aus Robert Katz' „Black Sabbath", einem hochgradig polemischen Werk aus dem Jahr 1969. Katz war der erste, der – ohne verläßlichen Beleg – argumentierte, Pius XII. habe im voraus von den Festnahmen des 16. Oktober gewußt. Katz zitiert den deutschen Diplomaten Eitel Friedrich Möllhausen, der die Information über die geplanten Verhaftungen an den deutschen Botschafter beim Vatikan, Ernst von Weizsäcker, weitergegeben hat. Möllhausen nahm an, daß Weizsäcker den Vatikan informieren würde. Kein Historiker hat diese Annahme jemals bestätigt.

In seinen Memoiren und während seines ganzen Lebens hat Weizsäcker jedenfalls niemals behauptet, irgend jemanden, geschweige denn Pius XII., wegen der Festnahmen gewarnt zu haben, bevor diese stattfanden. Kein offizieller Vertreter des Vatikans hat jemals gesagt, daß Weizsäcker sie gewarnt hätte, und es hat auch niemand von ihnen berichtet, daß er eine derartige Information an Pius XII. weitergegeben hätte. Auf der anderen Seite haben wir aus erster Hand das Zeugnis der Prinzessin Enza Pignatelli, die den Vatikan am Morgen des 16. Oktober aufsuchte und dem Papst persönlich berichtete, was gerade geschah. Sie versicherte, daß Pius geschockt und erzürnt war und umgehend handelte. Er protestierte sofort persönlich bei Weizsäcker und verlangte, daß die Nationalsozialisten die Festnahmen beendeten.

Der österreichische Bischof Alois Hudal schrieb ebenfalls einen Protestbrief gegen die Festnahme der Juden Roms. Einige Autoren haben behauptet, daß Pius dieses Schreiben gar nicht kannte, aber in seinen eigenen Erinnerungen berichtete Hudal, daß es Carlo Pacelli – ein Neffe des Papstes – gewesen sei, der ihm auf direkte Anweisung des Papstes auftrug, den Brief zu schreiben.

Ab Oktober 1943 bat Pius XII. die Kirchen und Konvente in ganz Italien, Juden Unterschlupf zu gewähren. In Rom versteckten 155 Konvente und Klöster während der deutschen Besatzung ungefähr 5000 Juden und widersetzten sich damit den Nationalsozialisten und Mussolinis Faschisten. Nicht weniger als 3000 Juden fanden in Castel Gandolfo, der Sommerresidenz des Papstes, Zuflucht. 60 Juden lebten neun Monate lang in der Gregorianischen Universität der Jesuiten, und viele waren in den Kellern des päpstlichen Bibelinstitutes untergebracht. Papst Pius selbst bot hunderten obdachlosen Juden innerhalb der Stadtmauern des Vatikans Schutz.

Der beste Kenner der nationalsozialistischen Verhaftungswelle der römischen Juden im Oktober 1943 – und selbst Überlebender der Razzien – ist Michael Tagliacozzo, ein italienischer Holocaustforscher, der inzwischen in Israel lebt. Seine Monographie zu diesem Thema dokumentiert die Rolle Pius' XII. und des Vatikans bei der Rettung der Juden Roms.[308] Dem Werk von Tagliacozzo zufolge waren 477 Juden im Vatikan und dessen Enklaven versteckt, „weitere 4238 fanden Zuflucht in den zahlreichen Klöstern und Konventen in Rom“[309]. Tagliacozzo, der die nationalsozialistische Besetzung Roms durchgemacht und alle Primärquellen dazu studiert hat, hat nichts als Lob für Pius XII. übrig. In einem Interview sagte er: „Ich weiß, daß viele Papst Pacelli kritisieren, ich habe auf meinem Tisch in Israel eine Mappe mit dem Titel ‚Schmähungen gegen Papst Pius XII.‘, aber mein Urteil kann nur positiv ausfallen. Papst Pius XII. war der Einzige, der einschritt, um die Deportation der Juden am 16. Oktober zu verhindern, und er unternahm sehr viel, um tausende von uns zu verstecken und zu retten.“[310]

Tagliacozzo kommt zu dem Schluß, daß die Maßnahmen von Pius XII. für die Rettung von 80 Prozent der jüdischen Bevölkerung von Rom entscheidend waren. Er verwirft die (inzwischen unter den Kritikern von Pacelli beliebte) Auffassung, der Papst wäre nicht hinter den Rettungsbemühungen gestanden. „Damals herrschte viel Verwirrung, aber alle wußten, daß der Papst und die Kirche uns helfen würden. Nach den Aktionen der Nazis öffnete der Pontifex auch Klöster, nachdem er zuvor schon die Öffnung von Konventen, Schulen und Kirchen zur Rettung der Verfolgten angeordnet hatte. Monsignore Giovanni Butinelli von der Pfarre der Verklärung sagte mir, daß der Papst empfohlen habe, daß die Pfarrpriester Juden verstecken sollten. Ich selbst kannte eine jüdische Familie, die sich, nachdem die

Nationalsozialisten 50 Kilogramm Gold forderten, entschieden, die Frauen und Kinder im Kloster an der Via Garibaldi zu verstecken. Die Nonnen sagten, sie würden sehr gern die Mutter und das Mädchen aufnehmen, aber sie könnten sich nicht um den kleinen Buben kümmern. Doch auf Anweisung des Papstes, der dem Konvent einen Dispens von der Klausur erteilte, versteckten sie auch den Buben."[311]

Nicht unerwähnt sollte auch bleiben, daß Tagliacozzo von den Gehilfen Pius' XII. unter der Leitung von Kardinal Pietro Palazzini vor Hunger und Tod bewahrt wurde. „Ich erinnere mich, daß sie mich wundervoll behandelten", schreibt Tagliacozzo, „nachdem ich zwei Tage nichts zu essen hatte, gab mir Pater Palazzini eine Mahlzeit mit allen Gütern Gottes: eine Schüssel Gemüsesuppe, Brot, Käse, Obst. Ich hatte nie so gut gegessen."

Die Tagebücher von anderen Zeitzeugen dokumentieren ebenfalls die Rettungsbemühungen von Pius XII. und dem Vatikan. Das Gleiche geht aus den inzwischen veröffentlichten Erinnerungen von Adolf Eichmann hervor, in denen er festhält, daß der Vatikan „gegen die Festnahmen der Juden vehement protestierte und die Beendigung solcher Aktionen verlangte"[312]. Im Zuge des Prozesses gegen Eichmann in Jerusalem stellte der Ankläger Gideon Hausner unmißverständlich fest, daß „der Papst selbst persönlich zur Unterstützung der Juden Roms intervenierte". Unterlagen, die während des Prozesses vorgelegt wurden, beinhalten weitere Beweise päpstlicher Anstrengungen, die Festnahmen und Deportationen der römischen Juden zu stoppen.[313]

Wir kennen die Namen einiger italienischer Priester, Mönche, Kardinäle und Bischöfe, die bei der Rettung hunderter jüdischer Leben eine wesentliche Rolle gespielt haben. Kardinal Boetto von Genua rettete zumindest 800. Der Bischof von Assisi versteckte 300 Juden für eine Dauer von mehr als zwei Jahren. Viele andere prominente Kleriker, einschließlich mehrerer Kardinäle, und zwei spätere Päpste retteten und versteckten Juden. Sie bestätigten später, daß sie auf direkte Anweisung des Papstes Pius XII. gehandelt hatten. Im Jahr 1955 bot eine israelische Delegation dem Erzbischof Giovanni Montini (dem späteren Paul VI.) eine Auszeichnung für seine Arbeit zur Rettung von Juden während des Holocausts an. Montini lehnte dies mit den Worten ab: „Ich habe nur meine Pflicht getan. Und außerdem habe ich nur auf Anweisung des Heiligen Vaters gehandelt. Niemand verdient dafür einen Orden."[314] Wie weiter unten noch näher ausgeführt, gab Kardinal Angelo Roncalli (der spätere Johannes XXIII.)

im Jahr 1957 eine ähnliche Stellungnahme ab, als ihm ein israelischer Diplomat den Dank für seine erfolgreichen Bemühungen um die Rettung tausender Juden in den frühen 1940er Jahren in Istanbul anbot.

Ebenso auf Pius' XII. direkte Anweisung versteckte Kardinal Palazzini in den Jahren 1943 und 1944 für mehrere Monate Michael Tagliacozzo und andere Juden. 1985 ehrte die israelische Holocaustgedenkstätte Yad Vashem Kardinal Palazzini als „Gerechten unter den Völkern" – einen von mehreren italienischen katholischen Klerikern, die ihr Leben riskierten, um während des Holocausts Juden zu helfen. Als er die Ehrung annahm, betonte Kardinal Palazzini, daß „das Verdienst allein jenes von Pius XII. ist, der uns befahl, alles zu tun, was wir konnten, um die Juden vor der Verfolgung zu schützen"[315].

Der Klerus eilt den Juden zu Hilfe

Die bewegende Geschichte, wie der 22 Jahre alte Michael Tagliacozzo im Seminaro Romano Zuflucht fand, ist es wert, hier wiedergegeben zu werden. Tagliacozzo hatte seit Ende September 1943 bei Verwandten in Rom gelebt. Er entkam der deutschen Polizei, als diese am frühen Morgen des 16. Oktober an der Wohnungstür seiner Verwandten anklopfte. Noch in seiner Schlafkleidung schlüpfte er durch das Fenster und gelangte in die Wohnung einer katholischen Familie, die er gar nicht kannte. Ohne in seine Wohnung zurückkehren zu können und verzweifelt auf der Suche nach einem Zufluchtsort, erinnerte er sich an Maria Amendola, eine frühere Lehrerin, die ihn für einige Tage versteckte und ihn in Verbindung mit einem jungen Assistenzpriester der Pfarre, Don Vincenzo Fagiolo, brachte. „Er war es", schrieb Tagliacozzo, „der meinen Fall mit Herzblut vor dem Rektor des Seminars, Monsignore Roberto Ronca, vertrat."[316] Das berühmte Pontificio Seminario Romano Maggiore lag an der Piazza di Porta San Giovanni in einem weitläufigen Gebäudekomplex, der die Lateranbasilika und den Lateranpalast einschloß. Heute ist dort das römische Vikariat untergebracht.

Wie Susan Zuccotti festhielt, war „Tagliacozzos Zufluchtsort keine gewöhnliche Einrichtung der Kirche"[317]. Das Seminario Romano war Eigentum des Vatikans „und stammte aus der glorreichen Zeit, als der Kirchenstaat nicht nur ganz Rom, sondern einen Gutteil Zentralitaliens umfaßte"[318]. Zusammen mit der Sommerresidenz in Castel Gandolfo war das Seminar eines der Besitztümer des Vatikans, die unter direkter päpstlicher Zuständigkeit standen und den italienischen Juden einen sicheren Hafen und Zuflucht während der nationalsozialistischen Besatzung boten. Von den ungefähr 200 Flüchtlingen, die im Seminario Romano Schutz fanden, waren zumindest 52 Juden.[319] Michael Tagliacozzo, der alle Juden, die dort Zuflucht fanden, kannte, hatte „ausschließlich gute Erinnerungen" daran, wie er und seine jüdischen Gefährten im Seminar behandelt wurden. Jüdische Rituale und die Beachtung jüdischer Speisegesetze wurden nicht nur erlaubt, sondern es wurde dazu ermutigt. Er erinnerte sich wie folgt:

> Es gab überhaupt keinen Druck, zum Christentum zu konvertieren. Der Respekt, der jenen, denen geholfen wurde, entgegengebracht wurde, war beispielhaft. Ich erinnere mich sehr gern, daß sich Don Palazzini in dem Wissen an mich wandte, daß ich unter den Flüchtlingen jener mit der stärksten Bindung an die jüdischen Traditionen war. Er bat darum, daß ich ihn in die jüdischen Speisegesetze einwies, damit die Gefühle der Flüchtlinge nicht verletzt würden. Er gab mir eine Bibel in Hebräisch, die mich mit Glauben und Hoffnung auf die Zukunft erfüllte.[320]

Italienische Katholiken – vom Kardinal bis zum Polizisten – versuchten, jüdisches Leben zu schützen, indem sie Zuflucht boten, falsche Ausweise, Essensmarken und andere Dokumente herstellten. Viele dieser Katholiken wurden von den Nationalsozialisten festgenommen und nicht wenige getötet. Giovanni Palatucci, der Polizeichef von Fiume, starb in Dachau, weil er Juden geholfen hatte. Die sieben Kinder von Odoardo Focherini, dem Herausgeber der in Bologna erscheinenden katholischen Tageszeitung „Avvenire d'Italia", starben wegen der Bemühungen ihres Vaters zugunsten der Juden in einem Konzentrationslager.

All das ist unbestritten, aber die Kritiker streiten darüber, ob diese Helfer in der Not aus reiner Eigeninitiative oder auf Anordnung von Pius XII. handelten.[321] So widmet beispielsweise Susan Zuccotti den größten Teil ihrer Arbeit der Leugnung der Rolle des Papstes, weil sie nicht in der Lage war, einen schriftlichen Beleg dafür zu finden. Es gibt aber Beweise aus erster Hand, die Pius' ausdrückliche Anweisungen, die Juden zu retten, belegen, wie das Zeugnis von Monsignore John Patrick Carroll-Abbing. Carroll-Abbing war der Gründer von „La Città dei Ragazzi" und ein Vertrauter von Pius XII. Auch er versteckte und versorgte während der nationalsozialistischen Besatzung von Rom Juden. In seinen beiden Memoiren „A Chance to Live" und „But for the Grace of God", die 1952 und 1965 erschienen, beschrieb er detailreich die Anstrengungen Pius's XII. zugunsten der Rettung der Juden, in die Carroll-Abbing direkt involviert war.[322]

In einem bemerkenswerten Interview, das er „Inside the Vatican" (Ausgabe August/September 2001) gab, berichtete Carroll-Abbing, wie der Papst ihn direkt angewiesen habe, die Juden zu schützen.[323] Er betonte, daß die Vorstellung, er und andere hätten aus Trotz gegen das Schweigen des Papstes agiert, „eine glatte Lüge ist! Ich sprach während des Kriegs mehrmals mit Papst Pius XII., von Angesicht zu Angesicht sagte er mir nicht einmal, sondern mehrmals, daß ich den Juden helfen sollte. [...] Ich kann persönlich bezeugen, daß mir der Papst direkte mündliche Befehle gegeben hat, die Juden zu retten"[324].

Das Zeugnis von Tibor Baranski

Der Papst wies auch den katholischen Klerus in anderen Ländern an, den Juden, die von den Nationalsozialisten bedroht waren, zu helfen. Die persönlichen Angaben von Tibor Baranski, der von Yad Vashem für seine Rettungsmaßnahmen als „Gerechter unter den Völkern" ausgezeichnet wurde, ist besonders eindrucksvoll. Baranski war der leitende Sekretär der „Bewegung für den Schutz der Juden des Heiligen Stuhls" in Ungarn während des Zweiten Weltkriegs. Er arbeitete während des Holocausts eng mit Angelo Rotta, dem Nuntius in Budapest, zusammen und half bei der Rettung von mehr als 3000 ungarischen Juden. Baranski berichtete unmißverständlich, daß er und Nuntius Rotta auf Geheiß des Papstes gehandelt hätten.

Im Oktober 1944 studierte Baranski im Priesterseminar. Seine Tante war in einer Untergrundbewegung aktiv, die ungarischen Juden dabei half, Verstecke zu finden und gefälschte Reisedokumente zu beschaffen. Sie bat ihn, einigen jüdischen Familien zu helfen, die vor der Deportation standen.[325] Baranski suchte den Nuntius auf, der ihm zu Taufscheinen und Einreisevisa verhalf. Rotta stellte außerdem Schutzbriefe für andere Familienmitglieder aus, so daß sie an einen sicheren Ort verbracht werden konnten, um der Deportation und damit dem sicheren Tod zu entgehen. Der junge Baranski brachte seine Freunde persönlich in Sicherheit. Auf diese Weise begann der erfolgreiche Einsatz Baranskis und Rottas, um tausenden ungarischen Juden Hilfe und Schutz zu gewähren. In seiner Funktion als Leiter der „Bewegung für den Schutz der Juden" arbeitete Baranski in Budapest auch mit dem gegen die Nationalsozialisten aktiven Untergrund zusammen, der danach trachtete, so viele Juden wie möglich zu retten und zu verstecken. Unter seiner Anleitung wurden viele Familien in den Wohnungen katholischer Familien in Budapest versteckt, während andere in Fabriken in geheimen Räumen untergebracht waren, die die Arbeiter dort für sie errichtet hatten.[326]

Mit der Hilfe seiner Tante, die in einem pharmazeutischen Unternehmen arbeitete, war Baranski in der Lage, Medikamente, zusätzliche Nahrungsmittel und weitere Versorgungsgüter für die Budapester Juden zu erhalten, die in den unter dem Schutz des Papstes befindlichen Gebäuden untergebracht waren. Der Nuntius entsandte Baranski auch an die österreichisch-ungarische Grenze, um Juden zu retten, die zu Todesmärschen gezwungen wurden, obwohl sie Schutzbriefe besaßen.[327] Dabei verteilte er auch Nahrung und Medikamente an die heruntergekommenen Menschen in den Marschkolonnen.

Baranskis Rettungswerk endete am 30. Dezember 1944, als die vorrückenden Russen ihn festnahmen, weil sie ihn für einen ungarischen Unterstützer der Nationalsozialisten hielten. Baranski verließ schließlich nach der Ungarischen Revolution von 1956 sein Geburtsland und emigrierte in die USA. 1979 wurde er von Yad Vashem als „Gerechter unter den Völkern“ geehrt, um an seine Rettung ungarischer Juden während des Holocausts zu erinnern. US-Präsident Jimmy Carter berief ihn im Jahr 1980 in den Rat des U.S. Holocaust Memorial.[328] „Ich habe in Wahrheit in Übereinstimmung mit den Anordnungen von Papst Pius XII. gehandelt“, hat Baranski später bezeugt. „Ich habe die Arbeit im Auftrag der Nuntiatur des Papstes ausgeführt.“[329] Vorwürfe, daß Pius XII. in die Rettungsaktionen nicht involviert gewesen sei, seien „einfach Lügen, nichts anderes“[330].

Wie Ronald J. Rychlak betont, hat Baranski „zumindest zwei Schreiben von Pius XII. gesehen, in denen Rotta angewiesen wurde, das Bestmögliche zu unternehmen, um die Juden zu schützen, aber von Äußerungen Abstand zu nehmen, die die Nationalsozialisten provozieren könnten“[331]. Diese beiden Briefe, berichtet Baranski, „waren von Papst Pius selbst handgeschrieben“[332]. Des weiteren hat Baranski persönlich bezeugt, daß „alle anderen Nuntiaturen in den von den Nationalsozialisten besetzten Ländern ähnliche Briefe erhalten haben“, handgeschrieben vom Papst, mit der Anweisung, Juden zu verstecken und zu schützen.[333] „Es ist ein Bärendienst und eine Verzerrung der Geschichte“, sagt er, „zu behaupten, der Papst hätte nichts getan. Theaterstücke wie ‚Der Stellvertreter‘ sind erlogen, […]

was Angelo Rotta und ich getan haben, um die Juden zu schützen, ist dem Papst zu verdanken."[334]

Ein weiterer interessanter Aspekt der Rettungsaktionen von Baranski und Rotta war, daß diese in enger Zusammenarbeit mit dem gefeierten schwedischen Diplomaten und Retter Raoul Wallenberg durchgeführt wurden. Baranski ist der Meinung, daß Wallenberg (einer der berühmtesten von Yad Vashem ausgezeichneten „Gerechten unter den Völkern"), wenn er heute noch lebte, Pius XII. verteidigen würde.[335] Tatsächlich berichtet Baranski, daß die katholische Kirche bei den Rettungsaktionen mit Wallenberg zusammengearbeitet habe. „Es gab überhaupt kein Problem oder irgendeine Uneinigkeit zwischen der katholischen Kirche und Wallenberg. Ich habe selbst inoffizielle Treffen zwischen Wallenberg und dem Nuntius Rotta arrangiert."[336] Baranski berichtet, daß Wallenberg „wußte, daß Pius auf seiner Seite stand"[337]. Weil Rotta, Baranski und Wallenberg und – ja – Pius XII. als Team zusammenarbeiteten, meint Baranski, daß Yad Vashem Pius XII. ebenso als „Gerechten unter den Völkern" anerkennen sollte.[338]

Katholische Helden

Katholiken haben auch in Frankreich ihre Leben riskiert, um Juden zu beschützen und zu verstecken. Der französische Jesuit und Theologe Henri de Lubac, der auch zu den wichtigsten Fürsprechern Pius' XII. gehört, berichtet in seinen Memoiren von seinen Bemühungen, den Juden im Vichy-Frankreich zu helfen und sie zu retten.[339] Auch die ausgesprochen papstkritische Susan Zuccotti würdigt diese Anstrengungen de Lubacs zugunsten der Juden Frankreichs in „The Holocaust, the French, and the Jews" ausdrücklich. De Lubac wiederum stellt in seinen Erinnerungen klar, daß er zu ebendiesen Anstrengungen direkt von Pius XII. inspiriert wurde.

Das Gleiche gilt für den heroischen Einsatz des Bischofs von Campagna in Süditalien, Giuseppe Palatucci, der an der Rettung von tausenden Juden in der italienischen Hafenstadt Fiume, die von den Nationalsozialisten in den letzten Monaten des Zweiten Weltkriegs besetzt worden war, maßgeblich beteiligt war.[340] Der Neffe von Palatucci, Giovanni Palatucci, war der Polizeichef von Fiume: Gemeinsam waren sie in der Lage, falsche Ausweise an 5000 kroatische Juden zu verteilen, die es diesen ermöglichten, dem Internierungslager in Fiume zu entfliehen und in der Diözese des Bischofs in Süditalien Schutz zu finden.[341] Giovanni Palatucci wurde dafür von den Nationalsozialisten verhaftet, nach Dachau deportiert und dort hingerichtet.

Dokumente aus dem Vatikan belegen, daß Giuseppe Palatucci auf direkte Anweisung Pius' XII. gehandelt hat. Ein vom Papst unterfertigter Brief vom Oktober 1940 wies ihn an, „für die untergebrachten Juden"[342], die bei ihm in Kampanien Schutz gefunden hatten, Geld zu spenden. Ein weiteres Schreiben vom November 1940 enthielt einen Scheck, verbunden mit der Anweisung, die Mittel zur „Unterstützung der in Eurer Diözese untergebrachten Juden"[343] zu verwenden.

Diese päpstlichen Schreiben werden von William Doino jr., einem Kenner der Geschichte von Pius XII., wie folgt interpretiert: „Sie erscheinen als überzeugender Beleg für die Einstellung von Pius XII. gegenüber den Juden. Angesichts der damals bestehenden Gefahren und der Zurückhaltung, diese Angelegenheiten zu verschriftlichen, sind sie bemerkenswert. Sie stellen außer Frage, daß Pius XII. direkt und persönlich darin involviert war, Juden bereits zu Beginn des Krieges zu helfen. Zahlreiche Autoren haben behauptet, daß es keinen glaubwürdigen schriftlichen Beweis dafür gebe, daß Pius XII. selbst jemals eine direkte Anweisung, verfolgten Juden zu helfen, gegeben hätte. Nun haben wir ihn."[344]

Von den vielen anderen katholischen Helfern, die auf ähnliche Weise den direkten Weisungen von Pius XII. folgten, ist der mutige französische Kapuzinermönch Pater Pierre-Marie Benoit der bekannteste. Seine Anstrengungen zugunsten der Juden Roms zählen zu „den berühmtesten Rettungsaktionen, die nach dem Holocaust bekannt geworden sind"[345], und führten dazu, daß er von jüdischen Überlebenden gepriesen und als „Vater der Juden" bezeichnet wurde. Vor dem Zweiten Weltkrieg war Benoit Professor für Theologie und Hebräisch im Kapuzinerkloster von Marseille. Mit der deutschen Besetzung des Vichy-Gebiets und dem Beginn der Deportationen von tausenden Juden wurde sein Kloster zum Nervenzentrum eines weitreichenden Widerstandsnetzwerks, welches tausenden französischen Juden die Flucht ermöglicht hat. Indem er die Verbindungen zur Grenzwache, dem französischen Untergrund und katholischen und jüdischen Organisationen nutzte, half Pater Benoit dabei, Nahrung, Unterschlupf und neue Ausweise für tausende französische Juden zu beschaffen, die heimlich nach Spanien und in die Schweiz geschmuggelt worden waren. Eine Druckerpresse im Keller des Klosters produzierte tausende gefälschte Taufscheine und Reisedokumente, die es den flüchtenden Juden ermöglichten, mit neuen Namen frei zu reisen.

Im November 1942 fiel Südfrankreich unter die nationalsozialistische Besatzung, und die Fluchtrouten nach Spanien und in die Schweiz waren vorübergehend versperrt. Benoit schmuggelte die französischen Juden daher nach Nizza, das unter italienischer Besetzung stand und deshalb zum Hauptziel der flüchtenden Juden geworden war.[346] Die Gestapo entdeckte die Aktionen Benoits sehr bald, wodurch er gezwungen war, sich nach Rom abzusetzen, das zum neuen Zentrum seines Netzwerks wurde. Nach seiner Ankunft wurde Benoit in das Direktorium von DELASEM (Delegazione Assistenza Emigranti Ebrei), der wichtigsten jüdischen Wohlfahrtsorganisation, gewählt. Als der jüdische Obmann von den Nationalsozialisten verhaftet wurde, stieg Benoit zum geschäftsführenden Obmann auf und hielt die Sitzungen und Besprechungen der Organisation am Sitz der Kapuziner in Rom ab.[347] Sein Einfallsreichtum und seine Hingabe für die Judenrettung kannten keine Grenzen. Pater Benoit kontaktierte sogar die schweizerische, die rumänische, die ungarische und die spanische Botschaft, von denen er Schutzbriefe und andere Dokumente erhielt, mit denen sich die Juden in Italien unter falschen Namen frei bewegen konnten. Es gelang ihm auch, von der römischen Polizei zahlreiche Lebensmittelkarten zu bekommen, die er unter dem Vorwand erhielt, diese würden für nichtjüdische obdachlose Flüchtlinge benötigt.[348]

Entgegen der Darstellung von Susan Zuccotti und anderen Kritikern von Pius XII. wurde das Rettungswerk von Pater Benoit (für das dieser später von Yad Vashem als „Gerechter unter den Völkern" ausgezeichnet wurde) mit voller moralischer und finanzieller Unterstützung des Papstes ausgeführt. Benoit traf Pius XII. am 16. Oktober 1943 und lobte den Papst in seinen in Yad Vashem archivierten Erinnerungen für sein direktes Engagement und die Unterstützung seiner Rettungsbemühungen. Anläßlich des 100. Geburtstags des Papstes im Jahr 1976 wiederholte Benoit sein Lob für Pius' XII. Anstrengungen zugunsten der Juden öffentlich und unterstrich dabei besonders die direkte Finanzhilfe, die ihm dieser für seine Aktionen gewährte. Zuccottis irreführende Erörterung von Pater Benoit ignoriert vollständig das von dem Priester selbst stammende Zeugnis über den Papst, wie auch jenes von Monsignore Carroll-Abbing, der die „direkten mündlichen Anweisungen, Juden zu retten, die er von Angesicht zu Angesicht erhalten hat"[349], attestiert.

Zuccotti mißachtet auch die interessanten persönlichen Berichte der leitenden Sekretärin und Mitarbeiterin der Hilfsaktionen, Fernande Leboucher, die in ihrem Buch „The Incredible Mission of Father Benoit" die direkte Unterstützung, die sie von Pius XII. erhalten haben, unterstreicht. Zuccotti behauptet, daß die Hilfe seitens Pius XII. „als äußerst spärlich betrachtet werden muß", und daß Benoit „vom Vatikan kein Geld erhalten"[350] habe. Dagegen stellte Leboucher eindeutig fest, daß der Vatikan „Finanzmittel in dem Ausmaß angeboten hat, die für die Arbeit von Pater Benoit nötig waren. Es wird geschätzt, daß insgesamt eine Summe in der Größenordnung von vier Millionen Dollar vom Vatikan [...] zu Benoits Rettungsorganisation umgeleitet wurde – der Großteil dieser Mittel stammte vom American Catholic Refugees Committee, einer offiziellen katholischen Finanzagentur, deren Mittel von Papst Pius XII. verwaltet wurden"[351]. Ihre Erinnerungen, die im Jahr 1969 erschienen, werden von Zuccotti gar nicht erwähnt.

Castel Gandolfo und die Rettung der römischen Juden

Während der nationalsozialistischen Besatzung von Rom haben in der Sommerresidenz des Papstes in Castel Gandolfo 3000 Juden auf einmal Zuflucht gefunden. Erstaunlicherweise findet dieser Ort in den Bänden der Anti-Pius-Literatur von Cornwell und Zuccotti überhaupt keine Erwähnung. Dies, obwohl nirgendwo anders in den gesamten von den Nationalsozialisten besetzten Gebieten so viele Juden für eine derart lange Zeit versteckt werden konnten. Für die Juden wurde dort koschere Nahrung zubereitet, und George Weigel berichtet, daß jüdische Kinder in den privaten Räumlichkeiten von Pius XII. zur Welt kamen, wo für diesen Zweck eine improvisierte Geburtenstation eingerichtet worden war.[352]

Das kleine Städtchen Castel Gandolfo, ungefähr 25 Kilometer außerhalb von Rom, war seit 400 Jahren für die Päpste Nebenwohnsitz, Sommerresidenz und Erholungsort. Der Ort geht zurück auf den römischen Kaiser Domitian, der vor 1900 Jahren die Errichtung von Castel Gandolfo als seine Sommerresidenz anordnete. Nachdem das Gebäude mehrere Jahrhunderte lang als kaiserliche Residenz Verwendung fand, wurde es im Jahr 1596 der heutigen Nutzung gewidmet.[353]

Der gegenwärtige Palast des Papstes, errichtet im 16. Jahrhundert, ist ein „recht großes italienisches Landhaus“ mit einer lieblichen Kapelle und zahlreichen Wohnräumen für Gäste. Es wird berichtet, daß Pius XII. Castel Gandolfo „mehr liebte als irgendein anderer Papst“[354]. Und er war es auch, der die Umwandlung seiner geschätzten Sommerresidenz in ein zwischenzeitliches Flüchtlingslager für die Juden Roms befürwortete.

Jene Kritiker des Papstes, bei denen Castel Gandolfo Erwähnung findet, argumentieren – aberwitzigerweise – daß die Juden in des Papstes Sommerresidenz ohne direktes Wissen des Papstes oder seine Mitwirkung untergebracht worden seien. Tatsache ist aber, daß Castel Gandolfo unter der offiziellen Verwaltung des Papstes steht und nur er die Berechtigung hat, dort die Tore zu öffnen. Mehrere Augenzeugen, einschließlich Monsignore Carroll-Abbing bestätigen, daß der Papst genau das getan hat.

Die Juden von Rom waren (und sind) Pius XII. außerordentlich dankbar, daß er sie in Castel Gandolfo und an anderen Orten beschützt und versteckt hat. Im Sommer 1944, als nach der Befreiung von Rom eine Gruppe von Juden kam, um sich für seinen Schutz zu bedanken, sagte Pius XII. zu ihnen: „Über Jahrhunderte wurden die Juden ungerecht behandelt und verachtet. Es ist Zeit, daß man ihnen mit Gerechtigkeit und Menschlichkeit begegnet, es ist der Wille Gottes und der Wille der Kirche. Der heilige Paulus sagt uns, daß die Juden unsere Brüder sind. Sie sollten auch als unsere Freunde willkommen geheißen werden.“[355]

Die Deportation der ungarischen und rumänischen Juden

Die Überlebensrate von Juden in katholischen Ländern wie Italien und Belgien war wesentlich höher als in nichtkatholischen Ländern, die von den Nationalsozialisten besetzt waren. Eine unbestreitbare Tatsache ist auch, daß in jenen katholischen Ländern, in denen Pius XII. und die Diplomaten des Vatikans zumindest irgendeinen Einfluß hatten – wie das in Ungarn, Rumänien, in der Slowakei und Kroatien der Fall war –, der Papst in der Lage war, die Deportationen und den Massenmord durch die Vasallenregierungen der Nationalsozialisten aufzuhalten.

Die Beispiele aus Ungarn, Rumänien und der Slowakei sind besonders erwähnenswert. 1944 waren die 750.000 Juden in Ungarn

„die größte europäische jüdische Gemeinschaft, die noch außerhalb des deutschen Einflußbereiches stand“[356]. Im März 1944 erfolgte der deutsche Einmarsch, und es wurden umgehend judenfeindliche Dekrete erlassen. Monsignore Angelo Rotta protestierte sofort und war als päpstlicher Nuntius in Budapest der erste ausländische Gesandte, der eine formelle Protestnote einreichte, die im Namen des Papstes den Protest zum Ausdruck brachte. Rotta traf sich innerhalb von 24 Stunden nach Inkrafttreten der antijüdischen Bestimmungen auf Drängen des Papstes mit dem ungarischen Außenminister, um die Maßnahmen gegen die Juden zu verurteilen.

Rotta intervenierte wiederholt gegen die Behandlung der ungarischen Juden und verlangte das Ende der Deportationen. Der große ungarische jüdische Historiker Jeno Levai hat dazu bemerkt: „Der Nuntius [Angelo Rotta] handelte in Übereinstimmung mit den Anweisungen des Heiligen Stuhls und immer im Namen von Pius XII., als er unaufhörlich gegen die Bestimmungen betreffend die Juden und den unmenschlichen Charakter der [antijüdischen] Gesetzgebung intervenierte.“[357]

Die Bemühungen des Vatikans zugunsten des ungarischen Judentums waren nicht auf formelle Proteste beschränkt. Nuntius Rotta stellte auch Taufscheine und Reisedokumente aus, die es tausenden Juden ermöglichten, Ungarn zu verlassen und damit der Deportation zu entkommen. Raul Hilberg schätzt in seinem Monumentalwerk „Die Vernichtung der europäischen Juden“, daß Rotta 20.000 Reisepässe ausgestellt habe, mit denen tausende Juden vor 1944 Ungarn verlassen konnten und damit der Deportation nach Auschwitz entgingen.[358]

Angelo Roncalli und die Juden

Erzbischof Angelo Roncalli, der damalige apostolische Gesandte des Vatikans in Istanbul und spätere Papst Johannes XXIII., spielte mit seiner Hilfe für Rotta bei der Rettung zehntausender ungarischer Juden eine entscheidende Rolle. Auf ausdrückliche mündliche Anordnung von Pius XII. schickte er tausende Einreisebewilligungen einschließlich palästinensischer Einreisevisa, die er von den Briten erhalten hatte, an den Nuntius in Budapest. Dadurch konnten viele ungarische Juden nach Palästina entkommen. Zusätzlich rettete Roncalli tausende slowakische Juden, die in Ungarn oder Bulgarien festsaßen, indem er für sie Transitvisa nach Palästina unterschrieb.[359] Wie effektiv Roncalli und Rotta bei der Rettung zahlloser Juden waren, die ohne deren Intervention mit Sicherheit unter den Nationalsozialisten vernichtet worden wären, wird durch die Tatsache bestätigt, daß sich der brutal antisemitische, mit Hitler verbündete Großmufti von Jerusalem, Amin al-Husseini, beim deutschen Außenminister Joachim von Ribbentrop über die Ankunft von 4000 jüdischen Kindern in Begleitung von 500 Erwachsenen beschwerte. Al-Husseini bat von Ribbentrop inständig darum, die weitere Emigration von Juden zu unterbinden.

Roncalli arbeitete eng mit jüdischen Vertretern wie Isaac Herzog (Oberrabbiner von Jerusalem) und Chaim Barlas (Leiter der Vertretung des Jüdischen Rettungskomitees in Istanbul) zusammen. Roncalli und Herzog trafen im Februar 1944 zweimal zusammen, um über das Schicksal der 55.000 Juden von Transnistrien, einer von Rumänien verwalteten Provinz, die bis 1941 zur Sowjetunion gehört hatte, zu diskutieren. Als „trostlose und unwirtliche Gegend" wurde Transnistrien „zu einer Art Strafkolonie für deportierte Juden. Als die deutsche Ostfront einzubrechen begann, wurden die Juden westwärts in Richtung der Vernichtungslager verlegt"[360]. Allerdings intervenierte der Vatikan bei der rumänischen Regierung.[361] Roncalli brachte die Notlage der Juden Pius XII. zur Kenntnis, der umgehend Gelder für die Juden in Transnistrien anwies.[362] Theodore Lavi bemerkt dazu in seiner wegweisenden Studie „The Vatican's Endeavours on Behalf of Romanian Jewry During World War II" folgendes: „Dieses Interesse des Vatikans an diesem schwerwiegenden Wendepunkt im Frühling 1944 war ein wichtiger Faktor, der wesentlich zur Rettung der rumänischen Juden beigetragen hat. Ihr Widerstandswille wurde von dem Wissen genährt, nicht allein ihrem Schicksal überlassen zu werden."[363] Am 28. Februar 1944 schrieb Rabbiner Isaac Herzog aus Jerusalem an Roncalli, um ihm seine Dankbarkeit zum Ausdruck zu bringen „für die energischen Schritte, die Sie gesetzt haben und setzen werden, um unser unglückliches Volk zu schützen. Sie folgen auf zutiefst menschliche Weise der Tradition des Heiligen Stuhls, und Sie folgen den edlen Gefühlen Ihres eigenen Herzens"[364]. „Kardinal Roncalli", so sollte Rabbi Herzog später sagen, „ist ein Mann, der das Volk des Buchs wirklich liebt, und durch ihn wurden tausende Juden gerettet."[365] Chaim Barlas, der das Jüdische Rettungskomitee in der Türkei leitete, fügte dem hinzu: „Viel Blut und Tränen wurden in der jüdischen Tragödie in diesen Jahren vergossen, aber zu den wenigen heldenhaften Taten, die zur Rettung von Juden gesetzt wurden, gehören die Aktivitäten des apostolischen Gesandten Monsignore Roncalli, der sich unermüdlich für sie eingesetzt hat.“[366]

Am 7. April 1944 schloß sich der Oberrabbiner von Rumänien, Alexandre Safran, diesen Würdigungen von Herzog und Barlas bezüglich der Rettungsmaßnahmen der katholischen Kirche zugunsten der rumänischen Juden in einem Schreiben an den päpstlichen apostolischen Gesandten an:

> In dieser harten Zeit wenden wir unsere Gedanken mehr als jemals zuvor mit respektvoller Dankbarkeit den Leistungen des hohen Pontifex zugunsten der Juden im allgemeinen und der Leistungen Eurer Exzellenz zugunsten der Juden von Rumänien und Transnistrien zu.
>
> In den schwersten Stunden, die wir Juden von Rumänien durchmachen mußten, war die großzügige Hilfe des Heiligen Stuhls, die durch Sie als Mittelsmann ausgeführt wurde, entscheidend und rettend. Es fällt uns nicht leicht, die richtigen Worte zu finden, um die Wärme und den Trost zum Ausdruck zu bringen, die wir wegen der Sorge des hohen Pontifex empfanden, der eine große Summe aufbrachte, um das Leiden der deportierten Juden zu lindern, ein Leiden, von dem Sie ihm nach Ihrem Besuch in Transnistrien berichtet haben. Die Juden von Rumänien werden diese wichtigen historischen Tatsachen niemals vergessen.[367]

Als der israelische Generalkonsul Pinchas Lapide im Jahr 1957 im Namen der israelischen Regierung Kardinal Roncalli die tiefe Dankbarkeit für seine unschätzbar wertvolle Hilfe bei der Rettung tausender jüdischer Leben überbrachte, ließ ihn der spätere Papst Johannes XXIII. nicht ausreden: „In all diesen schmerzhaften Angelegenheiten,“ sagte er mit einer abwinkenden Handbewegung, „berichtete ich dem Heiligen Stuhl und führte danach ganz einfach den Befehl des Papstes aus: zuallererst Menschenleben retten.“[368]

Saul Friedländer schreibt in seinem Buch „Pius XII. und das Dritte Reich“, in dem er die Rolle Pius' während des Holocausts sehr kritisch darstellt: „Die zionistischen Archive enthalten zahlreiche Dokumente zu den ununterbrochenen Aktivitäten von Nuntius Roncalli zugunsten der Juden. Dabei ist zu betonen, daß Monsignore Roncalli erklärt hat, daß alles, was er in dieser Sache getan hat, auf päpstliches Drängen zurückgeht.“[369] Lawrence Elliot, der Biograph von Kardinal Roncalli, hat geschlußfolgert, daß dieser in all seinen Rettungsaktionen für die europäischen Juden in den 1940er Jahren „mit beständiger Ermutigung des Papstes gehandelt hat“[370]. Als großer Freund des jüdischen Volks sowie ergebener Protegé von Pius XII., dem er 1958 als Papst nachfolgte, war Angelo Roncalli wahrscheinlich der bedeutendste der vielen katholischen Retter, die ihre Anstrengungen, Juden vor dem Holocaust zu schützen, Pius XII. zuschreiben.

Trotz der Bemühungen des Vatikans waren bis zum Hochsommer 1944 437.000 Juden aus Ungarn deportiert worden. Am 25. Juni 1944 sandte Pius XII. ein offenes Telegramm an Admiral Miklós Horthy, den damaligen ungarischen Regenten, um ihn dazu zu drängen, „seinen ganzen Einfluß dafür zu nutzen, die Schmerzen und die Qualen, die zahlreiche Menschen einzig und allein wegen ihrer Nationalität oder Rasse durchmachen müssen, zu beenden. Unser väterliches Herz kann nicht unberührt bleiben angesichts ihrer Hilferufe und ihrer Bitten um Barmherzigkeit, die alle Menschen gleichermaßen ergreifen. Ich bitte daher Eure Exzellenz persönlich [...] in der Hoffnung, daß Ihre Exzellenz alles unternehmen wird, diesen armen Menschen weiteren Kummer und weiteres Leid zu ersparen“[371]. Horthy rief innerhalb von 24 Stunden den ungarischen Kronrat zusammen, informierte dessen Mitglieder über das päpstliche Schreiben und verlangte, daß „die Grausamkeit der Deportationen“ sofort beendet werde.[372] Einige Tage später ging Horthy weiter und befahl das Ende aller Deportationen ungarischer Juden. In Ungarn war damit der nationalsozialistische Plan der Judenvernichtung beendet. Dank des Handelns von Admiral Horthy als Reaktion auf das Telegramm von Pius XII. wurden 170.000 ungarische Juden vor der unmittelbar bevorstehenden Deportation nach Auschwitz bewahrt. „Die Appelle des Papstes“, schlußfolgert der Holocaustforscher David S. Wyman, „waren für die Beendigung der Deportationen von entscheidender Bedeutung.“ Als die deutsche Besatzung von Ungarn im Dezember 1944 beendet war, waren die meisten Budapester Juden von den Krematorien verschont geblieben.

Die Deportation der Juden aus der Slowakei

Der Rechtsgelehrte und Diplomat Joseph L. Lichten hat in seinem Buch „A Question of Judgment“ gezeigt, daß „Pius XII. direkt – und im Gegensatz zu den Anschuldigungen seiner Gegner – unmißverständlich interveniert hat“[373], um den Juden in der Slowakei zu helfen. Durch beständigen diplomatischen Protest waren Pius XII. und andere Vertreter der Kirche in der Lage, zehntausende slowakische Juden vor der Deportation und der Vernichtung in den Todeslagern zu bewahren. Als im März 1942 bekannt wurde, daß die zwangsweise Umsiedlung von 80.000 Juden unmittelbar bevorstand, reagierte der Vatikan, ohne Zeit zu verlieren. Dazu verfaßte der Staatssekretär des Vatikans umgehend eine Protestnote an die slowakische Regierung. Im Namen des Papstes langten auch formelle Proteste vom päpstlichen Gesandten in Bratislava und vom Nuntius in Ungarn ein. Der offizielle Vertreter des Vatikans in der Slowakei protestierte am 21. Februar 1942, daß „die Deportation von 80.000 Menschen nach Polen, wo sie den Deutschen ausgeliefert sind, deren Todesurteil gleichkommt“[374]. Am 21. März 1942 wurde in allen Kirchen der Slowakei auf Anweisung der Kirchenleitung ein Pastoralbrief verlesen. Das vom Vatikan angeregte Schreiben sprach vom „beklagenswerten Schicksal tausender unschuldiger Mitbürger, das diese ohne irgendein eigenes Verschulden, sondern wegen ihrer Abstammung oder Nationalität erdulden müssen“[375].

Als 1943 eine zweite Welle an Deportationen geplant war, verurteilte dies der Vatikan erneut. Am 7. April 1943 schrieb Pius XII. einen geharnischten Protestbrief an die slowakische Regierung, in dem er die geplanten Deportationen verurteilte:

> Der Heilige Stuhl hat immer die feste Hoffnung aufrechterhalten, daß die slowakische Regierung [...] niemals die zwangsweise Verbringung von Angehörigen der jüdischen Rasse durchführen würde. Mit großem Schmerz hat daher der Heilige Stuhl von derartigen Verschleppungen aus dem Gebiet der Republik Kenntnis erlangt. Dieser Schmerz wird weiter verschärft, da es so scheint, [...] daß die slowakische Regierung die vollständige Ausschaffung der jüdischen Einwohner der Slowakei beabsichtigt und dabei nicht einmal Frauen und Kinder verschonen möchte. Der Heilige Stuhl würde seinem göttlichen Auftrag nicht gerecht werden, wenn er diese Maßnahmen nicht verurteilte, die des Menschen Naturrecht schwer verletzen, im wesentlichen, weil diese Menschen einer bestimmten Rasse angehören.[376]

Am darauffolgenden Tag instruierte Pius XII. den Vertreter des Vatikans in Bulgarien, alle notwendigen Schritte zu setzen, um die jüdischen Einwohner zu unterstützen, die vor der Deportation standen.

Als es in weiterer Folge trotzdem zu weiteren Deportationen kommen sollte, beauftragte Pius XII. seinen Vertreter in Bratislava, Präsident Tiso persönlich im Namen des Pontifex zu kontaktieren. Die Instruktionen an den päpstlichen Gesandten bestanden darin, klarzumachen, „daß der Heilige Stuhl die slowakische Regierung in großer Sorge inständig bittet, [...] eine mit katholischen Prinzipien und dem Empfinden des slowakischen Volks vereinbare Haltung anzunehmen"[377]. Tiso linderte daraufhin den Druck auf die slowakischen Juden und dämmte die geplanten Deportationen ein.

Die sechs offiziellen Proteste von Pius XII. und die zahlreichen mündlichen Fürsprachen, die in seinem Namen zugunsten der slowakischen Juden unternommen wurden, waren bedeutende Faktoren, um die Deportation der slowakischen Juden aufzuhalten. Pius' XII. beständige Bitten wurden schließlich befolgt. Auch wenn von der pronationalsozialistischen Regierung der slowakischen Republik 70.000 Juden deportiert wurden, sicherte sich der Nuntius in Bratislava vom neuen Regime das Versprechen, daß die geplanten Deportationen nicht stattfinden würden.[378] Die Schlußfolgerung von Leon Poliakov, einem ausgezeichneten französischen jüdischen Gelehrten, dazu lautet: „Die Beendigung der Deportationen der Juden aus der Slowakei im Sommer 1942 – und das daraus resultierende Überleben von nahezu 25 Prozent der slowakischen Juden – muß dem Druck des Vatikans auf Monsignore Tiso, den Chef des slowakischen Marionettenstaates, zugeschrieben werden."[379] Kurz zusammengefaßt, spielte Pius XII. eine entscheidende Rolle bei der Rettung von ungefähr 20.000 slowakischen Juden.

In Gedenken an Pius XII.: Lob aus der jüdischen Gemeinde

Zu Lebzeiten wurde Pius XII. allseits für die Rettung von hunderttausenden Juden während des Holocausts gepriesen. Schon 1940 zollte Albert Einstein, selbst ein jüdischer Flüchtling aus dem nationalsozialistischen Deutschland, dem moralischen „Mut" von Pius XII. und der katholischen Kirche für ihren Widerstand gegen „den Anschlag Hitlers" auf die Freiheit Respekt.

> Als die nationalsozialistische Revolution in Deutschland kam, hielt ich als Freund der Freiheit nach den Universitäten Ausschau, ob diese sie verteidigen würden, da ich wußte, daß sie sich immer ihrer Hingabe im Dienste der Wahrheit gebrüstet hatten; aber nein, die Universitäten wurden sofort zum Schweigen gebracht. Ich hielt dann Ausschau bei den großen Herausgebern und Zeitungen, deren flammende Leitartikel vergangener Tage ihre Liebe zur Freiheit proklamierten; aber auch sie, wie die Universitäten, waren nach wenigen Wochen zum Schweigen gebracht. Nur die katholische Kirche stand Hitlers Feldzug zur Unterdrückung der Wahrheit direkt im Wege. Ich hatte zuvor nie irgendein besonderes Interesse an der Kirche, nun aber empfinde ich eine große Zuneigung und Bewunderung, weil allein die Kirche den Mut und die Beharrlichkeit aufbrachte, für die Wahrheit und die Gewissensfreiheit einzu-

stehen. Was ich einst verachtete, bin ich daher gezwungen zu bekennen, findet nun mein uneingeschränktes Lob.[380]

Die ganzen 1940er und 1950er Jahre hindurch lobten Juden Pius XII. für die Rettung jüdischer Leben.[381] 1943 schrieb Chaim Weizmann, der später der erste Präsident des Staates Israel werden sollte, daß „der Heilige Stuhl seine mächtige Hilfe zur Linderung des Schicksals meiner verfolgten Glaubensgenossen immer zur Verfügung stellt, wo er kann“[382]. Im folgenden Jahr schrieb Rabbi Maurice Perlzweig als Vertreter des Jüdischen Weltkongresses, daß „die wiederholten Interventionen des Heiligen Vaters zugunsten der jüdischen Gemeinden in Europa bei den Juden auf der ganzen Welt die aufrichtigsten Gefühle von Wertschätzung und Dankbarkeit ausgelöst haben“[383]. Am 31. Juli 1944 erklärte der Richter Joseph Proskauer als Präsident des American Jewish Committee bei einer Rede vor einer Versammlung im Madison Square Garden: „Wir haben gehört, welchen großen Anteil der Heilige Vater an der Rettung der jüdischen Flüchtlinge in Italien hatte, und wir wissen aus verläßlichen Quellen, daß dieser große Papst seine mächtige und schützende Hand ausstreckt, um den Unterdrückten in Ungarn zu Hilfe zu kommen.“[384] Rabbi Louis Finkelstein, der Kanzler des Jewish Theological Seminar of America, stellte fest: „Es gab keine schärfere Kritik am Nationalsozialismus als jene von Papst Pius XI. und seinem Nachfolger, Pius XII.“[385]

Moshe Sharett, der spätere erste Außenminister von Israel und zweite Premierminister, bekräftigte diese Empfindung der Dankbarkeit, als er in den letzten Tagen des Zweiten Weltkriegs mit Pius XII. zusammentraf: „Ich sagte ihm, daß es meine erste Pflicht sei, ihm zu danken und durch ihn der katholischen Kirche, und zwar im Namen der jüdischen Öffentlichkeit, für alles, was sie in den verschiedenen Ländern zur Rettung der Juden getan hatten [...]. Wir sind der katholischen Kirche zutiefst dankbar.“[386]

Desgleichen sandte Rabbi Isaac Herzog im Jahr 1945 eine Nachricht an Monsignore Angelo Roncalli, in der er seine Dankbarkeit für die Handlungen von Pius XII. zugunsten des jüdischen Volkes zum Ausdruck brachte. „Das Volk Israel,“ schrieb Herzog, „wird niemals vergessen, was Seine Heiligkeit und Seine glanzvollen Gesandten, inspiriert von den ewigen Grundsätzen der Religion, die die Grundlage für jede wahre Zivilisation ist, für unsere unglücklichen Brüder und Schwestern in der Stunde des größten Unglücks unserer Geschichte tun, was ein lebender Beweis göttlicher Vorsehung in dieser Welt ist."[387]

Alexandre Safran, der Oberrabbiner von Rumänien, brachte die Dankbarkeit der jüdischen Gemeinde für die Hilfe des Vatikans zugunsten von Häftlingen in den Konzentrationslagern zum Ausdruck. Im September 1945 bedankte sich der Generalsekretär des Jüdischen Weltkongresses, Leon Kubowitzky, persönlich beim Papst in Rom für seine Interventionen zugunsten der Juden, und der Jüdische Weltkongreß spendete Wohlfahrtsorganisationen des Vatikans 20.000 US-Dollar „in Anerkennung der Arbeit des Heiligen Stuhls bei der Rettung von Juden vor der faschistischen und nationalsozialistischen Verfolgung"[388]. Im selben Jahr traf sich Maurice Edelman, Mitglied des britischen Parlaments und Obmann der anglo-jüdischen Vereinigung, mit dem Papst, um sich im Namen der jüdischen Gemeinde in England bei ihm für die Rettung von tausenden Juden zu bedanken.[389]

Raffaele Cantoni, zu Kriegszeiten Leiter des italienischen Jüdischen Hilfskomitees und später Obmann der Vereinigung der italienischen jüdischen Gemeinden, brachte seine Dankbarkeit gegenüber dem Vatikan auf ähnliche Weise zum Ausdruck, indem er feststellte, daß, „sechs Millionen Menschen meines Glaubens von den Nationalsozialisten ermordet worden sind, aber ohne die wirksamen Interventionen von Pius XII. hätte es sehr viel mehr Opfer gegeben"[390].

Auch von amerikanischen jüdischen Gemeindevertretern kamen Bezeugungen der Dankbarkeit. Während einer Konferenz in St. Louis im Jahre 1946 über die Notlage vertriebener jüdischer Flüchtlinge äußerte sich William Rosenwald, der nationale Vorsitzende des United Jewish Appeal und einer der wichtigsten jüdischen Philanthropen, wie folgt: „Ich möchte diese Gelegenheit dazu nutzen, Papst Pius Anerkennung zu zollen für sein dringendes Bitten zugunsten der Opfer von Krieg und Unterdrückung. Er brachte den Juden in Italien Hilfe und intervenierte für die Flüchtlinge, um ihre Not zu lindern."[391]

Viele andere jüdische Ehrbezeugungen für Pius XII. folgten in den Jahren vor seinem Tod und unmittelbar danach. Als Italien im Jahr 1955 das zehnjährige Jubiläum der Befreiung feierte, rief die Vereinigung der italienischen jüdischen Gemeinden den 17. April zum Tag der Dankbarkeit für des Papstes Hilfe, den Nationalsozialisten während des Krieges zu trotzen, aus. Dutzenden italienischen Katholiken, einschließlich mehrerer Priester und Nonnen, wurden Goldmedaillen für ihre herausragenden Rettungsaktionen während des Kriegs verliehen.

Wenige Wochen später, am 26. Mai 1955, trat das israelische Philharmonische Orchester in Rom mit einer Sondervorstellung von Beethovens 7. Symphonie in der Konsistoriumshalle auf, um die bleibende Dankbarkeit des Staates Israel für die Hilfe, die der Papst und die katholische Kirche dem jüdischen Volk gewährt hatten, zum Ausdruck zu bringen.[392] Daß sich die israelische Philharmonie auf diese Weise den Ehrungen der übrigen jüdischen Welt bezüglich der Leistungen und des Vermächtnisses von Pius XII. anschloß, ist von mehr als nur beiläufiger Bedeutung. Als Teil der Politik Israels spielt das israelische Philharmonische Orchester keine Musik von Richard Wagner, der seine Werke im 19. Jahrhundert komponiert hatte, und zwar wegen seiner weithin bekannten Reputation als Antisemit und Hitlers Lieblingskomponist. Wagner war auch einer der kulturellen Säulenheiligen des Dritten Reichs, und seine Musik wurde bei offiziellen Anlässen und Zeremonien der NSDAP gespielt. Trotz mehrfacher Bitten von Musikliebhabern wurde der Bann nie aufgehoben. Während der 1950er und 1960er Jahre betrachtete der überwiegende Teil der israelischen Öffentlichkeit – unter anderen hunderttausende Überlebende der nationalsozialistischen Konzentrations- und Todeslager – diese Musik und noch mehr den Namen nach wie vor als ein Symbol von Hitlers Regime.

Unter diesen Umständen ist es unvorstellbar, daß die israelische Regierung die Reisekosten für das gesamte Orchester übernommen hätte, um für eine Sondervorstellung zu Ehren eines Kirchenmannes nach Rom zu fliegen, den man als „Hitlers Papst" betrachtet hätte. Ganz im Gegenteil war der historische Besuch der israelischen Philharmonie zum Zwecke eines Konzerts für Pius XII. eine einzigartige Geste gemeinsamer Anerkennung und Dankbarkeit für einen großen Staatsmann und Freund des jüdischen Volks, für dessen entscheidende Hilfe bei der Lebensrettung von hunderttausenden Juden.[393]

An dem Tag, als Pius XII. starb, richtete Golda Meir, damals Außenministerin von Israel, das folgende Kondolenztelegramm an den Vatikan: „Wir teilen die Trauer der Menschheit, [...] als ein grauenhaftes Martyrium während der Zeit des nationalsozialistischen Terrors über unser Volk hereinbrach, erhob sich die Stimme des Papstes für die Opfer. Das Leben in unserer Zeit wurde von einer Stimme bereichert, die die großen moralischen Wahrheiten ungeachtet der

Wirrnis der täglichen Konflikte aussprach. Wir trauern um einen großen Diener des Friedens."[394] Der Dirigent Leonard Bernstein bat vor dem Beginn einer Vorstellung der New Yorker Philharmonie um eine Schweigeminute „anläßlich des Ablebens eines sehr großen Mannes, Papst Pius' XII."[395]

In den Wochen nach dem Tod von Pius XII. beklagten viele jüdische Organisationen und Zeitungen auf der ganzen Welt sein Ableben und zollten seinem Einsatz für die Rettung der Juden während des Kriegs Anerkennung. Der „Canadian Jewish Chronicle" erinnerte daran, daß Pius XII. „tausenden jüdischen Opfern des Nationalsozialismus und des Faschismus das Verstecken ermöglichte". Am 6. November 1958 schrieb William Zuckermann, früherer Kolumnist beim „American Hebrew", in der „Jewish Post" in Winnipeg, daß kein anderer Staatenlenker „mehr getan hat, um den Juden in der Stunde unserer größten Tragödie während der nationalsozialistischen Besatzung Europas zu helfen, als der verstorbene Papst"[396].

Ähnliche Gedanken wurden in den zahlreichen Ehrungen und Nachrufen für Pius XII. von vielen Rabbinern und jüdischen Gemeindevorstehern sowie von der Mehrheit der israelischen Presse ausgedrückt – einige Leser schlugen in offenen Briefen sogar vor, einen „Papst-Pius-XII.-Wald" in den Hügeln von Judäa anzupflanzen, „um auf geeignete Weise jenen Dienst der Menschlichkeit fortzusetzen, den der verstorbene Papst dem europäischen Judentum zukommen ließ"[397].

Während des Kriegs und nahezu für zwei weitere Jahrzehnte waren von jüdischer Seite das Lob und die Dankbarkeit für die Leistungen von Pius XII. zugunsten des europäischen Judentums geradezu einhellig. In der Tat „genoß", wie Pinchas Lapide so treffend feststellte, „kein Papst in der Geschichte seitens der Juden jemals derart herzlichen Dank für Hilfe und Rettung, die ihren Brüdern in der Not zuteil wurde"[398].

Fazit: Pius XII. als „Gerechter unter den Völkern"

In den Schlußfolgerungen ihres Buchs „Under His Very Windows. The Vatican and the Holocaust in Italy" verwirft und entwürdigt Susan Zuccotti das Lob, das Pius XII. von zeitgenössischen jüdischen Persönlichkeiten und Gelehrten wie Golda Meir, Moshe Sharett, Isaac Herzog, Pinchas Lapide und Albert Einstein erhalten hat, als unbelehrbar, fehlinformiert oder sogar unaufrichtig. Genauso behandelt sie andere Bekundungen der Dankbarkeit von jüdischen Militärgeistlichen und Holocaustüberlebenden, die ihr persönliches Zeugnis über die Hilfe und das Mitgefühl des Papstes abgegeben haben. Daß sie dies tut, ist bedauerlich und zutiefst verstörend. Die Berechtigung dieser gemeinschaftlichen Dankbarkeit gegenüber Pius XII. zu verwerfen und zu bestreiten, heißt nichts anderes, als die Glaubwürdigkeit ihrer Bezeugungen und ihrer Urteilskraft über den Holocaust selbst in Abrede zu stellen. Auf diese Weise, wie es Zuccotti tut, die gemeinsame Erinnerung an den und das Erlebnis des Holocausts zu leugnen und zu delegitimieren, stellt eine subtile, aber schwerwiegende Form der Holocaustleugnung dar.

Zuccotti ignoriert, verunglimpft und verwirft in ihrer Diffamierung von Pius XII. auch die überzeugenden, aus erster Hand stammenden Berichte von mehreren italienischen kirchlichen Würdenträgern und Priestern, die Juden gerettet haben, die bezeugt haben, daß ihnen Pius XII. ausdrücklich aufgetragen hat, Juden zu verstecken und zu retten. Um nur zwei Beispiele zu nennen: Erstens lehnt sie das Zeugnis eines Priesters ab, der angegeben hat, daß ihn Bischof Giuseppe Nicolini von Assisi mit einem Brief in der Hand aufgesucht und erklärt habe, daß ihm der Papst geschrieben und ihn um seine Hilfe beim Verstecken und Retten der Juden gebeten hätte. Weil der Priester den Brief selbst nicht gelesen hat, meint Zuccotti, daß seine Angaben zu verwerfen seien.[399] Ebenso ignoriert sie vollständig das wohldokumentierte persönliche Zeugnis des priesterlichen Retters Monsignore John Patrick Carroll-Abbing, der zu den direkten persönlichen Anweisungen Pius' XII., die Juden Italiens zu retten und zu verstecken, eindeutige Angaben gemacht hat.

Zuccottis Diffamierung von Pius XII. beinhaltet auch implizit den Versuch, jüdische Gelehrte wie Pinchas Lapide, die Pius XII. mit ihren Schriften in Schutz genommen haben, als Teil der Bemühungen von „Juden, die der Gründung des Staates Israel verschrieben waren", um so die Anerkennung des jüdischen Staats durch den Vatikan zu erreichen, zu verwerfen oder herabzuwürdigen.[400] Für Zuccotti waren jüdisches Lob für Pius und jüdische Geschichtsforschung, die zu seinen Gunsten ausfiel, bloße politische Intrigen, um die Anerkennung des Staates Israels durch den Vatikan zu erlangen. Während dies für Lapide und andere jüdische Autoren im Dienste Israels „ein wünschenswertes Ziel" gewesen wäre, behauptet sie, daß dabei die „Aufgabe, die historische Wahrheit darzustellen"[401], unter den Tisch gefallen wäre. Auf diese Weise die Motive und die Glaubwürdigkeit jüdischer Vertreter und Forscher insgesamt in Frage zu stellen und anzugreifen, nur weil sie sich der Staatsgründung verpflichtet fühlten, ist besonders bedauerlich und verstörend. Angesichts der historischen Quellenlage ist es darüber hinaus intellektuell verantwortungslos.

Zuccotti ist damit nicht die einzige. Die um die Jahrtausendwende von Zuccotti, Cornwell und anderen zu dieser Zeit in Erscheinung getretenen Kritikern des Papstes losgetretene Kampagne zur Herabwürdigung von Pius XII. und Diffamierung der Erinnerung an ihn popularisiert ihrerseits die historische Lüge, daß Pius XII. ein Sympathisant des Nationalsozialismus und ein Antisemit gewesen sei. In Wirklichkeit war Pius XII. ein wahrer Freund des jüdischen Volks – zu einem Zeitpunkt der Geschichte, als es auf eine solche Freundschaft am meisten ankam.

John S. Conway – der führende Kenner der elfbändigen „Akte und Dokumente des Heiligen Stuhls während des Zweiten Weltkriegs" des Vatikan – schrieb 1983 in den „Yad Vashem Studies" folgendes: „Das eingehende Studium der vielen tausend Dokumente dieser Sammlung bietet der These, daß die kirchliche Selbsterhaltung das Hauptmotiv hinter dem Verhalten der Diplomaten des Vatikans gewesen sein soll, wenig Unterstützung. Vielmehr entsteht das Bild einer Gruppe von intelligenten und gewissenhaften Männern, die versuchten, dem Weg des Friedens und der Gerechtigkeit zu folgen, als diese Ideale in einer Zeit des ‚Totalen Krieges' schonungslos irrelevant erschienen."[402] Diese vernachlässigten Dokumentensammlungen (die der Leser in Pierre Blets „Papst Pius XII. und der Zweite Weltkrieg. Aus den Akten des Vatikans" zusammengefaßt findet) „werden noch klarer und überzeugender offenbaren" – wie es Johannes Paul II. einer Gruppe jüdischer Funktionäre 1987 in Miami mitteilte – „wie sehr ihn die Tragödie des jüdischen Volkes schmerzte, und wie hart und wirksam er daran arbeitete, ihnen zu helfen."[403]

Der Talmud, die großartige Sammlung jüdischer religiöser Gesetze und Ethik aus dem 6. Jahrhundert, lehrt Juden, „wer immer ein Leben rettet, dem wird es durch die Schrift so angerechnet, als ob er die ganze Welt gerettet hätte". Mehr als die meisten anderen Verantwortungsträger im 20. Jahrhundert hat Pius XII. dieses Diktum aus dem Talmud erfüllt, als das Schicksal des europäischen Judentums auf dem Spiel stand. Heute, nahezu 60 Jahre nach dem Holocaust, sollte verstärkt anerkannt und gewürdigt werden, daß Pius XII. ein wahrer Freund des jüdischen Volkes gewesen ist, der in Wirklichkeit mehr Juden das Leben gerettet hat als irgendein anderer Mensch, einschließlich Raoul Wallenberg und Oskar Schindler – Männer, die oftmals (und zu Recht) für ihre Anstrengungen als Helden gefeiert werden. Man sollte daran erinnern, daß wichtige jüdische Führungspersönlichkeiten in Israel, Europa und Amerika während und nach dem Holocaust die Bemühungen des Papstes gepriesen und versprochen haben, dies nicht zu vergessen. Es sollte auch daran erinnert werden, daß kein anderer Papst in der Geschichte so durchgängig von den Juden gewürdigt wurde. Der überzeugende Grund für dieses beispiellose Lob muß besser verstanden werden. Es ist kaum vorstellbar, daß so viele der bedeutendsten jüdischen Persönlichkeiten auf verschiedenen Kontinenten in ihrem Lob für den Papst der Kriegszeit alle fehlgeleitet und im Irrtum gewesen sein sollen. Die beständige Dankbarkeit von Holocaustüberlebenden gegenüber Pius XII. war aufrichtig und tiefgründig.

Ich denke, die Zeit ist reif dafür, daß Pius XII. von Yad Vashem offiziell die Anerkennung als ein „Gerechter unter den Völkern" verliehen wird. Als Yad Vashem im Jahr 1953 kraft Gesetzes eingerichtet wurde, bestimmte das israelische Parlament, daß es „Pflicht des Staates Israel ist, die Leistungen von Nichtjuden bei der Rettung von jüdischem Leben während des Zweiten Weltkriegs zu würdigen. Ein ‚Ehrentitel' wurde an jede nichtjüdische Person bzw. jede nichtjüdische Familie verliehen, die das Risiko auf sich genommen hatte, Juden zu verstecken oder zu retten"[404]. Der hebräische Ausdruck für die Auszuzeichnenden war „Sderot hassidei umot haolam", die „Gerechten unter den Völkern". Sie sind bekannt geworden und zu Recht bewundert als „gerechte Heiden"[405].

Das Konzept der „Gerechten unter den Völkern" ist, wie Martin Gilbert festgehalten hat, „eine seit Jahrhunderten bestehende jüdische Tradition"[406]. Der Begriff hat seinen Ursprung in der jüdischen Überlieferung „und kannte verschiedene Interpretationen, einschließlich jener weitverbreiteten von Nichtjuden, die Juden in Zeiten von Verfolgung und Not eine Gunst erwiesen"[407]. Das israelische Parlament entschied sich daher für diesen überlieferten jüdischen Titel, um nichtjüdische Retter von Juden während des Holocausts auszuzeichnen.[408]

Im Jahr 1962 richtete Yad Vashem eine Kommission ein, die vom israelischen Höchstrichter Moshe Landau geleitet wurde, der ein

Jahr zuvor beim Prozeß gegen den nationalsozialistischen Kriegsverbrecher Adolf Eichmann den Vorsitz geführt hatte. Die Aufgabe der Kommission war es, die Kriterien für die Verleihung des Titels „Gerechter unter den Völkern" an nichtjüdische Retter von Juden zu definieren und die individuellen Beschlüsse über die Verleihung zu fällen.[409] Die Kommission tritt regelmäßig zusammen und besteht aus 18 israelischen Richtern und Experten; sie prüft die Beweise für Rettungsaktivitäten, die von Augenzeugen stammen können oder in Archiven zu finden sind, und fordert Augenzeugenberichte aus erster Hand von Holocaustüberlebenden und christlichen Rettern an. An der „Straße der Gerechten" wird von jedem ausgezeichneten Nichtjuden oder in seinem Namen ein Baum gepflanzt.[410]

Zu Beginn des Jahres 2002, 56 Jahre nach dem Ende des Zweiten Weltkriegs, waren mehr als 19.000 Nichtjuden von Yad Vashem als „Gerechte unter den Völkern" ausgezeichnet worden. „Zur Jahrtausendwende", schrieb Martin Gilbert treffend, „wurden jedes Jahr mehr als 800 Nichtjuden gefunden und ausgezeichnet."[411] In den beiden Dekaden zuvor sind mehrere katholische Würdenträger – Priester, Nonnen und Kardinäle – als „Gerechte unter den Völkern" ausgezeichnet worden. Dazu gehörten Monsignore Angelo Rotta, der Botschafter des Vatikans in Ungarn zur Zeit des Kriegs, und Kardinal Pietro Palazzini, der einem Sprecher von Yad Vashem zufolge „sein Leben riskierte" und „weit über den Ruf der Pflicht hinausgegangen ist, um italienische Juden während des Holocausts zu retten"[412]. Dagegen wurde Pius XII. noch nicht als „Gerechter unter den Völkern" geehrt, obwohl er, wie Palazzini auch, „weit über den Ruf der Pflicht hinausgegangen ist", um italienische Juden während der Besetzung von Rom zu retten und zu verstecken.

Als Palazzini 1985 von Yad Vashem als „Gerechter unter den Völkern" ausgezeichnet wurde, gab er zu Protokoll, daß ihm Pius XII. persönlich aufgetragen habe, Juden zu schützen und zu verstecken. Die gut dokumentierten, aus erster Hand stammenden Zeugenaussagen von Palazzini, John Patrick Carroll-Abbing, Tibor Baranski, Pater Benoit und anderen christlichen Rettern enthalten ausführliche Details über die Rettungsanstrengungen von Pius XII. zugunsten der Juden von Rom und an anderen Orten, was normalerweise schon allein ausreichen würde, um Pius XII. als „Gerechten unter den Völkern" zu betrachten.

Wie schon gezeigt, gibt es reichlich Augenzeugenberichte von jüdischen Zeitgenossen Pius' XII., die seine historische Rolle bei der Rettung von Juden weiter belegen; dazu gehört die Tatsache, daß er während der nationalsozialistischen Verhaftungswellen der italienischen Juden in Castel Gandolfo und im Vatikan Juden versteckte. „Mehr als alle anderen", erinnert sich Elio Toaff, ein italienischer Jude, der den Holocaust durchmachen mußte und später Oberrabbiner von Rom wurde, „hatten wir die Gelegenheit, die teilnahmsvolle Güte und Großzügigkeit des Papstes während der unglücklichen Jahre der Verfolgung und des Terrors kennenzulernen, als es schien, daß es für uns kein Entkommen mehr geben würde"[413]. Die Perspektive und die Beurteilung von jüdischen Zeitgenossen Pius' XII., wie Rabbi Toaff, und zahlreichen anderen italienischen Holocaustüberlebenden sind für das Verständnis des Pontifikats und des Vermächtnisses von Pius zentral, und sie sollten heute von Juden und Historikern beachtet und bewertet werden.

Wir verfügen auch über die persönlichen Berichte von jüdischen Militärgeistlichen, die in den alliierten Streitkräften gedient haben. Beispielsweise schrieb Rabbi Andre Zaoui, ein jüdischer Militärgeistlicher des französischen Expeditionskorps in Italien, am 22. Juni 1944, um dem Papst seine Dankbarkeit „für die überwältigende Güte und beispiellose Wohltätigkeit, die Ihre Heiligkeit großzügig auf die Juden Italiens und insbesondere auf die Kinder, Frauen und die Alten der Gemeinde in Rom ausgedehnt hat"[414], auszudrücken.

Vier Wochen später richtete David de Sola Pool, ein prominenter New Yorker Rabbiner und Vorsitzender der Kommission der nationalen jüdischen Wohlfahrtsorganisation für die jüdischen Geistlichen, die die Arbeit der amerikanischen jüdischen Militärgeistlichkeit koordinierte, ein Schreiben an den Papst, in dem er die gleiche Botschaft öffentlicher Anerkennung und Dankbarkeit überbrachte: „Wir haben Berichte von unseren Militärgeistlichen in Italien über die Hilfe und den Schutz, die so vielen italienischen Juden vom Vatikan, von Priestern und kirchlichen Institutionen während der nationalsozialistischen Besatzung des Landes widerfahren ist. Wir sind von diesem außergewöhnlichen Zeugnis christlicher Nächstenliebe tief bewegt, dies um so mehr, als wir die Risiken kennen, die jene eingegangen sind, die Juden Unterschlupf gewährten [...]. Aus tiefstem Herzen überbringen wir Ihnen daher die Versicherung unserer unsterblichen Dankbarkeit."[415]

Anläßlich eines Erntedankfestes in der Tempio Israelita, der Synagoge des römischen Oberrabbiners, am 30. Juni stellte der jüdische Militärgeistliche der 5. US-Division, die in Italien stationiert war, fest: „Ohne die wahrlich wesentliche Unterstützung und die Hilfe, die den Juden vom Vatikan und den kirchlichen Behörden von Rom widerfahren sind, wären tausende jüdische Flüchtlinge zweifellos ermordet worden, bevor Rom befreit wurde.“[416]

Die Kritiker von Pius XII. wischen die Berichte von jüdischen Militärgeistlichen, von Holocaustüberlebenden und katholischen Rettern einfach weg. Sie ziehen ihre eigenen ideologischen Vorurteile den Zeugnissen jener vor, die das alles selbst erlebt haben. Sie nehmen damit in Kauf, künftigen Generationen eine historisch korrekte Erinnerung an den Holocaust vorzuenthalten.

Mit dem herannahenden 50. Todestag von Pius XII. wäre es sowohl historisch gerechtfertigt als auch moralisch geboten, daß Yad Vashem Pius XII. postum als „Gerechten unter den Völkern“ auszeichnet. Während des Pontifikats von Johannes Paul II. haben einige katholische und jüdische Persönlichkeiten, darunter der Oberrabbiner von Rom und Holocaustüberlebende Elio Toaff, begonnen, dieses Anliegen zu diskutieren. Katholische und jüdische Würdenträger und Forscher sollten in den nächsten Jahren gemeinsam daran arbeiten, die Sache der Anerkennung und Ehrung von Pius XII. als „Gerechter unter den Völkern“ zu unterstützen und voranzubringen.

Wie im folgenden dargestellt, hat die Anerkennung der historischen Wahrheit über Pius XII. Folgen für sowohl den gegenwärtigen Kulturkampf als auch den Zusammenprall der Zivilisationen.

Die liberalen Medien und der Kulturkampf

Indem die liberalen Medien das Märchen von „Hitlers Papst" verbreitet und verfestigt haben, wurde dieses zu einem zentralen Element des Kulturkampfs. Tatsächlich begann es als ein Teil des Kulturkampfs – als eine Möglichkeit, Johannes Paul II. gegen Ende seiner Amtszeit anzugreifen, weil er die Eröffnung eines Heiligsprechungsverfahrens für Pius XII. unterstützte. Im Juni 1999 brachte James Carroll im „New Yorker" eine vehemente Attacke auf Pius XII. mit der Absicht, die Eröffnung des Heiligsprechungsverfahrens anzugreifen und dieses zu stören.[417] Die liberalen Kritiker des Papstes waren damit auch teilweise erfolgreich. So hat Daniel Jonah Goldhagen mit offenkundiger Genugtuung geschlußfolgert, „der Stapel an zuletzt erschienenen Büchern über das Fehlverhalten von Pius XII. während des Holocaust hat die [katholische] Kirche unter Druck gesetzt, als sie dabei war, jenes Verfahren einzuleiten, das normalerweise zu seiner Heiligsprechung führen würde"[418].

Mit der Diskreditierung von Pius XII. werden auch die Entscheidungen eines Papstes diskreditiert, den führende Liberale ablehnten. In diesem Sinne geht Garry Wills darüber hinaus, „Hitlers Papst" zu verurteilen, und verurteilt selbst die Entscheidung von Johannes Paul II., Katholiken, die unter dem Nationalsozialismus zu Märtyrern wurden – insbesondere Edith Stein und Maximilian Kolbe –, heiligzusprechen, weil dies „einen zynischen Versuch darstellt, den Holocaust zu entjudaisieren"[419].

Goldhagen verunglimpft Pius XII. nicht nur für das, was er für des Papstes „kriminelle Rolle während des Holocausts [...] und vermutlich auch danach"[420] hält, sondern geht so weit, zu behaupten, daß „nun klar sein sollte, daß die Kirche sämtliche Bemühungen, Pius XII. heiligzusprechen, einstellen sollte"[421]. In der Tat würde „jede Heiligsprechung den Eindruck eines offiziellen Einverständnisses mit dem Antisemitismus, wenn nicht eines rückwirkenden Segens für den Holocaust erwecken"[422]. Der Historiker Philip Jenkins hat dazu treffend festgestellt, daß „die Einsätze in dieser Debatte sehr hoch sind"[423].

Die liberalen Medien messen in der Kontroverse um Pius XII. mit zweierlei Maß, indem sie das Märchen von „Hitlers Papst" verbreiten beziehungsweise verfestigen und wesentliche historische Quellen, die dem widersprechen, herunterspielen oder ignorieren. Kürzlich ist diese Voreingenommenheit der liberalen Medien in der verzerrten Darstellung der empörenden papstfeindlichen Unterstellung, die katholische Kirche habe „jüdische Kinder nach dem Holocaust entführt"[424], zum Vorschein gekommen. Konkret wurde fälschlicherweise behauptet, daß die französische katholische Kirche auf direkte Anweisung von Pius XII. es französischen katholischen Familien verboten habe, während des Holocausts versteckte Kinder nach Kriegsende an deren Familien zurückzugeben, wenn diese getauft worden sein sollten.[425]

Diese neue Anti-Pius-Kontroverse begann am 28. Dezember 2004. Damals erhob die liberale italienische Tageszeitung „Corriere della Sera" den abenteuerlichen Vorwurf, daß Pius XII. seinen päpstlichen Nuntius in Frankreich, Erzbischof Angelo Roncalli, 1946 ausdrücklich aufgefordert habe, jüdische Kinder *nicht* an deren Eltern zurückzugeben, wenn diese Kinder getauft worden sein sollten, als sie bei katholischen Familien oder in Kircheninstitutionen während des Holocaust Zuflucht gefunden hatten. Der Artikel, den der linke und papstkritische Journalist und Historiker Alberto Melloni verfaßt hatte, behauptete weiters, Roncalli habe die „hartherzigen Anweisungen" von Pius XII. mißachtet und umgangen und habe veranlaßt, daß die Familien, die den Holocaust überlebt hatten, wieder vereint wurden.[426]

Noch bevor irgend jemand die Richtigkeit dieser Beschuldigungen prüfen konnte, hatten die Medien diese auf der ganzen Welt verbreitet. Am 6. Jänner 2005 erschien in der „New York Times" ein eigener Artikel auf Basis der Vorwürfe von Melloni: „Jüdische Kinder retten, aber zu welchem Preis?"[427] Die liberalen Kritiker des Papstes hatten dem Pontifikat von Pius XII. eine neue Sünde hinzugefügt: Entführungen im Auftrag des Papstes. Man muß bis ins Jahr 1850 und zur infamen Mortara-Affäre zurückblicken, um den letzten Fall zu finden, in dem ein Papst der „Entführung" eines getauften jüdischen Kinds und der Verweigerung der Rückgabe an dessen Familie beschuldigt wurde.

Es ist wahr, daß jüdische Kinder, die während des Holocausts bei katholischen Familien Schutz fanden, als katholisch „zu gelten" hatten. Manche Katholiken tauften diese Kinder tatsächlich, möglicherweise wegen ihrer Glaubensüberzeugungen, möglicherweise als Maßnahme zur Täuschung der Nationalsozialisten.[428] Nach dem Krieg gab es 10.000 bis 20.000 jüdische Waisenkinder allein in Frankreich (von denen nur ein kleiner Prozentsatz getauft worden war), die noch immer bei katholischen Familien oder in Einrichtungen mit Bezug zur katholischen Kirche lebten.

Unmittelbar nach dem Holocaust, im März 1946, traf sich der Oberrabbiner von Palästina, Isaac Herzog, mit Pius XII., um ihn zu fragen, was getan werden könne, um diese Kinder in die Obhut jüdischer Familien oder von philanthropischen Einrichtungen zu geben, damit sie in einem jüdischen Umfeld aufwachsen könnten. Nach allen Berichten dazu verlief diese Zusammenkunft außerordentlich positiv: Der Papst versprach Rabbi Herzog, daß er sich der Sache annehmen werde, und der Oberrabbiner „drückte seinen tiefen Dank" sowohl für die Zusage des Papstes als auch für den heroischen Einsatz von Pius und der katholischen Kirche beim Verstecken und der Rettung von Juden während des Kriegs aus.[429]

Herzog hat bemerkt, daß Pius XII. „daran gearbeitet hat, den Antisemitismus aus vielen Ländern zu verbannen", und schloß mit einer Anrufung: „So Gott will, möge die Geschichte daran erinnern, daß, als die Dunkelheit über unser Volk kam, Seine Heiligkeit ein Licht der Hoffnung für uns entzündete."[430]

Am 31. März 1946 berichtete die „Palestine Post", daß Rabbi Herzog „von seiner Audienz beim Papst berichtet hat, der ihn Anfang März an einem Sonntag empfangen hatte. Ihr Gespräch betraf hauptsächlich die Angelegenheit von 8000 jüdischen Kindern in Polen, Frankreich, Belgien und Holland, wo sie in Klöstern und christlichen Familien aufwuchsen. Er habe das Versprechen des Vatikans, daß dieser dabei helfen werde, diese Kinder in die jüdische Herde zurückzubringen."[431] Der Papst muß dieses Versprechen eingehalten haben, weil Rabbi Herzog „sein Verhalten gegenüber der jüdischen Gemeinschaft während der gesamten Lebenszeit des Papstes weiterhin lobte".

Auch die Zeugnisse von anderen hochrangigen jüdischen Persönlichkeiten bestätigen diese Annahme. Leon Kubowitzky vom jüdischen Weltkongreß sagte dazu 1965: „Ich kann nun feststellen, daß ich kaum einen einzigen Fall kenne, wo eine katholische Einrichtung die Rückgabe jüdischer Kinder verweigert hätte."[432] Kürzlich hat der französische jüdische Historiker und Anti-Nazi-Anwalt Serge Klarsfeld nachdrücklich festgehalten, daß diese neue Kontroverse über das Schicksal von jüdischen Kindern, die von katholischen Familien während des Holocaust versteckt worden waren, „ein Sturm im Wasserglas" sei, weil „so gut wie niemand danach von seiner jüdischen Familie ferngehalten wurde"[433]. Klarsfeld, der das Schicksal jüdischer Kinder während des Holocausts erforscht hat und der in die Verfolgung mehrerer nationalsozialistischer Kriegsverbrecher in Frankreich involviert war, sagte, daß die meisten getauften „versteckten Kinder" wohl zum Judentum zurückkehrten, als sie mit ihren Verwandten wiedervereint waren. „Sie hörten nie auf, Juden zu sein", sagte er, „sie hatten schlicht und einfach ein Dokument in ihrer Tasche, auf dem stand, daß sie getauft worden seien."[434]

In Wirklichkeit wies Pius XII. die Kongregation für das Heilige Amt bald nach seinem Treffen mit Herzog im März 1946 an, Richtlinien dafür auszuarbeiten, wie man am besten mit den jüdischen Familien und Einrichtungen zusammenarbeiten könne, die ihre Kinder zurückhaben oder adoptieren wollten, welche sich noch immer in einem katholischen Umfeld befanden. Auf Basis dieser von der Kongregation erstellten Richtlinien sandte einer der Assistenten von Pius, Monsignore Domenico Tardini, eine Aktennotiz in italienischer Sprache an den Nuntius Roncalli in Frankreich, in der erklärt wurde, wie die Kirche in Frankreich in der Sache vorgehen solle.

Melloni zitiert in seinem Artikel eine französische Übersetzung (unbekannter Herkunft) der Anweisungen Tardinis. Die vorgelegte französische Version der Notiz vom 23. Oktober 1946 gibt den entscheidenden Satz über die Ansprüche, die überlebende jüdische Verwandte auf die Kinder in kirchlicher Obhut hatten, falsch wieder. Während das Originaldokument von Tardini die Kirchenangehörigen und Laien darin bestärkt, alle geretteten Kinder, ob getauft oder nicht, an geeignete Verwandte oder an jüdische Einrichtungen zurückzugeben, erweckt die französische Übersetzung „den Eindruck, daß die Kirche diese Kinder insbesondere dann zurückhalten sollte, wenn sie getauft worden waren, und in diesem Fall auch dann, wenn die überlebenden Eltern diese zurückforderten"[435]. Die französische Übersetzung widerspricht der Originalversion von Tardini mit den Anweisungen des Papstes diametral. Auch die Handlungen sowohl von Pius XII. und Roncalli als auch der französischen Kirchenhierarchie machen insgesamt „klar, daß es die Nachkriegspolitik von Pius war, die Vereinigung der jüdischen Kinder mit ihren Verwandten so schnell und menschlich wie möglich zu gestalten".

Woher dieser Widerspruch? Es stellte sich heraus, daß die französische Notiz – das behauptete „päpstliche Dokument" – nicht authentisch ist. Der Artikel von Alberto Melloni beruhte, wie Robert J. Rychlak feststellte, „auf einer schlechten (möglicherweise betrügerischen) Übersetzung". Die Notiz sei ein „gefälschtes" Dokument, jedenfalls „nicht vom Vatikan".[436]

Das angebliche päpstliche Dokument „war nicht signiert, trug keinen Briefkopf des Vatikans, und Beamte des Vatikans bemerkten sofort, daß die verwendete Wortwahl für Direktiven aus dem Vatikan untypisch war". Schon allein die Tatsache, daß der Brief in französischer statt italienischer Sprache verfaßt war, hätte ausgereicht, zu erkennen, daß dies keine authentische „Anweisung des Papstes an seinen Nuntius"[437] sein konnte.

Die Glaubwürdigkeit der sensationellen Anschuldigungen gegen Pius XII., die von der „New York Times" und anderen liberalen Medien in den USA unhinterfragt wiedergegeben worden sind, wurde von zwei bekannten Autoren vollständig widerlegt, die Kenner von Pius XII. und seinem Pontifikat sind: Andrea Tornielli, Vatikankorrespondent bei „Il Giornale", und der Historiker Matteo L. Napolitano. Sie veröffentlichten 2004 gemeinsam das Buch „Il Papa che salvò gli Ebrei" („Der Papst, der die Juden rettete").[438]

Alberto Melloni konnte das Kirchenarchiv in Frankreich, aus dem das angebliche Dokument des Papstes stammen sollte, nicht angeben, aber Tornielli fand die originale und authentische Version der Anweisungen des Papstes im Nationalarchiv der Kirche von Frankreich. Tornielli brachte daraufhin auf der ersten Seite von „Il Giornale" den Artikel „Ecco il vero documento su Pio XII e i bimbi Ebrei"[439] („Hier das wahre Dokument über Pius XII. und die jüdischen Kinder") und verglich darin das Original des Vatikans mit der Version von Melloni, um zu beweisen, daß die Anschuldigungen gegen Pius XII. falsch waren.[440] Einer der Forscher, die das authentische Dokument gelesen hatten, fand es erstaunlich, daß die Anweisungen des Papstes „praktisch das Gegenteil davon darstellen, was in dem Bericht von Melloni behauptet wird, der so enthusiastisch von den Kritikern des Papstes aufgenommen wurde. Nirgendwo wird darin nahegelegt, daß die jüdischen Kinder von ihren Familien ferngehalten werden sollten – genau das Gegenteil!"[441].

Matteo Napolitano wies in einem weiteren Artikel in „Il Giornale" Melloni auf ähnliche Weise zurecht, „weil dieser voreilig urteilte und der Öffentlichkeit überstürzt einen unvollständigen, vollkommen irreführenden Artikel präsentierte, der auf einem zweifelhaften Dokument beruhte, das selbst gar keinen Bezug zu Pius aufwies – etwas, das kein seriöser Geschichtswissenschaftler jemals tun würde"[442]. Für Melloni, einem linken Kritiker von Pius XII. und Johannes Paul II., war kein Beleg zu zweifelhaft, um ihn nicht dazu zu verwenden, das Märchen von „Hitlers Papst" zu festigen. Die liberalen amerikanischen Medien stellten keine Fragen.

Beispielsweise gab die „New York Times" den Artikel mit seinen gegen Pius gerichteten Anschuldigungen ungeprüft wieder. Die meisten liberalen Medien machten dies nach. Der „Jewish Forward", die „New Republic" und staatliche Radiostationen produzierten Kolumnen, Artikel, Leitartikel und Sendungen, die auf Mellonis unglaubwürdigem Artikel beruhten. Daniel Jonah Goldhagen, der zu der Zeit sowohl im „Jewish Forward" als auch in der „New Republic" regelmäßig schrieb, forderte den Vatikan dazu auf, eine unabhängige Untersuchungskommission einzurichten, „um herauszufinden, wie viele jüdische Kinder die Kirche in ganz Europa entführt hat, und die genaue Rolle, die Pius XII. [...] spielte"[443].

Anstatt der katholischen Kirche dafür zu danken, daß sie die Leben dieser Kinder gerettet hatte, attackierten die liberalen Medien die Kirche und den Papst, spielten sich zum Richter auf und verurteilten auf der Grundlage einer gefälschten Notiz. Goldhagen griff Pius XII. als „antisemitischer Papst [...] einer der wildesten Möchtegernkidnapper moderner Zeiten"[444] an. Goldhagen argumentierte, daß die von Melloni präsentierte Notiz „offenbart, daß es die Politik der Kirche und des Papstes war, jüdische Kinder zu entführen, wahrscheinlich zu Tausenden [...] Der einfache Grund dafür war es, einen Plan umzusetzen, die Juden auf grausame Weise zum zweiten Mal zu Opfern zu machen, indem den körperlich und spirituell Überlebenden der Nazihölle die eigenen Kinder vorenthalten werden sollten"[445]. Goldhagen beendet seine Schmähschrift gegen Pius, indem er betont, daß die katholische Kirche „die Bemühungen zur Seligsprechung von Pius XII. einstellen sollte"[446]. In seiner Tirade in der „New Republic" ging er noch weiter, indem er behauptete, daß „die erschreckende Anweisung von Pius XII. auf eine möglicherweise den ganzen Kontinent umspannende kriminelle Verschwörung hinweist“[447].

Es ist deprimierend, daß eine derart wilde Hysterie von den liberalen Medien als Tatsache akzeptiert wird. Aber während diese Medien weiter daran arbeiten, weitere groteske Verzerrungen der Wahrheit für ihr Märchen von „Hitlers Papst“ anzubieten, ignorieren sie andere überzeugende – allerdings wahre – Geschichten über Pius XII., die sich aus in der Zwischenzeit herausgegebenen Dokumenten ergeben. Als Beispiel seien hier die Unterlagen des nationalsozialistischen Plans, Pius XII. zu entführen, genannt.

Es ist längst bekannt, daß Hitler Pläne hatte, Pius XII. zu entführen, und daß Pius wußte, daß solche Pläne existierten. Nun aber haben wir dazu mehr Details. Die katholische italienische Tageszeitung „Avvenire d’Italia“ veröffentlichte im Jänner 2005 eine ausführlich dokumentierte Darstellung darüber, wie General Karl Wolff, der SS-Kommandant der nationalsozialistischen Besatzungsmacht in Rom, von Hitler den Befehlt erhielt, den Papst zu entführen. Dies hätte 1944 geschehen sollen, kurz vor dem deutschen Rückzug aus der Stadt. Allerdings war Wolff der Meinung, daß dies eine schlechte Idee sei, und teilte Pius XII. in einer geheimen Audienz den Plan Hitlers mit.[448] Dem Artikel des „Avvenire d’Italia“ zufolge – die Tageszeitung wird von der italienischen Bischofskonferenz herausgegeben – arrangierte Wolff unmittelbar, nachdem er den Befehl erhalten hatte, ein geheimes Treffen mit dem Papst und „ging in der Nacht in Zivilkleidung mit der Hilfe eines Priesters in den Vatikan“[449]. Bei der Unterredung „versicherte Wolff dem Papst, daß er keine Entführung durchführen werde, aber warnte ihn“, daß Hitler in Pius XII. einen „Freund der Juden“ und ein Hindernis für den nationalsozialistischen „Plan zur Weltherrschaft“ sehe.[450] Wolff riet dem Papst, „wachsam zu sein, da, wenn er auch den Befehl nicht ausführen werde, die Situation auf jeden Fall sehr verworren und voller Risiken sei“. Pius XII. bat Wolff dann, „als Zeichen seiner Aufrichtigkeit“ von den Nationalsozialisten zum Tode verurteilte Italiener freizulassen.[451] Dies geschah auch auf Befehl von Wolff vor dem Abzug der Deutschen aus Rom.

Der wohldokumentierte Beitrag über die geplante Entführung von Pius XII. erschien im „Avvenire d’Italia“ nur wenige Wochen, nachdem der „Corriere della Sera“ seine Geschichte mit der französischen Notiz gebracht hatte. Selbstverständlich führte letztere zu einer medialen Explosion, während der „Avvenire d’Italia“ kaum Aufmerksamkeit erregen konnte, vermutlich deshalb, weil ein Bericht, in welchem Hitler den Papst als Feind ansieht und sogar eine Entführung geplant hat, nicht in das Märchen von „Hitlers Papst“ paßt. Leser der „New York Times“ und der „New Republic“ beispielsweise werden noch länger auf einen Bericht über diesen Entführungsplan warten müssen. Die liberalen Kritiker des Papstes, wie James Carroll, Garry Wills und Daniel Jonah Goldhagen, haben nie erklärt, warum Hitler „seinen“ Papst hätte entführen sollen, den er in Wirklichkeit als „Freund der Juden“ haßte. William Donohue hat dazu angeregt, daß es der „New York Times“ vielleicht gut zu Gesicht stünde, „einem der professionellen Pius-Schmäher die Gelegenheit zu geben, sich dazu in einem Leitartikel zu erklären“[452].

Es gibt weitere Beispiele für die Doppelmoral der liberalen Medien bei ihren Beiträgen zu Pius XII. Während die „New York Times“, der „New Yorker“, die „New York Review of Books“, die „New Republic“ und der „Jewish Forward“ umgehend ausführliche (und zumeist unkritische) Rezensionen von Büchern gebracht haben, die den Papst oder die Kirche für ihre Rolle während des Holocausts angriffen, war keines dieser Medienhäuser in der Lage, kritische oder unkritische Rezensionen von Werken, die Pius in Schutz nahmen, zu veröffentlichen.

Diese Doppelmoral ist im Fall von John Cornwell besonders offensichtlich. In seinem Buch „The Pontiff in Winter“, das in den USA im Jahr 2004 erschienen ist, erkennt Cornwell an, daß er in „Hitler's Pope“ irrte. Es sei falsch gewesen, Pius XII. böse Motive zu unterstellen, und er hält es nun für „unmöglich“, über den Papst der Kriegszeit „zu urteilen“.[453] Diese Kehrtwende von Cornwell erntete nur unbedeutende Aufmerksamkeit in den liberalen Medien, die natürlich schon frühere wissenschaftliche Arbeiten, die die Thesen aus „Hitler's Pope“ widerlegten, vollständig ignoriert haben.

Hitlers Papst und der Kulturkampf in Hollywood

Das Märchen von „Hitlers Papst“ schlug in Hollywood mit Constantin Costa-Gavras scharfem Anti-Pius-Film „Amen“ (2002) ein, der seinen Stoff im wesentlichen aus Rolf Hochhuths berüchtigtem, gegen Pius gerichteten Theaterstück „Der Stellvertreter“ bezog. Das aufsehenerregende Filmplakat, mit dem „Amen“ beworben wurde, zeigte ein rotes Kreuz, das zu einem Hakenkreuz verbogen war, und Photos der Figuren: einen SS-Offizier und einen Jesuitenpriester, die eine „Vermengung von nationalsozialistischen und christlichen Überzeugungen“[454] implizierten. Deutsche Bischöfe nannten diese Darstellung im Zuge eines Treffens in Stuttgart eine „offene Diffamierung und Verzerrung der historischen Tatsachen“[455]. Kardinal Jean-Marie Lustiger, der Erzbischof von Paris, verglich das Filmplakat „mit den auf Synagogen oder jüdische Gräber geschmierten Nazi-Graffitis“[456]. Eine französische katholische Organisation versuchte, ein Verbot des Posters zu erreichen, weil dieses „einen unbegründeten, überflüssigen und öffentlichen Angriff auf achtbare religiöse Gefühle“ darstelle. Mehrere der wichtigsten Vertreter des Judentums, einschließlich des Oberrabbiners des Landes, schlossen sich der Klage an.[457]

Der katholischen Kirche sind cineastische Anfeindungen nicht unbekannt. Sie mußte seit den 1980er Jahren eine ganze Reihe feindseliger Filme und Medienbeiträge über sich ergehen lassen, beginnend mit solchen Filmen wie „Monsignor“ und „Agnes – Engel im Feuer“. Wie der Historiker Philip Jenkins feststellte, spielten diese Filme „mit anderen bekannten antiklerikalen Themen und erkundeten die weitverbreitete Heuchelei, die angeblich hinter der Maske der Heiligkeit lauere“[458]. Im Fall von „Amen“ allerdings handelte es sich um eine willkürliche Fälschung von gesicherten historischen Fakten, um eine antikatholische Botschaft verbreiten zu können.

Die Handlung folgt dem Bemühen von zwei Männern, den Horror des Holocausts aufzudecken. Einer der Protagonisten ist ein katholischer, in Berlin tätiger Priester. Diese Figur, Pater Riccardo Fontana, ist vollkommen fiktional. Der andere beruht auf einer realen Person, dem frommen protestantischen deutschen Chemiker Kurt Gerstein, der bei der Entwicklung des tödlichen Zyklon-B-Präparats mithalf, das für den Massenmord an den Juden in Auschwitz und anderen Todeslagern verwendet wurde.[459] Trotz seiner anfänglichen Abneigung gegen den Nationalsozialismus wurde Gerstein SS-Offizier und erhielt die Aufgabe, Zyklon B an die Lager zu verteilen.[460] Als es ihm klar wird, daß das tödliche Gas, von dem er glaubte, es würde für die Dekontamination und Reinigung von Trinkwasser für deutsche Soldaten verwendet, auch für die Ermordung der Juden in den Todeslagern im heutigen Polen genutzt wird, ist er schockiert und versucht vergeblich, die Vernichtungspläne der Nationalsozialisten der Außenwelt bekanntzumachen. Am Höhepunkt des Films trifft sich Gerstein mit einer anderen historischen Figur, Monsignore Orsenigo, dem Vertreter des Papstes in Berlin, um dessen Hilfe zugunsten der Juden zu erreichen. Orsenigo verweigert die Kooperation.

Im Film reisen daraufhin Gerstein und der erfundene Pater Fontana in der Hoffnung nach Rom, zu einer Audienz beim Papst zugelassen zu werden. Sie kommen dort an, als die Nationalsozialisten gerade die Juden Roms festnehmen und nach Auschwitz deportieren. Pater Fontana trifft sich mit Pius (der wie in Hochhuths Theaterstück als geiziger, kaltherziger Nazikollaborateur und Antisemit dargestellt wird) und versucht, ihn zu überreden, zugunsten der Juden Roms zu intervenieren. Als es dem jungen Priester nicht gelingt, den Papst zu überzeugen, sofort etwas zu tun, heftet er sich einen Davidstern an die Soutane und schließt sich den Juden Roms an, die eben für die Deportation in die Todeslager festgenommen werden. Gerstein versucht, ihn zu retten, der Priester aber weigert sich, Auschwitz zu verlassen. Gerstein versucht daraufhin, Pius XII. zu treffen, der ihm kaltschnäuzig die Audienz verweigert. Kurz danach begeht Gerstein entsetzt und desillusioniert Selbstmord.

Auch wenn diese Filmhandlung interessant ist, so entspricht sie überhaupt nicht der Wahrheit. Ronald J. Rychlak verwies darauf, daß „der wahre Kurt Gerstein nie mit dem Nuntius in Berlin zusammengetroffen ist, das hat er auch nie behauptet. Er hatte tatsächlich versucht, Monsignore Orsenigo zu treffen, und wurde am Betreten der Nuntiatur gehindert – was aber in erster Linie daran lag, daß er dort in der Offiziersuniform der SS erschienen ist. Im Gegensatz zu dem, was uns der Film glauben machen möchte, haben die Kirchenoffiziellen nicht mit Nazi-Funktionären verkehrt“[461]. Ebenso wurde der wahre Gerstein nie vom Papst in Rom abgewiesen; tatsächlich war er nie dort und starb in einem französischen Kriegsgefangenenlager.[462]

Ronald J. Rychlak hat richtigerweise geschlußfolgert, „Amen“ beanspruche „historische Wahrhaftigkeit, [während] seine These, seine Handlung und sein Werbematerial so gut wie jeder historischen Tatsache zuwiderlaufen, die seit dem Erscheinen von Hochhuths ‚Der Stellvertreter‘ belegt worden ist. Wie das Stück aus dem Jahr 1963 ist es ausdrücklich nicht Geschichte. Oder es ist Geschichte à la Oliver Stone“[463]. Tatsächlich ist es noch schlimmer, es ist Geschichte à la Rolf Hochhuth, der unlängst zugegeben hat, daß er lange Zeit mit dem Holocaustleugner David Irving befreundet gewesen ist, den er als „fabelhaften Pionier der Zeitgeschichte“ und als „Ehrenmann“ bezeichnete, „sehr viel seriöser als viele deutsche Historiker“.[464]

„Amen“ wurde nicht zu einem Kassenschlager. Dafür erzielte ein anderer Film über Christen- und Judentum zwei Jahre später Besucherrekorde, nämlich Mel Gibsons „Die Passion Christi“, der befremdlicherweise direkt in die Pius-Kontroverse hineingezogen wurde.

Mel Gibson und der Kulturkampf

Als Antwort auf die hitzige Kritik liberaler Juden und Katholiken, die „Die Passion Christi“ als antisemitisch brandmarkten, verneinte Mel Gibson wiederholt, daß der Ansatz oder die Botschaft des Films Juden herabsetzen könnten. „Dies ist keine Sache, in der es um Christen gegen Juden geht“, betonte er. Der Jesuitenpater William J. Fulco, ein Professor für die Antike des Mittelmeerraumes an der Loyola-Marymount-Universität in Los Angeles, der das Drehbuch des Films ins Aramäische und Lateinische übersetzt hatte, konnte in dem Film keinen Hinweis auf Antisemitismus sehen. „Ich wäre entsetzt über jeden Hinweis darauf, daß Mel ein Antisemit sein könnte“[465], fügte Fulco hinzu.

Interessanterweise sind einige der vehementesten Kritiker von Gibson dieselben Autoren, die Pius XII. aufs Korn nehmen. Ihrer Auffassung zufolge ist das traditionelle Christentum, ja sogar das Evangelium selbst – und erst recht die katholische Kirche oder ein traditionalistischer katholischer Filmemacher – praktisch *per definitionem* antisemitisch. So verurteilte James Carroll beispielsweise, daß Gibson das Neue Testament verwendet hatte, und schrieb: „Auch eine texttreue Darstellung der Erzählungen über den Tod Jesu kann Schaden anrichten, weil genau diese sakralen Texte den Virus des Judenhasses in sich tragen.“[466]

Derartiger Extremismus ist für die Arbeiten Carrolls und natürlich auch Daniel Jonah Goldhagens typisch. Trotzdem ist dies in den liberalen Medien weithin akzeptiert. Carroll trat als liberaler Katholik unter den Kritikern von Mel Gibsons Film besonders in den Vordergrund und ging dabei so weit, das Werk eine „obszöne Schilderung der Passion Christi“ zu nennen. „Die Passion Christi“, behauptet Carroll, „ist ein obszöner Film. Er wird zur Verachtung gegen die Juden anstacheln. Er ist eine blasphemische Beleidigung der Erinnerung an Jesus Christus. Er ist eine Ikone für religiös motivierte Gewalt.“

Carroll schlußfolgert daraus, daß Juden „jeden Grund [haben], wegen ‚Die Passion Christi' beleidigt zu sein. Christen um so mehr, sofern das möglich ist"[467]. Im linksliberalen jüdischen Magazin „Tikkun" verurteilt Carroll den Film in ähnlicher Weise als „eine antijüdische Verdrehung der Evangelienerzählung"[468].

Carrolls Anklage gegen Gibson gründet auf seiner Annahme, die auch in „Constantine's Sword" zum Ausdruck kommt, daß der Antisemitismus ein direkter Auswuchs des Christentums sei und der „christliche Antisemitismus seine Wurzeln im Text der Schrift [des Neuen Testaments]"[469] habe. Philip Jenkins bemerkt dazu, daß „Carroll behauptet, daß der Antisemitismus für die Entstehung des Christentums zentral ist – gleichsam seine Erbsünde darstellt. Christliche Theologie beruht auf dem Antisemitismus"[470]. Daher müssen in Carrolls Denken ein traditioneller Katholik wie Pius XII. oder ein Mel Gibson, der einen Bericht über die Passion Christi auf Grundlage der Evangelien verfilmt, antisemitische Doktrinen in sich tragen und von Grund auf unterstützen. Eine solche Definition hat es nicht nötig, sich mit Fakten auseinanderzusetzen. Carrolls historische Verknüpfung von Katholizismus und Antisemitismus kann anhand zahlreicher Punkte bestritten werden. Jenkins macht geltend, daß Carroll „die größten Schwächen in der Betrachtung der Ära des Neuen Testaments selbst" aufweise und „sich zu sehr auf die Arbeiten von John Dominic Crossan stützt, dem profiliertesten und einflußreichsten Mitglied des Jesus-Seminars, das eine radikale Randposition der Forschung zum Neuen Testament darstellt"[471]. Crossan trat ebenfalls als ausgesprochener Kritiker Gibsons in Erscheinung. Sowohl Crossan als auch Carroll verleitet „der lobenswerte Wunsch, mögliche antisemitische Elemente zu beseitigen, dazu, die Historizität vieler Stellen und Passagen [des Neuen Testaments] zu verwerfen", darunter auch solche, die die Passion Jesu betreffen, „die die meisten Bibelwissenschaftler als authentisch betrachten".[472]

Carroll verurteilt „Die Passion Christi" insbesondere als Produkt einer „ultrakonservativen Strömung des Katholizismus"[473]. Dem stimmt der Papstkritiker Garry Wills zu. In der „New York Review of Books" kombinierte Wills eine Rezension des Films mit der eines Buchs mit dem Titel „Vows of Silence. The Abuse of Power in the Papacy of John Paul II"[474]. Damit gelingt es Wills, nicht nur Gibson, sondern gleich auch noch Johannes Paul II. zu schmähen. Ebenso greift er die konservative Priesterorganisation „Legionäre Christi" ausdrücklich deswegen an, weil sie dem Katholizismus im Sinne von Pius XII. anhängen.

Wie Caroll betrachtet Daniel Jonah Goldhagen den Antisemitismus als integralen Bestandteil des Katholizismus. Goldhagen schreibt, Gibsons Darstellung der Passion sei „zentral von der Vorstellung geleitet, daß alle Juden Christusmörder" seien, und unterstellt, die meisten orthodoxen Katholiken glaubten, daß den heute lebenden Juden die Kreuzigung von Jesus zur Last zu legen sei.

In seinem Angriff auf das, was er „Mel Gibsons Rachefeldzug" nennt, betont Goldhagen, wie sehr er Carroll zu Dank verpflichtet sei, weil dieser in „Constantine's Sword" „offengelegt hat, wie sehr die Kirche im Laufe der Geschichte das Kreuz in ein Symbol vieler ungesunder und unheiliger Dinge verwandelt hat, darunter ein kriegerischer Eroberungsgeist und die Dämonisierung von Juden als Christusmörder"[475]. Goldhagen geht davon aus, daß es all jenen, die „Die Passion Christi" ansehen, „sehr schwer fallen wird, den ungerechten Tod des geliebten [Jesus] zu beklagen", ohne die Juden als seine Mörder zu beschuldigen, „ohne Zorn und das Verlangen nach Bestrafung oder Vergeltung zu empfinden". Der Beleg für seine Annahmen finde sich „sowohl in der Geschichte des Kreuzes, eines kriegerischen, von den Kreuzfahrern und anderen Christen bei ihren Angriffen auf die Juden geschwungenen Symbols, wie auch in den Passionsspielen, die oftmals christlichen Pöbel dazu brachten, ortsansässige Juden anzugreifen"[476].

Während liberale Kritiker befürchteten, daß „Die Passion Christi" eine antisemitische Raserei auslösen würde, war die einzige Raserei ihre eigene Hysterie. Jüdische Fürsprecher Gibsons haben darauf verwiesen, daß „keine der düsteren Vorhersagen über die durch Gibsons Film angestifteten Ausbrüche antisemitischer Gewalt jemals eingetreten sind, und zwar in den USA wie auch im Rest der Welt"[477]. Rabbi Aryeh Spero hat dazu bemerkt, daß „inzwischen eine Rekordzahl von Kinobesuchern über mehrere Wochen Mel Gibsons ‚Die Passion Christi' in jeder größeren Stadt wie auch in weit entlegenen Orten gesehen hat und von den Christgläubigen, die den Film gesehen haben, nicht eine einzige amerikanische Synagoge angezündet oder ein jüdischer Friedhof geschändet wurde". Weiters schrieb er:

> Nachdem wir dadurch vorgewarnt wurden, daß im mittelalterlichen Europa Passionsspiele und Osterpredigten die Bevölkerung dazu angestachelt haben, über Juden und deren Eigentum herzufallen, sollten die Amerikaner darauf

> stolz sein, daß die Warnungen der [liberalen] jüdischen Organisationen, wie der Anti-Defamation League, vor antisemitischen Ausbrüchen sich hier nicht bewahrheitet haben [...]. Anstatt die Alpträume seiner Kritiker zu bestätigen, hat „Die Passion Christi" das genaue Gegenteil bewiesen, nämlich wie großherzig die amerikanischen Christen ihren jüdischen Nachbarn gegenüber eingestellt sind. Würde in den Herzen der amerikanischen Christen ein latenter Antisemitismus wohnen, wäre der Film ein passender Anlaß gewesen, diesen zum Ausdruck zu bringen. Da dies nicht geschehen ist, zeigen uns die Besucherrekorde, daß sie vom Positiven, dem Religiösen und der Inspiration bewegt sind, nicht vom Vorurteil oder der Sensationslust.

Spero kommt zu dem Schluß, daß „‚Die Passion' nun als Wendepunkt angesehen werden sollte, an dem sich ein für allemal gezeigt hat, daß in amerikanischen christlichen Gemeinden kaum ein Antisemitismus existiert. [...] Für die jüdischen Gemeinden sollte dieses Ergebnis ein Grund zum Feiern und nicht zur Besorgnis sein"[478]. Eine Meinungsumfrage unter der Schlagzeile „‚Passion' hat unerwartete Wirkung: Film und Debatte darüber könnten Judenfeindlichkeit mindern"[479] hat allem Anschein nach Rabbi Speros Sicht bestätigt. Ebenso hat eine landesweite Umfrage des Institute for Jewish and Community Research mit einer Stichprobe von 1000 Teilnehmern berichtet, daß die Teilnehmer im Verhältnis von zwei zu eins angaben, daß es für sie, nachdem sie den Film gesehen hatten, „weniger wahrscheinlich ist, die heute lebenden Juden für den Tod Jesu verantwortlich zu machen"[480].

Gibsons Film fand auch prominente jüdische Fürsprecher, außer Rabbi Spero gehörten dazu Rabbi Daniel Lapin, Präsident der in Seattle ansässigen jüdischen Gruppe „Toward Tradition", David Klinghoffer, ein führender orthodoxer jüdischer Intellektueller und früherer Herausgeber der „National Review", weiters der konservative jüdische Medienkritiker und Talkshowmoderator Michael Medved. Lapin hat darauf hingewiesen, daß die liberalen jüdischen Organisationen mit ihrer Hysterie „Zeit und Geld vergeudet haben", indem sie gegen „Die Passion Christi" protestierten, „vorgeblich, um Pogrome in Pittsburgh zu verhindern". Er bemerkte auch ihren „bemerkenswert selektiven [...] Zorn. Es ist sonderbar, daß der neue Film ‚Luther', der jemanden feiert, der sicherlich einer der eloquentesten Antisemiten der Geschichte gewesen ist, von unseren selbsternannten jüdischen Wächtern einen Freifahrtschein erhält"[481].

Für die „Los Angeles Times" verfaßte Klinghoffer einen Artikel mit einer Anfechtung der Kritik an Gibson und belegte die Historizität der Evangelienerzählung über die Kreuzigung anhand von Quellen aus dem Talmud. Medved verteidigte Gibson und den Film „gegen hysterische und destruktive Anschuldigungen des Antisemitismus". Er schrieb: „Die einzige relevante Frage zu ‚Die Passion Christi' ist jene, ob die Darstellung der letzten Stunden von Jesus mit der üblichen christlichen Interpretation vereinbar ist und ob sie vom Evangelientext gestützt wird. Die enthusiastische Rezeption von Vertretern aller christlichen Bekenntnisse, einschließlich führender katholischer Vertreter, gibt eine eindeutige Antwort auf diese Frage."[482] Lapin, Klinghoffer und Medved, das sollte erwähnt werden, waren lautstarke jüdische Verteidiger Pius' XII.

Jüdische religiös Konservative nehmen christliche Konservative zunehmend als ihre Verbündeten in Fragen der Freiheit der Religionsausübung im öffentlichen Raum, der Bedeutung des Glaubens für das Leben, der Unterstützung der traditionellen Ehe, des Widerstands gegen Abtreibung und der Unterstützung konfessioneller Schulen wahr. So hat auch der jüdische Historiker David Berger darauf verwiesen, daß viele orthodoxe Juden mit evangelikalen Protestanten und konservativen Katholiken „eine Gemeinsamkeit empfinden"[483].

Eine weitere bedeutsame Angelegenheit, die christliche und jüdische Konservative verbindet, ist ihr gemeinsamer Widerstand gegen den um sich greifenden Antisemitismus (und Antiamerikanismus) des militanten Isam und der antireligiösen Linken. „Über alledem", beklagt Medved, „führt die irregeleitete Agonie wegen ‚Die Passion Christi' zu einer tragischen Ablenkung ausgerechnet zu einer Zeit, in der wir Einheit und Verbündete mehr brauchen als jemals zuvor. Laßt uns niemals vergessen, daß die bedrohliche jüngste antisemitische Welle im Nahen Osten und auf der ganzen Welt aus der islamischen Gesellschaft und der antireligiösen Linken erwachsen ist, nicht von traditionellen Christen. In diesem Kontext dienen die in den Angriffen auf Mel Gibson implizit enthaltenen Anfechtungen der christlichen Orthodoxie keinem konstruktiven Zweck und tragen dazu bei, antisemitische Einstellungen anzufachen, anstatt diese einzudämmen."[484]

Während die Liberalen traditionelle Katholiken wie Gibson aufs Korn nehmen, die Erinnerung an Pius XII. diffamieren und jenen aggressiven Antikatholizismus praktizieren, der, um mit Will Herberg zu sprechen, der Antisemitismus der liberalen Intellektuellen ist, gibt es eine reale Bedrohung für Juden und überhaupt für die jüdisch-christliche Zivilisation. „Gerade jetzt", meint Rabbi Lapin, „ist die ernsthafteste Gefahr, die Juden und tatsächlich wahrscheinlich die gesamte westliche Zivilisation bedroht, der islamische Fundamentalismus. In diesem gigantischen Kampf des 21. Jahrhunderts, der Washington, D.C. mit Jerusalem verbindet, waren die Christen die einzigen standhaften Verbündeten. Insbesondere waren jene Christen, die Israel am leidenschaftlichsten verteidigten, jene, die auch am glühendsten ihrem Glauben verpflichtet sind. Jüdischen Interessen ist am besten gedient, indem man die Freundschaft zu [diesen] Christen festigt, [anstatt] sie auf zynische Weise zu untergraben."[485]

Auch in der Zeit von Pius XII. kam die wesentliche Bedrohung nicht von gläubigen Christen – diese waren während des Holocausts die bedeutendsten Retter jüdischer Leben –, sondern von antikatholischen Nationalsozialisten, atheistischen Kommunisten und, wie wir sehen werden, von Hitlers Mufti in Jerusalem.

Hitlers Mufti: Muslimischer Antisemitismus und der fortwährende islamische Krieg gegen die Juden

Einer der schädlichsten Nebeneffekte des Märchens von Hitlers Papst ist, daß es den Mythos verewigt, die katholische Kirche und nicht der radikale Islam sei früher wie heute die vorrangigste Quelle des Antisemitismus in der modernen Welt.

Es bleibt eine unbestreitbare historische Tatsache, daß es die muslimische und nicht die christliche Welt ist, in der „die alten und modernen Stränge des Antisemitismus am erfolgreichsten verschmolzen worden sind, und daß von dort aus der Haß auf die Juden am stärksten verbreitet wird“, so jedenfalls beschreibt es Gabriel Schoenfeld in seinem Buch „The Return of Antisemitism“[486]. Zahlreiche weitere jüdische Forscher, Intellektuelle und Gemeindevorsteher stimmen dem zu. Auch Abraham H. Foxman von der Anti-Defamation League betont, daß „es eine Tatsache ist, daß der aggressive Antisemitismus im arabischen Nahen Osten weit verbreitet ist [...]. Antisemitismus wird von arabischen Regierungen toleriert oder offen gefördert, von arabischen Medien verbreitet, in [muslimischen] Schulen unterrichtet und in Moscheen gepredigt. Kein Teil der [islamischen] Gesellschaft ist frei von seinem Makel“[487]. Bernard Lewis, vermutlich der bedeutendste Historiker des Islam und des Nahen Ostens im 20. Jahrhundert, schreibt, daß „klassischer Antisemitismus ein wesentlicher Teil des gegenwärtigen arabischen intellektuellen Lebens ist – vergleichbar mit der Situation im nationalsozialistischen Deutschland und bedeutend mehr als im Frankreich des späten 19. und frühen 20. Jahrhunderts“[488].

Die Wurzeln des islamischen Antisemitismus liegen tief – und sie wurden von radikalen Islamisten und der Kollaboration mit dem Nationalsozialismus während des Zweiten Weltkriegs wiederbelebt. Wie Robert S. Wistrich von der Hebräischen Universität Jerusalem, einer der hervorragendsten Kenner der Geschichte des Antisemitismus, überzeugend belegt hat, hat das judenfeindliche Vermächtnis des Nationalsozialismus sich in der arabisch-islamischen Welt „als besonders wirkmächtig erwiesen, wo der Antisemitismus erneut eine potentiell tödliche Aufladung annimmt“[489]. Wistrich zeigt, daß es „im arabischen Nahen Osten“ eine antijüdische „Kultur des Hasses gibt, die sich durch Bücher, Zeitschriften, Zeitungen, Predigten, Videokassetten, das Internet, Fernsehen und Radiosendungen zieht, die man seit dem Höhepunkt des nationalsozialistischen Deutschland nicht mehr gesehen hat“.[490]

Der gegenwärtige muslimische Antisemitismus ist in der islamischen religiösen Lehre und politischen Tradition tief verwurzelt. Seit der Religionsgründung mußten Juden „mit dem Vermächtnis von Mohammeds historischer Beziehung zu ihren Glaubensbrüdern in Medina“[491] leben. Dem im Koran berichteten „Zorn, den er wegen der jüdischen Ablehnung gegen seinen wachsenden Einfluß empfand, folgte sein Triumph und ihre Unterwerfung unter sein Wort“[492]. Abraham H. Foxman hat nahegelegt, daß „diese Feindseligkeit und Überheblichkeit den Ton für die spätere Einstellung gegenüber den Juden angegeben hat. Als Nachfahren jener, die Gottes Wahrheit verzerrt und sich dem Propheten widersetzt haben, würden Juden zu Recht von den Muslimen erniedrigt“[493].

Die Wurzeln des heutigen muslimischen Antisemitismus können daher auf die boshaften judenfeindlichen Lehren von Mohammed selbst zurückgeführt werden. Gabriel Schoenfeld faßte dies so zusammen: „Nachdem er von den Juden von Medina nach seiner Ankunft im Jahr 622 zurückgewiesen wurde, eroberte er erfolgreich die Stadt und vertrieb oder massakrierte die ungehorsamen jüdischen Stämme.“[494] Dieser „wegweisende Konflikt“ zwischen Mohammed und den Juden von Medina lieferte „die Grundlage für fortwährende theologische Abneigung“, auf deren Basis der Islam in weiterer Folge „eine unauslöschliche Vorstellung von den Juden als große Feinde der Muslime und ihres Gottes Allah“ errichtete.[495] In der neueren Zeit wurde „Mohammeds Konflikt mit den Juden als zentrales Thema seiner Karriere dargestellt und ihrer Feindschaft gegen ihn eine kosmische Bedeutung verliehen“[496], was wiederum zu judenfeindlicher Gewalt ermutigt und diese legitimiert.

Gegenwärtige islamische antisemitische Redner und Publikationen geben Mohammeds Lehre aus dem Koran (5:82) wieder, daß die Juden die größten Feinde der Muslime sind.[497] Wie Kenneth R. Timmerman aufgezeigt hat, ist dieser Vers „ebenso wie andere Verse, in denen die Juden zur besonderen Schmähung“ durch die Islamgläubigen „ausgesondert“ werden, „unter islamischen Klerikern von Riad bis Richardson, Texas, in den letzten Jahren außergewöhnlich populär geworden“.[498] Der Koran ist, wie es ein Islamwissenschaftler treffend ausgedrückt hat, „übersät mit judenfeindlichen Äußerungen“[499]. Von Juden wird gesagt, „der Zorn Gottes [laste] auf ihnen“, weil sie Mohammed als Propheten Gottes nicht angenommen und Mohammeds Vorstellung einer Unterwerfungsreligion nicht akzeptiert haben. Feigheit, Gier und Betrügerei „sind nur einige jener Eigenschaften, die den Juden von Mohammed zugeschrieben werden, der behauptet, daß sie von Gott verflucht seien“[500]. Die „Ungläubigen unter den Kindern Israels“ wurden Mohammeds Lehre im Koran zufolge angeblich von König David verflucht und „zur Bestrafung in Affen und Schweine verwandelt“.[501] An anderen Stellen im Koran werden die Juden „der Falschheit beschuldigt“ und „für ihre Verfremdung“ und als „Verfälscher der heiligen Schrift“ verurteilt.[502]

Diese und andere bösartige judenfeindliche Anschuldigungen, „die von Mohammed als Reaktion auf die jüdische Ablehnung geäußert wurden, wurden von Anfang an von Muslimen als Gottes Wort verstanden. Als solche haben sie die Grundlage für den Antisemitismus bis zum heutigen Tag gebildet. Obwohl ursprünglich gegen bestimmte Juden in einer bestimmten Zeit gerichtet, wurden diese Aussagen von den nachfolgenden Generationen als für die Juden aller Zeiten geltend verstanden“[503]. Auf diese Weise, so haben Dennis Prager und Joseph Telushkin geschlußfolgert, hat die im Koran berichtete „zornige Reaktion Mohammeds auf die Juden Millionen von Muslimen die Geschichte hindurch eine göttliche Grundlage für die Abneigung gegen die Juden gegeben“[504]. Im Jahr 2002 haben die öffentlichen Schulen in Los Angeles eine Übersetzung des Korans „wegen der brachialen judenfeindlichen Kommentare, die den Text begleiteten“[505], wieder aus den Regalen ihrer Bibliotheken genommen. In den letzten Jahrzehnten haben außerdem Jassir Arafat und andere judenfeindliche muslimische Terroristen fortwährend Mohammeds im Koran enthaltene „göttlich begründete Abneigung gegen die Juden“ und die „brachialen judenfeindlichen Kommentare, die den Text begleiteten“ herangezogen, um ihren Aufruf zum Dschihad oder Heiligen Krieg, den jeder „gute Muslim“ gegen die Juden führen müsse, zu rechtfertigen.[506] Für Arafat und seine Kameraden ebenso wie für den Großmufti vor ihm war „die göttliche Abneigung gegen die Juden“ der entscheidende Vorwand für den fortwährenden islamischen terroristischen Krieg gegen die Juden und den jüdischen Staat.

Seit der Zeit Mohammeds wurden Juden in islamischen Gesellschaften als *Dhimmis* – Bürger zweiter Klasse – schlechtgemacht, und es wurde von ihnen verlangt, „immer ihre den Muslimen untergeordnete Position anzuerkennen“[507]. Während es Juden erlaubt war, in islamischen Ländern als *Dhimmis*, als „tolerierte Minderheit“, zu leben und sie ihre Religion auch ausüben durften, waren sie immer „den Erniedrigungen als Bürger zweiter Klasse ausgesetzt“[508]. Im Jahr 897 „verfügte“ der Kalif von Bagdad, Harun al-Raschid, „daß Juden einen gelben Gürtel und einen hohen kegelförmigen Hut tragen müssen“. Nach Prager und Telushkin hat „dieses muslimische Dekret für das gelbe Abzeichen das Vorbild geschaffen, das mit der Herabwürdigung der Juden im mittelalterlichen Europa verbunden ist und das zuletzt von den Nationalsozialisten verwendet wurde“[509]. Die Weigerung von Juden, den gelben Gürtel und den Hut zu tragen und damit „die angemessene Unterwürfigkeit“ gegenüber ihren muslimischen Herrschern „zu zeigen“, konnte den Tod zur Folge haben.[510] Sogar im vergleichsweise toleranten Osmanischen Reich, wo viele jüdische Flüchtlinge nach ihrer Vertreibung aus Spanien im Jahr 1492 willkommen geheißen wurden, gab es nach wie vor Gesetze, die „die Anzahl und die Bauplätze für Synagogen beschränkten, die nicht in der Nähe von Moscheen errichtet werden durften“[511].

In den folgenden Jahrhunderten kam es in der gesamten islamischen Welt zu einer wachsenden Flut an Feindseligkeiten und Gewalt gegen die Juden. Insbesondere während des 19. Jahrhunderts „wurden Juden im gesamten Nahen Osten regelmäßig massakriert“. Muslime griffen Juden in Aleppo 1853, in Damaskus 1848 und 1890, in Kairo 1844 und 1901/02 und in Alexandria 1870 und 1881 an, weil sie „das Blut von Muslimen trinken“ würden.[512] 1864 auf der tunesischen Insel Djerba „plünderten arabische Banden die jüdischen Gemeinden, brannten Synagogen nieder, nachdem sie diese ausgeraubt hatten, und vergewaltigten die Frauen“[513]. In Tunis wurden im Jahr 1869 18 Juden innerhalb von wenigen Monaten von Muslimen ermordet. Robert S. Wistrich hat nachgewiesen, daß zwischen 1864 und 1880 in Marokko mehr als 500 Juden ermordet wurden, oftmals am hellichten Tage.[514] Zu Beginn des 20. Jahrhunderts kam es auch in den marokkanischen Städten Casablanca und Fez zu Ausschreitungen gegen Juden.[515] So hatte muslimischer Aufruhr am 18. April 1912 in Fez den Tod von 60 Juden und die Plünderung des jüdischen Viertels zur Folge.[516]

Daher ist, wie von zahlreichen Forschern unlängst dokumentiert wurde, die Tradition des muslimischen Antisemitismus durchaus beachtenswert. In den letzten Dekaden haben daher, Wistrich zufolge, das entmenschlichende Bild der Juden und Israels, die islamische Wiederbelebung der Ritualmordlegende, die weitreichende Verbreitung von antisemitischen Verschwörungstheorien und die historische Unterstützung des radikalen Islam für die Nationalsozialisten eine „Berechtigung zum Genozid" an den Juden begründet.[517]

In der arabischen Welt haben sich die Auswirkungen des Bündnisses des radikalen Islam mit Hitler als dauerhaft erwiesen. Sie stehen in krassem Gegensatz zu den Erfahrungen der katholischen Kirche während des Zweiten Weltkriegs. Um es unverblümt auszudrücken: Während Papst Pius XII. jüdische Leben rettete, unterstützte Amin al-Husseini, der Großmufti von Jerusalem, Hitlers Endlösung.

In Hitlers Diensten: Mohammed Amin al-Husseini, der Großmufti von Jerusalem

Heute, 60 Jahre nach dem Holocaust, ist es Zeit, die historische Bedeutung und die Karriere von Hitlers Mufti, Amin al-Husseini, während der Kriegsjahre besser zu verstehen und an diese zu erinnern. Der „gefährlichste Kleriker" der Zeitgeschichte, um Cornwells Begrifflichkeit zu verwenden, war nicht Pius XII., sondern Amin al-Husseini, dessen judenfeindlicher islamischer Fundamentalismus während des Zweiten Weltkriegs genauso gefährlich war, wie er dies jetzt ist. Al-Husseini traf sich in Berlin bei mehreren Anlässen privat mit Hitler und forderte öffentlich – und wiederholt – die Vernichtung des europäischen Judentums. Der Großmufti war der Kollaborateur *par excellence*. „Hitlers Mufti" entspricht der Wahrheit. „Hitlers Papst" ist ein Märchen.

Hadsch Amin al-Husseini wurde als Sproß einer wohlhabenden und einflußreichen palästinensischen arabischen Familie 1893 in Jerusalem geboren.[518] Dort stieg er in den 1920er Jahren zum Führer der palästinensischen Araber auf, die von den Briten unter der Verwaltung der britischen Mandatsregierung in Palästina regiert wurden. Seit seiner Jugend war al-Husseini als aggressiver Antisemit und Gegner der jüdischen Einwanderung nach Palästina bekannt. Sein Haß auf das jüdische Volk (und auf die Briten) war unerbittlich. Seine Karriere als antisemitischer Agitator und Terrorist begann am 4. April 1920, als er und seine Anhänger sich auf einen mörderischen Gewaltexzeß begaben und „aufgestachelt von judenfeindlichen Tiraden damit begannen, jüdische Passanten anzugreifen und jüdische Geschäfte zu plündern“[519]. Er wurde daraufhin von einem britischen Militärtribunal für das Auslösen der antisemitischen Gewaltausbrüche, die die Ermordung von fünf Juden und die Verwundung von weiteren 211 zur Folge hatten, verurteilt. Aufgrund seines Status als Führer der palästinensischen Araber beachteten aber die Briten seine Beteiligung an den antisemitischen Gewalttaten und Aufwiegelungen nicht und ernannten ihn 1922 zum Großmufti von Jerusalem, ein hochangesehenes Amt.[520] Als Großmufti war er sowohl der religiöse als auch der politische Führer der palästinensischen Araber. Nur zwei Monate nach seiner Ernennung brach in Palästina ein zweiter Krawall gegen die Juden aus, „der von der Propaganda des Mufti angestiftet wurde, zu der eine arabische Übersetzung der ‚Protokolle der Weisen von Zion‘ gehörte“[521]. Am 23. August 1929 führte al-Husseini ein Massaker an Juden in Hebron an, „wo jüdische Einwanderer eine blühende Gemeinde in der zweitheiligsten Stadt des Judentums aufgebaut hatten“[522]. Dabei wurden 60 Juden abgeschlachtet, und einige Tage später wiederholte sich eine gleichartige Tragödie in Safed, wobei 45 Juden ermordet wurden.[523] 1936, nach wie vor als Großmufti, zettelte er ein weiteres Massaker an jüdischen Siedlern an, das er auch anführte.[524]

Während der gesamten 1930er Jahre setzte er seine Gewaltaufrufe gegen die Juden von Palästina fort und begann gleichzeitig damit, Offerten an die neue nationalsozialistische Regierung von Adolf Hitler zu richten. Während des Zweiten Weltkriegs waren, so haben Dennis Prager und Joseph Telushkin richtigerweise bemerkt, „die meisten arabischen Führer nazifreundlich“[525]. Die unheilvolle Allianz zwischen Adolf Hitler und dem radikalen Islam wurde vom Großmufti schon zu Beginn des neuen nationalsozialistischen Regimes initiiert und geschmiedet. Ende März 1933, kurz nach Hitlers Machtergreifung, trat al-Husseini an den Generalkonsul in Jerusalem, Heinrich Wolff, heran und „bot seine Dienste an“[526]. Seine Absichten dabei waren, „wie er es bei mehreren Gelegenheiten gegenüber deutschen Offiziellen ausführte, weitreichend. Sein unmittelbares Ziel war das

Anhalten und die Beendigung der jüdischen Siedlertätigkeit in Palästina. Darüber hinaus verfolgte er aber weit größere Zwecke, die weniger in panarabischen als vielmehr panislamischen Dimensionen zu fassen sind, nämlich einen heiligen Krieg des Islam, im Bündnis mit Deutschland, gegen das Weltjudentum, um die Endlösung des Judenproblems überall zu erreichen“[527]. Im Jahr 1938, nach der berüchtigten Kapitulation des britischen Premiers Neville Chamberlain vor Hitler in München, wurden al-Husseinis Angebote an das nationalsozialistische Deutschland offiziell erwidert und zur Grundlage einer aufkeimenden Allianz zwischen dem Islam und dem Nationalsozialismus. Allerdings war in der Zwischenzeit der Einfluß der nationalsozialistischen Ideologie im ganzen arabischen Nahen Osten schon bedeutend angewachsen.

Mehrere der neuen, in den 1930er Jahren gegründeten arabischen politischen Parteien ließen Schattierungen des nationalsozialistischen Modells erkennen.[528] Als im Jahr 1934 die judenfeindlichen Nürnberger Gesetze das erste Mal bekanntgemacht wurden, trafen beim Führer per Telegramm Gratulationen aus weiten Teilen der islamischen Welt ein, insbesondere aus Marokko und Palästina, wo die deutsche Propaganda besonders aktiv gewesen war. Zwischen 1933 und 1938 waren politische Parteien wie die Syrische Volkspartei und die Jungägyptische Gemeinschaft, die sich im ganzen arabischen Nahen Osten organisierten, in ihrer Ideologie und ihren Programmen ausdrücklich antisemitisch. Der Führer der Syrischen Sozialen Nationalistischen Partei, Antun Saada, inszenierte sich selbst als „Führer“ der syrischen Nation, und die Parteifahne trug sogar ein Hakenkreuz.[529] Genauso beinhaltete das antisemitische Programm der Jungägyptischen Gemeinschaft „Unterstützung für die nationalsozialistische Philosophie, boshafte judenfeindliche Propaganda in der Parteipresse, und organisierte gegen die jüdische Gemeinde in Ägypten gerichtete Boykotte und Schikanen“[530]. Das nationalsozialistisch gefärbte Milieu und die zunehmend judenfeindliche Weltanschauung, die von al-Husseini und seinen Anhängern in der neuen arabischen Führungselite geteilt wurde, die sich allesamt in den 1930er Jahren auf die Seite des nationalsozialistischen Deutschland gestellt hatten, wurden in den autobiographischen Aufzeichnungen von einem Führer der prodeutschen islamisch-fundamentalistischen Ba’ath-Partei in Syrien wie folgt wiedergegeben:

> Wir waren Rassisten, bewunderten den Nationalsozialismus, lasen seine Bücher und die Quellen seines Denkens, insbesondere Nietzsche [...], Fichte und H.S. Chamberlains „Die Grundlagen des XIX. Jahrhunderts“, in dem es um die Rassen geht. Wir waren die ersten, die daran dachten, „Mein Kampf“ zu übersetzen. Wer auch immer zu dieser Zeit in Damaskus lebte, hätte den Hang des arabischen Volks zum Nationalsozialismus begrüßt, da dieser die Macht war, die als sein Vorkämpfer dienen könnte, und wer besiegt ist, wird naturgemäß den Sieger lieben.[531]

Zwischen 1938 und 1941 war es diese bereits im Anwachsen begriffene Empfänglichkeit des arabischen Volks für den Nationalsozialismus, die al-Husseini bei der Gestaltung des neuen Bündnisses zwischen den radikalislamischen Parteien des Nahen Ostens und Hitlers Regime zu nutzen wußte. Während der 1930er und der frühen 1940er Jahre waren der Haß auf die Juden und den jüdischen Nationalismus sowie der Widerstand gegen die Gründung eines jüdischen Staats in Palästina so ausgeprägt, daß die meisten arabischen Führer den nationalsozialistischen Antisemitismus begierig aufnahmen und das Bündnis mit dem nationalsozialistischen Deutschland in dessen Krieg gegen die Juden unterstützten. Das zentrale Element dieser neuen Allianz war von Anfang an al-Husseinis zugrundeliegende Absicht, sämtliche jüdische Einwanderung nach Palästina einzudämmen und die Errichtung eines jüdischen Staats zu verhindern. Für al-Husseini, den geschätzten Partner der Nationalsozialisten und Propagandisten, war die von Hitler verfochtene Endlösung (der „Judenfrage“) jenes Mittel, mit dem eine jüdische nationale Heimstätte in Palästina eliminiert werden sollte. Er nahm seine Kampagne, ein Bündnis zwischen dem nationalsozialistischen Deutschland und der radikalislamischen fundamentalistischen Führungselite der arabischen Welt herzustellen, in Angriff „mit dem Endziel, einen heiligen Krieg des Islam gegen das internationale Judentum zu führen“[532].

Im Jahr 1938 verlegte der Großmufti von Jerusalem seine Operationszentrale in den Libanon und anschließend, im Oktober 1939, in den Irak, wo er seine pronationalsozialistischen Propagandaaktivitäten fortsetzte. Als klarer Propagandist des Nationalsozialismus und politischer Drahtzieher im arabischen Nahen Osten wurde al-Husseini zu einem loyalen Verbündeten und geschätzten Unterstützer von Hitlers antisemitischer Ideologie. Al-Husseinis Beitrag bei der Errichtung des eindeutig prodeutschen Regimes von Raschid Ali al-Gailani, der im März 1940 zum Premierminister des Irak wurde, wurde von der nationalsozialistischen Führung in Berlin hoch gelobt, die al-Husseini kurz darauf einlud, sein Quartier in der deutschen Hauptstadt aufzuschlagen.[533] Schon am Tag seiner Ankunft in Berlin am 6. November 1941 traf al-Husseini mit dem 1. Staatssekretär des deutschen Auswärtigen Amts, Ernst von Weizsäcker, zusammen. Er diskutierte seinen Vorschlag, daß als eine Vorkehrung der neuen nationalsozialistisch-arabischen Allianz die Achsenmächte sich dazu bereit erklären sollten, „der Beseitigung der nationalen jüdischen Heimstätte in Palästina zuzustimmen“[534].

Drei Wochen später, am 28. November 1941, trafen sich al-Husseini und Hitler zur ersten in einer Reihe von Zusammenkünften. Kenneth R. Timmerman hat dazu richtigerweise festgestellt, daß „al-Husseini seinen Platz in der Geschichte“ dieser Begegnung verdankt: „Er ging dorthin, um Hitler von seinem vorbehaltlosen Einsatz für das nationalsozialistische Ziel der Vernichtung der Juden zu überzeugen, und bot ihm die Aufstellung einer arabischen Legion zur Erledigung dieser Aufgabe im Nahen Osten an“[535]. Das neue muslimisch-nationalsozialistische Bündnis, das der Mufti mit Hitler schmiedete, markiert den Anfang eines „Antisemitismus nationalsozialistischer Art als Massenbewegung in der arabischen Welt“, der, unter der ursprünglichen Leitung des Muftis und seines Protegés Jassir Arafat, bis heute anhält.[536] „Die engen Verbindungen zu Hitler, die vollkommene Unterstützung von Hitlers Endlösung“, folgert Timmerman, „stellen das Verbindungsglied von der Vergangenheit in die Gegenwart dar. Wenn der heutige muslimische Antisemitismus ein Baum mit vielen Ästen ist, so erwachsen seine Wurzeln direkt aus dem Dritten Reich Hitlers.“[537].

Von Beginn seiner Anwesenheit in Berlin an wurde es offensichtlich, daß die Nationalsozialisten vorhatten, al-Husseini als ihr Sprachrohr im Nahen Osten einzusetzen. Ihre Propaganda stellte ihn als geistigen und religiösen Führer des Islam dar. Am 8. Jänner 1942 berichtete Radio Berlin, daß der Mufti in einem Telegramm an Hitler erklärt habe, am Dreierabkommen gegen die Briten, die Juden und die Kommunisten festzuhalten.[538] Damit wurde der Eindruck vermittelt, daß der Mufti der anerkannte Führer der Araber sei, genauso wie Hitler jener der Deutschen und Mussolini jener der Italiener. Dieselbe Wirkung wurde mit einem Titelbild vom Treffen zwischen al-Husseini und Hitler auf der Ausgabe des „Völkischen Beobachters“, des offiziellen Organs der NSDAP, vom 21. November 1941 erzielt.[539]

Als gern gesehener Gast im Berlin der Kriegsjahre wurde al-Husseini auch von muslimischen Vertretern von Deutschland freundlich empfangen, die ihn als „Führer der arabischen Welt“[540] willkommen hießen. Er nannte die Juden die „wütendsten Feinde der Muslime“ und ein „beständig zersetzendes Element“ in der Welt.[541] Als Teilnehmer an einer breiten Palette von Aktivitäten für die nationalsozialistische Kriegsmaschinerie kollaborierte der Mufti persönlich, über eine Freundschaft mit Heinrich Himmler, mit dem bürokratischen Apparat, der die Vernichtung des europäischen Judentums vorantrieb.[542] Von seinem Büro in Berlin aus mobilisierte al-Husseini seit dem Jahresanfang 1941 politische und militärische Unterstützung für das nationalsozialistische Regime und organisierte ein Netzwerk deutscher Spione im gesamten Nahen Osten. Bernard Lewis hat uns daran erinnert, daß sogar der frühere ägyptische Präsident Anwar as-Sadat im britisch besetzten Ägypten für die Deutschen spioniert hat.[543]

Es gibt auch direkte Beweise dafür, daß al-Husseini die Nationalsozialisten bei der Verfolgung von Hitlers Endlösung beraten und unterstützt hat. Im Juni 1944 erklärte Dieter Wisliceny, der Stellvertreter Adolf Eichmanns, dem ungarischen jüdischen Leiter und Vertreter des Budapester Rettungskomitees, Rudolf Kastner, daß er davon überzeugt sei, daß der Mufti „eine Rolle bei der Entscheidung, die europäischen Juden zu vernichten, gespielt hat“[544]. „Die Bedeutung der Rolle des Muftis“, darauf bestand Wisliceny, „kann nicht unterschätzt werden [...]. Der Mufti hat gegenüber den verschiedenen Autoritäten, mit denen er Kontakte unterhalten hat, vor allem Hitler, Ribbentrop und Himmler, wiederholt die Auslöschung des europäischen Judentums vorgeschlagen.“[545]

Bei den Nürnberger Prozessen war Wisliceny (er wurde dort als Kriegsverbrecher verurteilt und hingerichtet) noch eindeutiger. „Der Mufti war einer der Initiatoren der systematischen Vernichtung des europäischen Judentums und war bei der Ausführung dieses Planes ein Kollaborateur und Berater von Eichmann und Himmler“, so seine Aussage. „Er war einer der besten Freunde von Eichmann und hat ihn immer wieder dazu angestachelt, die Vernichtungsmaßnahmen zu beschleunigen. Ich hörte ihn sagen, daß er Eichmann bei einer Besichtigung der Gaskammern in Auschwitz inkognito begleitet hatte.“[546] Bei diesem Besuch, so wird berichtet, hat al-Husseini die Wachen an den Gaskammern dazu gedrängt, „emsiger zu arbeiten“[547].

Im Jahr 1943 reiste al-Husseini mehrmals nach Bosnien. Dort half er dabei, eine bosnische muslimische Einheit der Waffen-SS zu rekrutieren, die berüchtigte 13. Waffen-Gebirgs-Division der SS „Handschar“, die 90 Prozent der bosnischen Juden ermordete und zahllose serbische katholische Kirchen und Dörfer niederbrannte.[548] Der Mufti entsandte andere bosnische muslimische Einheiten nach Kroatien und Ungarn, wo sie bei der Ermordung der Juden mithalfen.[549] SS-Chef Heinrich Himmler richtete sogar für die bosnischen muslimischen Rekruten eine spezielle Schule für Militärmullahs in Dresden ein.[550] Ein Offizier der US-Armee, der das Archiv des Muftis aus der Kriegszeit in Berlin sicherstellte, „fand eine Photographie von Himmler und dem Mufti, auf dem sie sich mit Weingläsern kumpelhaft zuprosten“. Himmler hatte das Bild persönlich gewidmet: „In Erinnerung an meinen guten Freund, Hadsch Amin Husseini.“[551]

Den ganzen Zweiten Weltkrieg hindurch trat al-Husseini in deutschen Radiosendungen für den Nahen Osten auf. Am 2. November 1943, weniger als drei Wochen nach der ersten Festnahmewelle der Juden Roms, nutzte al-Husseini das deutsche Radio, um eine seiner giftigsten antisemitischen Botschaften zu verbreiten: „Der überwältigende Egoismus, der im Charakter der Juden liegt, der unwürdige Glaube, daß sie das auserwählte Volk Gottes seien, und ihre Behauptung, daß alles für sie geschaffen wurde und alle anderen Menschen Tiere sind“, erklärte al-Husseini, „[macht sie] unwert jedes Vertrauens. Sie können sich nicht mit irgendeiner anderen Nation vermischen, sondern nur als Parasiten unter den Völkern leben, deren Blut aussaugen, deren Eigentum veruntreuen, und deren Moral schädigen […]. Der Zorn Gottes und der Fluch, den der heilige Koran in Bezug auf die Juden ausspricht, liegt genau an diesem einzigartigen Charakter der Juden.“[552]

Immer wieder während der nationalsozialistischen Besatzung von Rom, während Pius XII. tausende Juden vor der Deportation nach Auschwitz bewahrte, sie in den Klöstern und Konventen von Rom versteckte, nutzte der Großmufti das deutsche Radio, um die Zerstörung und den Tod des europäischen Judentums zu verlangen. „Tötet die Juden, wo immer ihr sie findet“ sagte der Mufti seiner wachsenden arabischen Zuhörerschaft, „dies gefällt Gott, der Geschichte und der Religion.“[553]

Es gibt einen großen Umfang an Literatur zu den Aktivitäten von Amin al-Husseini. In dem 1965 erschienenen Buch „The Mufti and the Führer" arbeitete Joseph B. Schechtmann heraus, daß es „kaum ein Zufall ist, daß der Beginn der systematischen Zerstörung des europäischen Judentums durch Hitlers Drittes Reich grob mit der Ankunft des Muftis im Lager der Achsenmächte zusammenfällt"[554]. Tatsächlich fand nur zwei Monate nach dem ersten Treffen zwischen dem Mufti und Hitler am 28. November 1941 die berüchtigte Wannseekonferenz statt, bei der die nationalsozialistische Führungselite ihren Plan zur systematischen Vernichtung des europäischen Judentums aufgestellt hat. Dazu hat auch der israelische Historiker Zvi Elpeleg geschlußfolgert, daß „es unmöglich ist, die Ausmaße der Folgen von Amins Anstrengungen, die Flucht von Juden aus den Ländern unter nationalsozialistischer Besatzung zu verhindern, oder die Anzahl jener, deren Rettung verunmöglicht wurde und die daher im Holocaust umgekommen sind, abzuschätzen"[555]. Diese Schlüsse und die überzeugenden Arbeiten, auf denen sie beruhen, legen nahe, daß es al-Husseini war, der – nicht unwesentlich – zu Hitlers Fähigkeit, den Holocaust auszuführen, beigetragen hat, und nicht, wie es John Cornwell vor seinem Rückzieher von seinen Anschuldigungen in seinem Buch darstellte, Pius XII.

Während „es unter den arabischen Führern sicher keinen leidenschaftlicheren Anhänger des nationalsozialistischen Deutschland gegeben hat als Hadsch Amin"[556], teilten viele von ihnen seine Gefolgschaft gegenüber dem Nationalsozialismus, die von Gamal Abdel Nasser über Jassir Arafat bis zu den radikalislamischen Anführern unserer Tage militante Araber dazu inspiriert hat, Hitlers Krieg gegen die Juden fortzusetzen.

Der Mufti und seine Schützlinge: al-Husseini, Jassir Arafat und das Erbe des islamischen Terrorismus

Nach der Niederlage des nationalsozialistischen Deutschland entkam Amin al-Husseini gerade noch der Anklage und dem Prozeß wegen Kriegsverbrechen, indem er 1946 nach Ägypten floh, wo er politisches Asyl erhielt und kurz nach seiner Ankunft den jungen Jassir Arafat traf.[557] Arafat und al-Husseini waren sogar entfernt verwandt: Die Mutter Arafats war die Tochter der ersten Cousine ersten Grades des Muftis. Arafat wurde zu einem ergebenen Schützling von al-Husseini, der „ihn mit dem Haß auf Israel indoktrinierte"[558] und mit dem brennenden Verlangen, einen Terrorkrieg gegen die Juden zu führen.

Der Großmufti – der den arabischen Terrorismus gegen die jüdischen Einwanderer nach Palästina zwischen den beiden Weltkriegen gefördert hatte – „schleuste im Geheimen einen früheren nationalsozialistischen Offizier von Spezialkommandos nach Ägypten ein, damit dieser Arafat und anderen jugendlichen Rekruten die Feinheiten des Guerillakampfes beibringe"[559]. Arafat tötete seinen ersten Juden im Zuge eines Terroranschlags gegen Israel 1947.[560]

In den 1950er Jahren begann Arafat, ermutigt von al-Husseini, mit der Rekrutierung von Anhängern für die Fatah, seine palästinensische Terrorgruppe. 1964 begannen Arafats Fatah-Terroristen, von Syrien aus Israelis zu ermorden. Im selben Jahr erfolgte die Gründung der Palästinensischen Befreiungsorganisation (PLO) durch den ägyptischen Diktator Gamal Abdel Nasser.[561] Nasser orchestrierte auch 1967 den Krieg gegen Israel („Sechstagekrieg"), dessen ausdrückliche Zielsetzung die Eliminierung des israelischen Staats war.[562] Nasser betrachtete, wie Arafat, al-Husseini als Helden und Mentor. 1968 verschmolz Arafat die Fatah mit der PLO, und kurz danach, 1970, folgte Arafat al-Husseini als Führer der palästinensischen Nationalbewegung nach.

Arafat setzte das nationalsozialistische Vermächtnis des Muftis fort, indem er Nationalsozialisten und Neonazis für die Fatah und die PLO anwarb. Beispielsweise rekrutierte die PLO im Jahr 1969 zwei frühere nationalsozialistische Ausbilder, nämlich Erich Altern, Leiter der Abteilung der Gestapo für jüdische Angelegenheiten, und Willy Berner, einen SS-Offizier aus dem Konzentrationslager Mauthausen.[563] Über einen anderen früheren Nationalsozialisten, Johann Schuller, wurde herausgefunden, daß er die Fatah mit Waffen versorgte. Der Belgier Jean Tireault, Sekretär der Neonazi-Organisation „La Nation Européenne", kam ebenfalls auf die Gehaltsliste der Fatah. Ein weiterer Belgier, der Neonazi Karl van der Put, rekrutierte Freiwillige für die PLO.[564] Der deutsche Neonazi Otto Albrecht wurde in Westdeutschland mit PLO-Ausweisen verhaftet, nachdem ihm die PLO 1,2 Millionen US-Dollar zum Ankauf von Waffen gegeben hatte.[565]

Der Vater des modernen Terrorismus

Jassir Arafat – verwickelt in die Ermordung tausender Christen, Juden, Israelis und Amerikaner – hat seine Reputation als „Vater des modernen Terrorismus" und als „Inspiration für Osama bin Laden" wohl verdient.[566] Indem er Arafat einen „kaltblütigen vorsätzlichen Mörder“ nennt, erinnert uns der Professor der Rechtswissenschaften an der Harvard Law School, Alan Dershowitz, daran, daß im Jahr 1973 „palästinensische Terroristen in einen diplomatischen Empfang an der saudi-arabischen Botschaft in Khartum (Sudan) eingedrungen sind und zwei US-amerikanische und einen belgischen Diplomaten entführten [...]. Die US-Regierung hat eindeutige Beweise, daß Jassir Arafat die Ermordung der drei Geiseln persönlich angeordnet hat, als klar wurde, daß die Amerikaner nicht bereit waren, auf die Forderungen der Terroristen – die Freilassung Sirhan Sirhans, des Mörders von Robert Kennedy – einzugehen“[567].

Dershowitz und andere haben festgehalten, daß Arafat auch behauptet hat, für das Massaker an elf israelischen Athleten bei den olympischen Sommerspielen in München im Jahr 1972 verantwortlich gewesen zu sein, eine brutale Untat, die die Welt schockierte. Im Laufe seiner 45jährigen Karriere als Gründer und Anführer der PLO war Arafat in zahllose Terroranschläge gegen Israelis und Juden anderer Staatsangehörigkeit involviert, von Flugzeugentführungen bis zur Rekrutierung und Ausbildung für Bombenanschläge.[568] Arafat wählte, wie Osama bin Laden, Juden nur deshalb als Ziele aus, weil sie Juden waren.[569] Zu den Zielen gehörten Juden beim Gebet in Synagogen in ganz Israel wie auch in Europa, ja sogar hilflose Kinder in Kindergärten und Schulbussen.[570] Seine Anleitung und Finanzierung von Terroranschlägen gegen israelische Zivilisten wie israelische Schüler und Touristen in Israel wurden beinahe zu einem Alltagsgeschehen während der 18 Monate dauernden Intifada (dem palästinensischen Aufstand gegen Israel) zwischen 2000 und 2002, als „Selbstmordattentäter mit am Körper angebrachten Sprengsätzen [...] sich auf dicht gedrängten Märkten, Terrassencafés, in Pizzarestaurants und öffentlichen Bussen selbst in die Luft sprengten“[571]. Diese von Arafat orchestrierten Morde forderten allein von 2001 bis 2002 die Leben von 640 israelischen Zivilisten. Desgleichen waren Arafat und seine Palästinensische Autonomiebehörde von 2002 bis 2003 in Bombenanschläge auf französische Synagogen und andere antisemitische Gewaltakte gegen die jüdischen Gemeindevertreter und Institutionen in Frankreich verwickelt.

Die Geschichte wird sich an Arafat als an das „prominenteste (und am reichsten entlohnte) Gesicht des Terrorismus im zu Ende gehenden 20. Jahrhundert erinnern“[572]. In diesem Sinne kann sicher gesagt werden, daß Arafat, was den Terrorismus betrifft „ein wahrer Pionier seines Jahrhunderts gewesen ist. Es ist eine zweifelhafte Auszeichnung, nicht nur, weil dies die Ermordung von vielen unschuldigen Menschen beschreibt. Schließlich gab es viele Anführer von nationalen Befreiungsbewegungen, die auf politische Gewalt zurückgriffen [...], aber viele von ihnen entsagten eines Tages der Gewalt im Gegenzug für souveräne Verantwortung. Nicht so Arafat“[573]. Von der Gründung der PLO 1964 bis zu seinem Tod 2004 blieb Jassir Arafat der Anführer einer Terrorbande.

Damit blieb Arafat al-Husseini treu, der „zentralen Figur im Pantheon der PLO [...], Gründer der PLO sowohl dem Geiste nach als auch in der Praxis“[574]. Kein anderer hatte nach dem Zweiten Weltkrieg einen größeren Einfluß auf Arafat oder auf die Gesinnung anderer arabischer Anführer.[575] In einer großen Ansprache im April 1985 erklärte Arafat, daß er stolz darauf sei, ein Schüler des Muftis zu sein, und betonte dabei auch, daß die PLO jenem Weg folge, den al-Husseini vorgegeben hatte.[576] In einem Interview im August 2002 bezog sich Arafat auf „unseren Helden al-Husseini“ als ein heroisches „Symbol des Widerstands gegen Druck aus der ganzen Welt, der trotz der Forderungen, er sollte wegen seiner Verbindungen zum Nationalsozialismus ausgetauscht werden, ein arabischer Führer blieb“. Arafat verglich die Fähigkeit al-Husseinis, dem Druck aus aller Welt zu widerstehen, mit jener der Palästinenser angesichts des Drucks, die Palästinensische Autonomiebehörde zu reformieren. Dieser „Druck“ beinhaltete natürlich die amerikanische Forderung, daß Arafat als Oberhaupt der Palästinensischen Autonomiebehörde ausgetauscht werden sollte.[577] Carl K. Savich bemerkte dazu, daß „der Großmufti der Vorläufer sowohl der PLO als auch des palästinensischen nationalen Kampfes war [...]. Der Terrorismus, Fanatismus und die Skrupellosigkeit dieser Bewegung spiegeln [sein] andauerndes Vermächtnis und [seinen] Einfluß wider“[578].

Anwar as Sadat, Nassers Nachfolger als Präsident von Ägypten und für viele Jahre Verbündeter von Jassir Arafat, hatte ebenfalls eine lange Geschichte nationalsozialistischer Neigungen und antisemitischer Ansprachen.[579] Als Mitglied der radikal antisemitischen Muslimbruderschaft hatte Sadat während seiner Jugendzeit im Zweiten Weltkrieg Kontakte zum Dritten Reich.[580] Seine Einstellungen haben sich nach dem Ende des Krieges nicht geändert. Am 25. April 1972, anläßlich des Geburtstags von Mohammed, erklärte Sadat: „Wir werden nicht nur die arabischen Länder in Jerusalem befreien und den Siegesstolz von Israel brechen, sondern wir werden [die Juden] in jenen Zustand zurückbringen, den ihnen der Koran zuvor schon zugewiesen hat: verfolgt, unterdrückt und elend zu sein."[581] In den Jahren, bevor er einen Friedensvertrag mit Israel abschloß, zitierte Sadat oftmals antisemitische Verse aus dem Koran, um zu illustrieren, welche Behandlung die Muslime den Juden angedeihen lassen würden, sobald Ägypten Israel besiegt haben würde.[582]

Das lange Vermächtnis der muslimischen antisemitischen Literatur

Der Haß auf die Juden wird in der islamischen Welt durch die massenhafte Verbreitung von antisemitischen Veröffentlichungen wie den „Protokollen der Weisen von Zion" und Hitlers böswilliger judenfeindlicher Autobiographie „Mein Kampf" angefacht. Die „Protokolle" sind eine infame Fälschung aus dem zaristischen Rußland, die vorgibt, eine weltweite jüdische Verschwörung, „die Welt durch Verrat, Betrug und versteckte Gewalt zu beherrschen"[583], zu dokumentieren. Leider wird dies in der arabischen Welt als maßgebliche Geschichtsschreibung betrachtet. Der ägyptische Präsident Gamal Abdel Nasser pries das Buch und empfahl, daß es möglichst viel gelesen werden solle. Nasser hat in einem Interview mit einer indischen Zeitung dem Journalisten gesagt: „Ich werde Ihnen eine englische Ausgabe geben. Es beweist klar, um aus den ‚Protokollen' zu zitieren, daß 300 Zionisten, die sich alle untereinander kennen, das Schicksal des europäischen Kontinents bestimmen, und daß sie ihre Nachfolger aus ihrem Gefolge wählen."[584] König Faisal von Saudi-Arabien gab den Gästen seines Regimes oftmals Ausgaben der „Protokolle". Als er die „Protokolle" zusammen mit einem Sammelband antisemitischer Schriften einer Gruppe von französischen Journalisten zeigte, die den französischen Außenminister Michel Jobert bei seinem Besuch im Jänner 1974 in Saudi-Arabien begleitete, stellten Beamte fest, daß es zu den Lieblingsbüchern des Königs gehörte.[585] Anwar as Sadat, Muammar al-Gaddafi in Libyen und selbstverständlich Jassir Arafat haben den „Protokollen" ebenfalls enthusiastisch beigepflichtet und diese beworben.[586] Regierungssprecher des Iran von der Khomeini-Ära bis heute haben sich die „Protokolle" zu eigen gemacht und das Buch in Tageszeitungsserien veröffentlicht.[587] Heute sind viele arabische Übersetzungen der „Protokolle“ verfügbar, die von Druckereien der ägyptischen Regierung wiederholt aufgelegt werden.[588]

Hunderte arabische Zeitschriften zitieren aus den „Protokollen“ oder fassen diese zusammen, wobei sie sich darauf als „Beleg“ für die „Niedertracht der Juden“ berufen.[589] Die libanesische Zeitung „Al-Anwar“ berichtete, daß eine kürzlich erschienene Ausgabe des Buchs die Bestsellerliste für Sachbücher anführe.[590] Der bedeutende Kenner der Geschichte des Nahen Ostens, Bernard Lewis, hat festgestellt, daß die „Protokolle“ in der radikalislamischen Welt „ein fester Bestandteil nicht nur der Propaganda, sondern sogar der akademischen Wissenschaft bleiben“[591].

Hitlers „Mein Kampf“, eine der bevorzugten antisemitischen Schriften des Großmuftis und seiner Gefolgschaft, hat in den letzten Dekaden ebenfalls eine breite und begeisterte radikalislamische Leserschaft genossen. Setzt man die „Protokolle“ als populärste antisemitische Schrift in der arabischen Welt an, so kann „Mein Kampf“ als knapp dahinterliegender Zweitplazierter betrachtet werden.[592] Hitlers haßerfüllte und bösartig judenfeindliche Autobiographie wird seit 1963 auf Arabisch aufgelegt und ist langjähriger Bestseller in mehreren islamischen Ländern.[593] Nach dem Sechstagekrieg 1967 entdeckten israelische Soldaten, daß viele ägyptische Kriegsgefangene kleine Taschenbuchausgaben von „Mein Kampf“ mit sich führten, die von einem Angehörigen des Arabischen Informationszentrums in Kairo ins Arabische übertragen worden waren. Der Übersetzer, der unter dem Namen el-Hadj bekannt war, war unter dem Namen Luis Heiden ein leitender Beamter im nationalsozialistischen Propagandaministerium gewesen.[594] Wie sein Freund Amin al-Husseini flüchtete Heiden nach dem Zweiten Weltkrieg nach Ägypten. Er nahm den neuen Namen nach seiner Konvertierung zum Islam an. Als „Mein Kampf“ von der Palästinensischen Autonomiebehörde im Jahr 2001 erneut veröffentlicht wurde, wurde es in der arabischen Welt umgehend zum Bestseller. Während „Mein Kampf“ nach wie vor eine breite und begeisterte Leserschaft in der arabischen Welt findet, ist „Schindlers Liste“, ein Film, der das Leiden der Juden unter der nationalsozialistischen Herrschaft darstellt, in arabischen Ländern verboten.[595]

Die arabischen Medien haben auch die Ritualmordlegende wiederbelebt, die so viele mittelalterliche wie neuzeitliche Päpste kategorisch verurteilt und verworfen haben. Seit den frühen 1960er Jahren haben arabische Medien die Juden routinemäßig beschuldigt, Ritualmorde begangen zu haben. Im Jahr 1962 legte das ägyptische Unterrichtsministerium die „Talmudic Sacrifices“ von Habib Faris erneut auf, die zum ersten Mal 1890 in Kairo erschienen. In der Einleitung hält der Autor fest, daß das Buch eine „explizit dokumentierte Anklageschrift [sei], die auf offenkundigen Beweisen beruht, daß das jüdische Volk das Blutvergießen als im Talmud vorgeschriebene religiöse Pflicht begeht“[596]. Am 24. April 1970 brachte Jassir Arafats Radiostation eine Sendung des Inhalts, daß „Berichte aus dem besetzten Heimatland existieren, daß der zionistische Feind damit begonnen hat, kleine Kinder von den Straßen zu entführen. Danach entnehmen die Besatzer den Kindern das Blut und werfen die leblosen Körper weg. Die Bewohner von Gaza haben dies mit eigenen Augen gesehen.“[597] Und es erscheinen, wie Abraham H. Foxman berichtet, ähnliche Ritualmordanschuldigungen weiterhin in den arabischen Medien.[598]

Einige arabische politische Führer haben in der Zwischenzeit für die Ritualmordlegende ihr Gewicht in die Waagschale geworfen. So hat König Faisal von Saudi-Arabien im August 1972 im ägyptischen Magazin „al-Musawar“ berichtet, daß während seines Parisaufenthaltes „die Polizei fünf ermordete Kinder gefunden hat. Es wurde ihnen das Blut entnommen, und es stellte sich heraus, daß einige Juden sie ermordet haben, um ihr Blut mit dem Brot zu vermengen, das sie am Pessachfest essen“[599]. Im folgenden Jahr, im November 1973, erklärte Faisal, daß es „notwendig sei, die jüdische religiöse Verpflichtung zu verstehen, an nichtjüdisches Blut zu kommen, um die [jüdischen] Verbrechen des Zionismus zu verstehen“[600].

Auf ähnliche Weise veröffentlichte der syrische Verteidigungsminister Mustafa Tlas im Jahr 1984 ein Buch mit dem Titel „Matza von Zion“, in dem er die berüchtigte Damaskus-Affäre diskutierte, in der die Juden von Damaskus fälschlicherweise des Ritualmords beschuldigt wurden, nachdem ein Kapuzinerbruder und sein muslimischer Diener auf unerklärliche Weise verschwunden waren.[601] In den „Matza von Zion“ behauptet Tlas, daß die Juden von Damaskus tatsächlich den Bruder und seinen Diener ermordet hätten, um sein Blut für die Zubereitung der Matze für das Pessachfest zu verwenden. Im Vorwort zu dem Buch warnt Tlas: „Die Juden [...] können dich töten und dein Blut für die Zubereitung dieses zionistischen Brotes verwenden [...]. Ich hoffe, daß ich meine Pflicht erfüllt habe, indem ich die Praktiken des Feindes unserer historischen Nation dargestellt habe. Allah helfe diesem Projekt.“[602] Ein ägyptischer Filmemacher kündigte im

Jahr 2001 an, daß er das Buch von Tlas verfilmen wolle. „Es wird", sagte er, „die arabische Antwort auf ‚Schindlers Liste' sein."[603]

Im Lichte der fortwährenden Verwendung des Korans, der Ritualmordlegende und der massenhaften Verbreitung von „Mein Kampf" durch radikale Muslime, um den Haß gegen die Juden anzufachen, ist es besonders verantwortungslos und ungeheuerlich, daß liberale Kritiker des Papstes wie Goldhagen, Cornwell, Kertzer und Carroll die katholische Kirche des Antisemitismus beschuldigen, sie die Anstrengungen der Kirche zum Schutz der Juden während des Holocaust verfälschen und die Tatsache ignorieren, daß die Päpste seit dem 12. Jahrhundert die Ritualmordlegende verworfen haben. Es ist nicht die katholische Welt, in der der Antisemitismus blüht oder wo die Religion dazu verwendet wird, den Holocaust zu rechtfertigen, oder die Ritualmordlegende verbreitet wird. Dies ist in der islamischen Welt der Fall.

Antisemitische arabische Führer wie Mahmud Abbas, Jassir Arafats Stellvertreter und Nachfolger, gehen so weit, zu leugnen, daß der Holocaust überhaupt geschehen ist. Von Anfang an hat die Holocaustleugnung weitreichende Unterstützung im muslimischen Nahen Osten gefunden. Die Regierung von Saudi-Arabien hat, wie Deborah Lipstadt nachgewiesen hat, die Veröffentlichung zahlreicher Bücher finanziert, in denen die Juden beschuldigt werden, den Mythos des Holocausts erschaffen zu haben, um Unterstützung für Israel zu gewinnen.[604] Die in Zypern ansässige, von der PLO herausgegebene Publikation „Al Istiqlal" posaunte die These der Holocaustleugner unter der Schlagzeile „Verbrennung der Juden in den Nazi-Kammern ist Lüge des 20. Jahrhunderts"[605] heraus.

Mahmud Abbas verfaßte 1983 ein Buch mit dem Titel „The Other Side. The Secret Relationship Between Nazism and the Zionist Movement", in welchem behauptet wird, daß die Nationalsozialisten nur „einige wenige Hunderttausend" Juden getötet hätten und nicht sechs Millionen, und daß die zionistische Bewegung während des Dritten Reichs „an der Ermordung der Juden beteiligt" gewesen sei.[606] Abbas, der als palästinensischer „Gemäßigter" gilt und von Arafat im März 2003 zum ersten Premierminister der Palästinensischen Autonomiebehörde ernannt wurde, hat sich mehrmals geweigert, diese Behauptungen zurückzunehmen.[607] Im Gegenteil: Kurz nach seiner Ernennung zu Arafats Premierminister hat Abbas seine Ansichten in einem Interview mit israelischen Journalisten der Tageszeitung

„Jedi'ot Acharonot" am 28. Mai 2003 bekräftigt.[608] Andere palästinensische Anführer folgen dem und treten für die Linie von Abbas ein, wie Kenneth R. Timmerman festgestellt hat. Holocaustleugnung wird von den offiziellen Medien der Palästinensischen Autonomiebehörde regelmäßig verbreitet und wurde zu einer weiteren üblichen Schmähung der Juden durch radikale Islamisten.[609]

Vergleichbare antisemitische Einstellungen finden sich im Vatikan nicht – und das war auch früher nicht der Fall. Wie wir gesehen haben, hat das Papsttum der katholischen Kirche eine lange philosemitische Tradition, die auf das Pontifikat von Gregor dem Großen im 6. Jahrhundert zurückgeht. Und wie das nun folgende Kapitel zeigen wird, erwies sich der Kontrast zwischen den islamischen und katholischen Einstellungen gegenüber den Juden während des Pontifikats von Johannes Paul II. dramatischer denn je.

Johannes Paul II. und die päpstliche Verurteilung des Antisemitismus

Im Gegensatz zu Amin al-Husseini und seiner radikalislamisch-antisemitischen Doktrin hat Johannes Paul II. die philosemitische Tradition des Papsttums ausgeweitet. Seit seiner Wahl zum Papst im Jahr 1978 hat „er enorme Anstrengungen unternommen, um einen neuen Dialog zwischen Katholiken und Juden aufzubauen“[610], so George Weigel. Bei seinem allerersten Zusammentreffen mit Vertretern der jüdischen Gemeinde von Rom am 12. März 1979 hat Johannes Paul II. bemerkt, daß „unsere beiden religiösen Gemeinschaften auf jeder Ebene der jeweiligen religiösen Identitäten verbunden und eng verwandt sind“[611]. Jüdisch-katholischer Dialog ist daher aus der katholischen Perspektive eine religiöse Verpflichtung.

Johannes Paul II. machte es sich zur Gewohnheit, bei seinen ausgedehnten Reisen mit Vertretern der jüdischen Gemeinden zusammenzukommen. Bei einem Treffen mit Vertretern der deutsch-jüdischen Gemeinde von Mainz im November 1980 sprach er davon, daß „uns die Tiefe und der Reichtum unseres gemeinsamen Erbes in eine gegenseitige vertrauensvolle Zusammenarbeit führen“[612]. Von einem tiefen Verständnis des Judentums erfüllt, beschrieb er die Religion als „lebendes Vermächtnis“, das von Christen verstanden werden sollte. Er sprach auch von einem Dialog zwischen „der heutigen Kirche und dem heutigen Volke des Bundes, der mit Moses geschlossen wurde“[613]. Der Papst beschrieb die Juden als „das Volk Gottes und des alten Bundes, der von Gott nie zurückgenommen wurde“, und er betonte den „immerwährenden Wert“ sowohl der hebräischen Schriften als auch der jüdischen Gemeinschaft.[614]

In späteren Ansprachen beklagte er die schreckliche Verfolgung, die das jüdische Volk erleiden mußte. So erklärte er 1986 in Australien judenfeindliche Diskriminierung und Verfolgung als „sündhaft“. Er bestätigte, daß „unser gemeinsames Erbe“ als Christen und Juden „umfangreich ist, und daß uns der Glaube und das religiöse Leben des jüdischen Volks dabei helfen kann, einige Aspekte des Lebens der Kirche zu verstehen"[615].

Der Abscheu des Papstes vor dem Antisemitismus war, wie Eugene Fisher festhielt, „nicht nur theoretischer Natur. Johannes Paul II. lebte in Polen unter dem Nationalsozialismus und verfügte über persönliche Erfahrungen mit der Bösartigkeit des uralten Übels des Judenhasses"[616]. In seiner ersten Papstaudienz mit jüdischen Vertretern bekräftigte er erneut die vom zweiten Vatikanischen Konzil ausgesprochene Verurteilung des Antisemitismus als „dem Geist des Christentums selbst widersprechend", der „schon allein wegen der Würde der menschlichen Person zu verurteilen ist"[617]. Johannes Paul II. wiederholte diese Botschaft oft in Zusammenkünften mit jüdischen Vertretern im Vatikan und in einem Land der Welt nach dem anderen. In seiner Predigt in Auschwitz zur Erinnerung an die sechs Millionen Juden, die während des Holocausts umgekommen sind, rief er die Katholiken dazu auf, „insbesondere die Erinnerung an das Volk, dessen Söhne und Töchter für die totale Auslöschung vorgesehen waren"[618], aufrechtzuerhalten. Aufgrund der Heftigkeit seiner eigenen persönlichen Erfahrung war der Papst in der Lage, die Einzigartigkeit des jüdischen Leidens während der Shoah auszudrücken und dabei auch nicht auf die Erinnerung an die Millionen anderer Opfer des Nationalsozialismus zu vergessen. Der Papst würde der Formulierung von Elie Wiesel: „Nicht jedes Opfer des Holocausts war ein Jude, aber jeder Jude war ein Opfer"[619], vorbehaltlos zustimmen.

Während seines gesamten Pontifikats hat Johannes Paul II. „die Shoah beständig, vehement und unzweideutig verurteilt"[620]. In einem Treffen mit Juden in Paris am 31. Mai 1980 strich Johannes Paul II. das große Leiden der jüdischen Gemeinde in Frankreich „während der finsteren Jahre der Besatzung" hervor. „Wir wissen", sagte er, daß ihr Opfer „nicht fruchtlos war"[621]. Als er im April 1983 anläßlich des 40. Jahrestags des Aufstandes im Warschauer Ghetto als Pole und Katholik eine Rede hielt, nannte er diesen „ein schreckliches und tragisches Ereignis", einen „verzweifelten Schrei nach dem Recht auf Leben, für Freiheit und die Rettung der menschlichen Würde"[622]. Am 20. Jahrestag der Erklärung „Nostra Aetate" im Oktober 1985 erklärte der Papst, daß der „Antisemitismus in seiner häßlichen und manchmal gewaltsamen Erscheinungsform vollkommen ausgelöscht werden sollte"[623]. In seiner Ansprache an die Leiter der jüdischen Gemeinden von Australien in Sidney am 26. November 1986 sagte

Johannes Paul II., daß „dies immer noch das Jahrhundert der Shoah ist", und erklärte, daß „niemals eine theologische Erklärung für Akte der Diskriminierung und Verfolgung gegen die Juden gefunden werden konnte. In Wirklichkeit müssen solche Akte als sündhaft gelten"[624]. Die vermutlich gewandteste päpstliche Formulierung zur Verurteilung des Holocausts stammt von einer Zusammenkunft mit jüdischen Vertretern in Warschau am 14. Juni 1987, als er diesen als eine universelle Verkörperung des Bösen beschrieb:

> Sei versichert, lieber Bruder, daß [...] diese polnische Kirche sich im Geiste einer tiefgreifenden Solidarität mit dir befindet, wenn sie die schreckliche Durchführung der Auslöschung – der bedingungslosen Auslöschung – deiner Nation betrachtet, eine Auslöschung, die mit Vorsatz ausgeführt wurde. Die gegen dich gerichtete Bedrohung war auch eine Bedrohung von uns, die letztere kam nicht im gleichen Ausmaß zur Durchführung, weil dazu nicht genug Zeit war. Du warst es, der dieses schreckliche Opfer der Auslöschung erleiden mußte: Man könnte sagen, daß du es auch für jene erlitten hast, die in der reinigenden Kraft des Leidens standen. Je grauenhafter das Leiden, umso größer die Reinigung. Je schmerzhafter die Erfahrung, umso größer die Hoffnung [...].
>
> [Wegen] dieser grauenhaften Erfahrung [...] wurdest du eine warnende Stimme für die ganze Menschheit, für alle Nationen, für alle Mächte dieser Welt, alle Systeme und alle Menschen. Mehr als irgend jemand anders bist gerade du es, der zu der rettenden Warnung geworden ist. Ich denke, daß du in diesem Sinne deine besondere Berufung fortsetzt, indem du dich nach wie vor als Erbe jener Auserwähltheit zeigst, der Gott treu ist. Dies ist dein Auftrag in der gegenwärtigen Welt vor allen Völkern, Nationen, der ganzen Menschheit, der Kirche.[625]

In den Jahren, die dieser dramatischen Aussage folgten, arbeitete Johannes Paul II. daran, die Erinnerung an die Shoah im Zentrum des weltweiten Katholizismus aufrechtzuerhalten. Bei einer Rede vor den Führern der jüdischen Gemeinde von Straßburg 1988 sagte der Papst: „Ich wiederhole erneut vor Ihnen die vehementeste Verurteilung des Antisemitismus", der „den Prinzipien des Christentums widerspricht".[626] Im Zuge der Erinnerung an den 50. Jahrestag des Warschauer Ghettoaufstands sprach er am Petersplatz in Rom am 18. April 1993 von der Shoah als „eine wahre Nacht der Geschichte mit unvorstellbaren Verbrechen gegen Gott und die Menschheit"[627].

Im folgenden Jahr, am 7. April 1994 veranstaltete Johannes Paul II. ein Holocaust-Erinnerungskonzert in der Paul-VI.-Audienzhalle des Vatikans. Das Royal Philharmonic Orchestra wurde dirigiert von Gilbert Levine, einem in Brooklyn geborenen amerikanischen Juden, der auch als Direktor der Krakauer Philharmonie im Jahr 1987 tätig gewesen ist.[628] Bei dieser Gelegenheit saß der Papst mit dem Oberrabbiner von Rom, Elio Toaff, und dem italienischen Staatspräsidenten Luigi Scalfaro in der Audienzhalle. Rabbi Toaff „brachte seine Gemeinde mit, viele von ihnen waren das erste Mal nicht als Touristen im Vatikan. Zweihundert Holocaustüberlebende aus zwölf verschiedenen Ländern haben gemeinsam mit Diplomaten aus aller Welt teilgenommen“[629].

Dieses Konzert, darauf haben die Biographen von Johannes Paul II. hingewiesen, war ein „einzigartiger und beispielloser Moment“ in der Geschichte der katholischen Kirche und von Johannes Pauls II. persönlicher Sendung, die Erinnerung an den Holocaust im Zentrum des weltweiten Katholizismus aufrechtzuerhalten.[630] Zusätzlich zur Konzertveranstaltung arrangierte der Papst auch die Rezitierung des traditionellen jüdischen Totengebets – des Kaddisch – und daß sechs Kerzen einer Menorah in seiner Gegenwart im Vatikan angezündet wurden.[631] Damit „hat sich der Papst dazu entschieden, öffentlich die Erinnerung an jene Juden zu ehren, die im Namen der Freiheit [während des Holocausts] gestorben sind“ – auf eine Weise, in der dies „die [katholische] Kirche noch nie getan hatte“[632].

Im April 1986 wurde Johannes Paul II. zum ersten Papst, der die Hauptsynagoge von Rom besuchen sollte. 1900 Jahre lang hatte kein Papst vor ihm seinen Fuß in die Synagoge gesetzt, auch wenn Johannes XXIII. einmal (im Auto) dort stehen geblieben war, um die Juden beim Verlassen des Sabbatgottesdienstes zu segnen.[633] Trotzdem, obwohl Johannes XXIII. von der jüdischen Gemeinde für das Einberufen des zweiten Vatikanischen Konzils (das den Antisemitismus öffentlich zurückwies und die beleidigenden Hinweise auf die Juden als „ungläubig“ aus der katholischen Liturgie strich) geehrt wurde, ist er nie in die große Synagoge von Rom hineingegangen. Mit diesem Treffen, als der Papst die Erinnerung an die Juden, die im Holocaust getötet worden waren, ehrte, änderte Johannes Paul II. die Geschichte.[634]

Doch auch dieses Ereignis bleibt in den Büchern liberaler Papstkritiker wie Daniel Jonah Goldhagen vollkommen unerwähnt. Seine antikatholische Schmähschrift „Die katholische Kirche und der Holocaust“ schreibt Johannes Paul II. Antisemitismus zu. Darin heißt es, „daß weder Johannes Paul II. noch irgendein anderer Papst in der Lage dazu war, [...] eine direkte kräftige öffentliche Aussage über die Schuld der Katholiken und die Notwendigkeit zu machen, daß alle Mitglieder der Kirche, die während des Holocausts gesündigt haben, für ihre vielen verschiedenen Arten der Beleidigungen und Sünden gegenüber den Juden Buße tun müssen“[635]. In Wahrheit hat Johannes Paul II. bei seinem Besuch in der römischen Synagoge genau eine derartige Erklärung abgegeben. Nachdem ihn Rabbi Elio Toaff empfangen hatte, antwortete Johannes Paul II. mit einer wohlformulierten Rede, in der er öffentlich anerkannte und dafür um Entschuldigung bat, daß die Kirche während des Holocausts und in den vorangegangenen Jahrhunderten Sünden gegen die Juden begangen habe. Johannes Paul II. erklärte, daß die Kirche den Antisemitismus „von jedem – ich wiederhole von jedem“ verurteile. Er tat damit genau das, wovon Goldhagen behauptet, daß er es nie getan habe: Er erkannte in der Öffentlichkeit die „Schuldhaftigkeit“ der Kirche an.[636] Immer wieder zitierte der Papst das in Prag abgehaltene 13. Treffen des internationalen katholisch-jüdischen Verbindungskomitees mit seinem Aufruf an die Christen zur *Teschuwa* (Reue) wegen des jahrhundertelangen Antisemitismus und seiner Aussage, daß dieser eine „Sünde gegen Gott und die Menschheit“[637] ist.

Zum Ende der 1980er Jahre bat Rabbi Elio Toaff Johannes Paul II. um die Herstellung diplomatischer Beziehungen zwischen Israel und dem Vatikan. Sechs Jahre später, gegen die Widerstände einiger Bürokraten im Staatssekretariat des Vatikans, die darauf warteten, daß die Regierung von Israel zuerst eine Vereinbarung mit den Palästinensern abschloß, ergriff der Papst persönlich die Initiative. 1994 errichtete der Vatikan vollständige diplomatische Beziehungen mit Israel.[638] Mit dieser Maßnahme hat Johannes Paul II. erneut Geschichte geschrieben und das Verhältnis des Vatikans zum Zionismus und dem jüdischen Staat von Grund auf verändert.

Am 30. Dezember 1993 unterfertigten die Vertreter des Heiligen Stuhls und des Staats Israel die Grundsatzvereinbarung, die den Weg für vollständig normalisierte diplomatische Beziehungen zwischen den beiden Parteien freimachte.[639] Am 16. August 1994 präsentierte Erzbischof Andrea Montezemolo in Jerusalem dem israelischen Präsidenten Chaim Herzog seine Legitimation als erster Botschafter des Heiligen Stuhls im jüdischen Staat. Im folgenden Monat tat Shmuel Hadas in Rom das Gleiche als erster Botschafter Israels beim Heiligen Stuhl.

Wie auch die Grundsatzvereinbarung anerkannte, „war dies nicht ein gewöhnlicher Moment internationaler Diplomatie zweier kleiner Anrainerstaaten des Mittelmeeres“[640]. Vielmehr war das, um mit Eugene Fisher zu sprechen, ein historisch und „theologisch bedeutender Moment in der nahezu zweitausendjährigen Geschichte der Beziehungen zwischen dem jüdischen Volk und der katholischen Kirche“[641]. Die Grundsatzvereinbarung „wurde weithin als eines der diplomatischen Meisterwerke des Pontifikats von Johannes Paul II. betrachtet und als historischer Wendepunkt in den jüdisch-katholischen Beziehungen“[642].

Bei seinem historischen Besuch in Israel im März 2000 setzte er seine Verurteilung des Antisemitismus fort, und Juden wie Christen waren von der tränenreichen Begegnung mit Holocaustüberlebenden aus seiner Heimatstadt in Polen zutiefst bewegt. Der Papst grüßte eine israelische Fahne, hörte sich die „Hatikvah“, die israelische Nationalhymne, an und war als Ehrengast willkommen.[643]

Dies waren einzigartige und beispiellose Ereignisse in der Geschichte katholisch-jüdischer Beziehungen, ebenso wie das Gebet des Papstes an der Klagemauer, einer der heiligsten Stätten des Judentums. Nahezu 2000 Jahre lang hatten die Juden an der Klagemauer gebetet, die alles ist, was von der Tempelanlage nach der Zerstörung der Stadt durch die Römer im Jahr 70 n.Chr. geblieben ist. Nun war der Bischof von Rom, der Nachfolger des heiligen Petrus, an diesen Ort gekommen, um als bescheidener Pilger an der Klagemauer zu beten und damit die volle Gültigkeit der jüdischen Gebete auf seine Art anzuerkennen.[644] Für die Juden ist die Klagemauer der wichtigste physische Überrest des biblischen Israel, „der zentrale symbolische Bezug für Juden als Volk und für das Judentum als vier- bis fünftausend Jahre alte Tradition“[645].

Besonders bewegend – und vermutlich der Höhepunkt des Israelbesuchs des Papstes – war seine leidenschaftliche und gefühlvolle Rede in der Erinnerungshalle der israelischen Holocaustgedenkstätte Yad Vashem. Nachdem er einen Moment der Stille des Gebets eingehalten hatte, begann Johannes Paul II. wie folgt:

> An diesem Ort der Erinnerung empfinden der Sinn, das Herz und die Seele ein besonderes Bedürfnis nach Stille. Stille der Erinnerung. Stille, in der wir versuchen, den Erinnerungen, die in uns wieder hochkommen, einen Sinn zu geben. Stille, weil keine Worte es vermögen, die fürchterliche Tragödie der Shoah ausreichend zu beklagen. Ich selbst erinnere mich an das, was geschehen ist, als die Nationalsozialisten Polen während des Krieges besetzten. Ich erinnere mich an meine jüdischen Freunde und Nachbarn, von denen manche umkamen, während andere überlebten.

Das Gedenken, setzte er nach einem Moment fort, muß im Dienst einer edlen Sache stehen: „Wir wollen uns für einen Zweck erinnern,“

sagte er, „um sicherzugehen, daß das Böse nie wieder die Oberhand gewinnt, wie es dies für die Millionen unschuldiger Opfer des Nazismus tat.“

Anschließend kam, was keiner der Zuhörer als von Herzen kommende Reuebekundung anzweifeln konnte: „Als Bischof von Rom und Nachfolger des Apostels Petrus versichere ich dem jüdischen Volk, daß die katholische Kirche, angetrieben vom Gesetz der Wahrheit und der Liebe des Evangeliums und ohne politische Überlegungen, von dem Haß, den Verfolgungen und dem Antisemitismus, die sich von Christen gegen Juden an jedem Ort und zu jeder Zeit gerichtet haben, zutiefst betrübt ist.“[646] Als der Papst zu Ende gesprochen hatte, standen zahlreichen Zuhörern, Holocaustüberlebenden und Politikern, religiösen Würdenträgern und Armeeoffizieren die Tränen in den Augen. In seiner darauffolgenden Rede erwiderte der israelische Premierminister Ehud Barak, selbst ein früherer General der Armee, „der sich nicht viel aus Sentimentalität machte“, daß „Sie [der Papst] mehr als jeder andere getan haben, um die historische Wende in der Einstellung der Kirche gegenüber dem jüdischen Volk herbeizuführen [...] und die klaffenden Wunden anzusprechen, die über viele bittere Jahrhunderte schwärten“[647].

Dieses Wohlwollen hielt während des gesamten Besuchs von Johannes Paul II. an. Das beispiellose Treffen mit den beiden Oberrabbinern von Israel in Jerusalem war, wie ein katholischer Kommentator bemerkte, „eine Begegnung des Dialoges und nicht eine der Schmähung“[648]. Indem er diese Zusammenkunft initiierte, „ergriff Johannes Paul II. nicht nur die Gelegenheit seines Lebens, sondern die des Jahrtausends“[649].

Während der Papst in Jerusalem mit den beiden Oberrabbinern von Israel sprach, bot der muslimische Großmufti von Jerusalem, Scheich Ikrima Sabri, einen bemerkenswerten Kontrast. In einer Interviewserie tat er sich mit „Holocaustleugnung und Hetze gegen die Juden“[650] hervor und wies öffentlich die Einladung zu dem Treffen mit dem Papst und den beiden Oberrabbinern zurück.

Eine einsame Stimme in der Wildnis: Johannes Paul II. und der neue muslimische Antisemitismus

Die ganzen 1980er Jahre hindurch äußerte sich Johannes Paul II. „eindeutig bei der Verurteilung von Terrorakten gegen Synagogen und jüdische Gemeinden“ in Wien und in Rom und „sandte damit eine Botschaft des Beistands an die Opfer“.[651] So verurteilte er beispielsweise den Bombenanschlag vom 29. August 1981 auf eine Synagoge in Wien als „blutige und absurde Tat, mit der die jüdische Gemeinde in Österreich und der ganzen Welt angegriffen wird“, und warnte „vor einer neuen Welle desselben Antisemitismus, der über die Jahrhunderte zu so viel Trauer geführt hat“[652]. Während der Entführung des italienischen Urlauberschiffes „Achille Lauro“ im Oktober 1985 durch muslimische palästinensische Terroristen, bei der ein Jude zur Ermordung ausgesucht wurde, verurteilte der Papst die Tat als „schweren Akt der Gewalt gegen unschuldige und wehrlose Menschen“[653].

Johannes Paul II. hat den europäischen Antisemitismus immer verurteilt. Im Gegensatz dazu haben andere europäische Staatenlenker weniger Bereitschaft gezeigt, gegen den wiedererwachenden muslimischen Antisemitismus zu stehen, der ein Teil der „Islamisierung Europas“[654] ist. Besonders trifft das auf Frankreich zu, wo die Muslime ungefähr zehn Prozent der Bevölkerung ausmachen und damit eine zehnmal größere Gruppe darstellen als die Juden.[655]

Zwischen 2000 und 2003 waren Jassir Arafat und seine Palästinensische Autonomiebehörde in Bombenanschläge auf französische Synagogen und andere antisemitische Gewalttaten und Terroranschläge gegen jüdische Gemeindevertreter und Institutionen in Frankreich verwickelt. Das Jahr 2000 sah einen alarmierenden Ausbruch von judenfeindlicher Gewalt, die so gut wie ausschließlich von arabischen Muslimen ausgeübt wurde.[656] Allein in den letzten drei Monaten des Jahres 2000 umfaßte diese Gewalt 44 Bombenanschläge, 34 Angriffe auf Synagogen und 39 Angriffe auf Juden, die gerade dabei waren, einen Gottesdienst zu verlassen.[657] Zwischen Jänner und Mai 2001 fanden mehr als 300 Angriffe auf Juden statt, Synagogen wurde zerstört, Schulbusse mit Steinen beworfen und sogar unschuldige jüdische Kinder angegriffen. Trotzdem wurde über diese Vorfälle in den französischen Medien kaum berichtet, die eine offenkundige propalästinensische Voreingenommenheit zeigen.[658]

Am 12. Jänner 2001 attackierte die palästinensische Journalistin Raymonda Hawa-Tawil (deren Tochter Suha die Ehefrau von Jassir Arafat ist) im Radiosender France Culture „den Rassismus der Juden“ und „den Einfluß der jüdischen Lobby“[659]. In den Jahren 2002 und 2003 stieg die Anzahl der gewalttätigen antisemitischen Angriffe auf französische Juden weiter an. Im Dezember 2003 wurde ein junger jüdischer Discjockey von seinem muslimischen Nachbarn getötet, der „ihm die Kehle aufgeschlitzt hat und sein Gesicht verstümmelte". Als der Täter in seine Wohnung zurückkehrte, soll er gesagt haben: „Ich habe meinen Juden getötet, ich werde in den Himmel kommen."[660]

Angesichts dieses aufkommenden, vom Islam inspirierten französischen Antisemitismus schien Johannes Paul II. oft eine einsame Stimme in der Wildnis zu sein, beständig und eindeutig in seiner Verurteilung dieser neuen europäischen antisemitischen, postchristlichen Linken, während andere Intellektuelle – Politiker wie Journalisten und linke religiöse Aktivisten – es vorzogen, zu schweigen. Oftmals als einziger unter den europäischen Staatsmännern erhob Johannes Paul II. kraftvoll das Wort, um die islamischen Terrorakte gegen Synagogen und andere jüdische Gemeindeeinrichtungen in Frankreich und anderswo zu verurteilen, indem er diese Taten als unchristlich und verwerflich bezeichnete. Am 3. April 2002 hat darüber hinaus Bischof Jean-Pierre Ricard, Vorsitzender der französischen Bischofskonferenz, eine eindeutige Verurteilung des französischen Antisemitismus geäußert. Im Geiste der zahlreichen lautstarken Proteste von Johannes Paul II. gegen den Antisemitismus erklärte Ricard: „In den letzten Tagen wurden Angriffe gegen mehrere Synagogen in Frankreich begangen, in Lyon, in Marseilles und in Straßburg. Die jüdischen Gemeinden werden damit an ihren kostbarsten Orten der Gottesverehrung getroffen. Derartige Gewaltakte lassen einen das Schlimmste befürchten [...]. Eine Gemeinschaft, welche auch immer, in ihren religiösen Empfindungen und ihrem Glauben zu treffen, ist ein besonders schweres Verbrechen, das unser demokratisches Leben mit voller Wucht trifft. Indem sie diese Angriffe aufs Schärfste verurteilt, bringt die katholische Kirche ihr tiefstes Mitgefühl und Solidarität mit den jüdischen Gemeinden zum Ausdruck."[661]

Während die meisten französischen Politiker und liberalen Journalisten angesichts der Welle an Brandstiftungen und Gewalttaten gegen die französischen Synagogen stumm blieben oder sich in Zweideutigkeiten verloren, waren die französischen Bischöfe der einzige Teil der französischen – religiösen oder politischen – Elite, die den in Frankreich anschwellenden neuen Antisemitismus eindeutig verurteilten. Michel Gurfinkiel hat darauf verwiesen, daß die Antwort der französischen politischen Elite zu diesen und anderen antisemitischen Vorfällen, die in den Jahren 2001 und 2002 beinahe täglich stattfanden, „minimal oder nicht vorhanden“[662] gewesen sei. Nicht so jene des Vatikans, der französischen Bischofskonferenz oder der Kirchenleitung in Frankreich. Wie jüdische Vertreter dankbar bemerkt haben, war deren Reaktion direkt und energisch.

Apologeten des Bösen: liberale Papstkritiker und der neue muslimische Antisemitismus

So wie Jassir Arafat der spirituelle Erbe des Großmuftis von Jerusalem war, so war Johannes Paul II. der spirituelle Erbe von Pius XII. Als Jassir Arafat während der 1970er, 1980er und 1990er Jahre den Antisemitismus förderte, hat ihn Johannes Paul II. verurteilt. Während Johannes Paul II. die Nationalsozialisten und den Holocaust anprangerte, haben Arafat und andere islamische Extremisten Hitler gepriesen und geleugnet, daß der Holocaust überhaupt stattgefunden hat.

Während Johannes Paul II. im Jahr 2000 seinen historischen Besuch in Israel absolvierte und dabei in Yad Vashem an die Opfer des Holocaust erinnerte, ordnete Jassir Arafat Terroranschläge gegen israelische Zivilisten an, sabotierte den Friedensprozeß im Nahen Osten und setzte seinen Dschihad gegen den jüdischen Staat und das jüdische Volk fort. Zwischen 1980 und 2000 haben Arafat und seine islamischen Extremisten unschuldige Juden ermordet und versucht, Israel zu zerstören, wohingegen Johannes Paul II. und die Leitung der katholischen Kirche neue und herzlichere Perspektiven für die vatikanisch-israelischen Beziehungen vereinbarten. Während Johannes Paul II. jüdische Opfer des Holocaust ehrte, hat Mahmud Abbas, der Stellvertreter und Nachfolger von Jassir Arafat, in Abrede gestellt, daß der Holocaust jemals stattgefunden hat.

Die liberalen Papstkritiker, die so schnell mit ihrem Urteil waren, um den behaupteten Antisemitismus von Pius XII. und Johannes Paul II. anzuprangern, waren sehr viel langsamer dabei, die sehr reale und wohldokumentierte antisemitische Gewalt und die terroristische Aktivität sowohl in Israel als auch in Frankreich zu verurteilen. Wenn man genau hinsieht, haben sie diese kaum je verurteilt. Man kann schon sehr gründlich in den umfangreichen Schriften von Goldhagen, Carroll, Wills und Cornwell suchen, ohne irgendeine Kritik an der islamischen antisemitischen Gewalt und dem Terrorismus gegen Israel und dessen jüdische Bürger oder an der wachsenden Anzahl antisemitischer Vorfälle – einschließlich der Brandstiftungen und Vandalismen an Synagogen und der hinterhältigen Angriffe auf einzelne Juden –, die von islamischen Fundamentalisten gegen die Juden von Frankreich begangen werden, zu finden.

Dieselben liberalen Papstkritiker, die Pius XII. wegen seines angeblichen Schweigens während des Holocausts voreilig verurteilt und verunglimpft haben, waren auffällig schweigsam in der Sache des erschreckenden Wiederauflebens des Antisemitismus von Seiten der islamischen Fundamentalisten in Frankreich. Warum haben beispielsweise Carroll oder Wills nicht im „New Yorker" oder in der „New York Review of Books", wo sie regelmäßig schreiben, ihre Empörung über Brandstiftungen oder Bombenanschläge an Synagogen in Paris, Straßburg und Marseille oder die zahlreichen muslimisch arabischen Terroranschläge von Jassir Arafat, die hunderte unschuldige israelische Bürger getötet oder verwundet haben, zu Papier gebracht? Warum haben sie keine Aufsätze oder Leitartikel verfaßt, um die antisemitischen terroristischen Aktivitäten Arafats anzuprangen, so wie sie die angeblichen „päpstlichen Sünden" von Pius XII. und Johannes Paul II. gebrandmarkt haben? Warum widmete James Carroll nicht eine einzige Kolumne im „Boston Globe", wo er alle 14 Tage schreibt, der Dokumentation und Verurteilung des neuen, in Frankreich um sich greifenden, islamischen Antisemitismus und der vernachlässigbaren Reaktion der Chirac-Regierung und der französischen liberalen politischen Elite darauf? Warum hat Carroll nicht eine einzige seiner zahlreichen Kolumnen dazu verwendet, die zahllosen terroristischen Gewalttaten und Zerstörungen, die als Teil des islamisch-fundamentalistischen terroristischen Kriegs gegen das jüdische Volk und den jüdischen Staat begangen werden, zu dokumentieren und zu verurteilen?

Trotz des Vermächtnisses von Arafat als Terrorist, der sich der Zerstörung von Israel und der Vernichtung des jüdischen Volks verschrieben hatte, eines Engagements, das auf die Inspiration der mörderischen Ideologie des Großmuftis Amin al-Husseini und auf Hitler selbst zurückgeht, haben die liberalen Papstkritiker, die sich so darum bemüht haben, das Märchen von „Hitlers Papst" zu verfestigen, ihn nicht verurteilt und verunglimpft, obwohl sie sehr schnell dabei waren, sowohl Pius XII. als auch Johannes Paul II. anzuschwärzen. Schlimmer noch, haben einige dieser liberalen Papstkritiker über die mörderischen judenfeindlichen terroristischen Taten, die von Arafats

Palästinensischer Autonomiebehörde begangen werden, hinweggesehen oder sie entschuldigt. Als Beispiel sei James Carroll genannt. Andrea Levin, eine aufmerksame Kritikerin der Darstellung des arabisch-israelischen Konflikts und des islamischen judenfeindlichen Terrorismus in den liberalen Medien, hat aufgedeckt, daß „Carroll den palästinensischen Enthusiasmus für den Terrorismus kleinredet. In einer Kolumne aus dem Juni 2003 beschäftigt er sich fast zur Gänze mit den palästinensischen Kümmernissen [...]. Er versicherte, daß ‚nur ein kleiner Teil der palästinensischen Bevölkerung' den Terrorismus unterstützt. Dabei hatte ein anerkanntes palästinensisches Meinungsforschungsinstitut, das Jerusalem Media and Communication Center, nur wenige Wochen zuvor in einer Meinungsumfrage festgestellt, daß eine Mehrheit von 59,9 Prozent die Selbstmordattentate gegen israelische Zivilisten unterstützte".

Wie, fragt sich Levin, ist es für Carroll möglich, die katholische Kirche mit angeblichen antisemitischen Taten zu konfrontieren, „aber das aggressive Schüren von Haß durch die Palästinensische Autonomiebehörde in Abrede zu stellen"[663]? Vermutlich „am unerklärlichsten" ist nach Levin angesichts von Carrolls „Bewußtsein über die tödlichen Folgen der Einimpfung des Hasses gegen die Juden in Europa seine offenkundige Weigerung, die palästinensische Indoktrination von Haß als grundlegende Ursache für die brutalen Angriffe an Juden in Israel anzuerkennen [...]. Carroll ist offenbar nicht gewillt, die Verantwortung bei der Palästinensische Autonomiebehörde zu sehen, die seit ihrer Gründung den Haß auf die Juden in Schulen, Medien, Moscheen, Jugendlagern und politischen Versammlungen schürt, wo sie die Juden als Fremdlinge darstellt, als stehlende Eroberer, die vertrieben oder zerstört werden sollten"[664]. Des weiteren, schließt Levin, erweise Carroll „Israel einen Bärendienst, indem er dem Land die Last für die anhaltende Gewalt zuschiebt und seine Verteidigungsanstrengungen als illegitim darstellt, was nicht weniger unfair ist als die judenfeindlichen Kampagnen der Vergangenheit"[665], die er so lautstark und leidenschaftlich kritisiert hat.

Daniel Jonah Goldhagen scheint dabei sogar noch weiter zu gehen, indem er den arabischen Terrorismus und die israelisch-jüdischen Verteidigungsmaßnahmen moralisch auf eine Stufe stellt. „Redliche Menschen", argumentiert Goldhagen in „Die katholische Kirche und der Holocaust", „können verschiedene Meinungen über das Ausmaß an Verantwortung und der Schuld an dem Konflikt zwischen Israel und den jüdischen Israelis auf der einen Seite und den verschiedenen arabischen Staaten und ihren Völkern und der Palästinensischen Autonomiebehörde und den Palästinensern auf der anderen Seite haben. Was auch immer die Spanne der vernünftigen Schlußfolgerungen sein mag, [...] Israel und die Israelis haben sicherlich ihren Beitrag an kriminellen, politischen und moralischen Vergehen geleistet"[666].

In ihrem Widerwillen, Arafat oder seine Palästinensische Autonomiebehörde für ihre mörderischen terroristischen Aktivitäten, die so viele Israelis und andere Juden das Leben gekostet haben, zu tadeln oder zu verurteilen, haben sich Carroll und Goldhagen anderen liberalen Apologeten des palästinensischen Terrorismus angeschlossen, die „vorgeben, daß es zwischen der islamischen Religion und jenen, die Terror in ihrem Namen begehen, keine Verbindung gibt"[667].

Die Wiederherstellung der Wahrheit

Hitlers islamischer Kriegsverbündeter, Amin al-Husseini, inspirierte zwei Generationen radikalislamischer Anführer, den nationalsozialistischen Antisemitismus zu bewundern. Dennoch haben liberale Papstkritiker mit ihrer eigenen Agenda gegen konservative Katholiken und das Papsttum Pius XII. fälschlich und arglistig als Antisemiten und Kollaborateur des Nationalsozialismus angegriffen. Damit haben sie nicht nur einen verderblichen Mythos verbreitet, sondern haben von der Schuld der nazifreundlichen islamischen Fundamentalisten, die während des Zweiten Weltkriegs Verbündete Hitlers gewesen sind und die heute seinen Krieg gegen die Juden fortsetzen, abgelenkt.

Nach Philip Jenkins „steht es außer Frage, daß der Antisemitismus unter Muslimen mit Abstand wesentlich verbreiteter ist als unter Christen. Antisemitismus ist in der heutigen muslimischen Welt so normal und alltäglich, wie dies im Europa der 1920er Jahre der Fall war". Ausgaben der „Protokolle der Weisen von Zion", schreibt er, „sind im Nahen Osten der Gegenwart so einfach zu bekommen, wie sie dies in Europa zwischen den beiden Weltkriegen gewesen sind, und pseudowissenschaftliche Schriften über die behauptete Praxis der Ritualmorde sind ebenso einfach zugänglich. In der ganzen islamischen Welt verbreiten auch vordergründig anständige Medien, daß die Massaker vom 11. September 2001 das Werk der Juden gewesen seien, ausgeführt vom israelischen Mossad. Zusätzlich zum Salongeschwätz ruft ein bewaffneter Pöbel zur direkten Aktion gegen die Juden auf. Die Losung ‚Tötet die Juden!' ist unter den Radikalen und Islamisten des Nahen Ostens und auch in den arabischen Einwanderungsgesellschaften in ganz Europe gang und gäbe. [...] In jedem Aspekt erscheint der Islam so fundamental und tiefgreifend antijüdisch, wie man es dem Katholizismus immer angelastet hat"[668].

Heute, 60 Jahre nach dem Holocaust, ist es angebracht, besser daran zu erinnern, daß entgegen den Mythen, die von liberalen Papstkritikern gepflegt worden sind, es der radikale Islam und seine terroristischen Netzwerke sind, und nicht das moderne Papsttum und die gegenwärtige Leitung der katholischen Kirche, die eine in keinem Verhältnis stehende und grundlegende Rolle bei der Wiederbelebung und der Verbreitung des neuen Antisemitismus spielen.

Johannes Paul II. und Pius XII. kamen beide aus der philosemitischen Tradition der katholischen Kirche, und sie waren zuverlässige Freunde des jüdischen Volks. Genauso ist es beim Nachfolger von Johannes Paul II., Benedikt XVI. Als Kardinal Joseph Ratzinger beschrieb er „das Geschenk von Weihnachten" als „das Erbe Abrahams"[669] und verurteilte sowohl den christlichen Antisemitismus als auch die Shoah, die, wie er korrekt bemerkt hat, „im Namen einer antichristlichen Ideologie verübt wurde, die versuchte, den christlichen Glauben an seinen abrahamitischen Wurzeln im Volk Israel zu treffen"[670].

Wichtige jüdische Vertreter, einschließlich Abraham H. Foxmans, Direktor der Anti-Defamation League, haben den neuen Papst gelobt, weil dieser „sein Feingefühl [gegenüber den Juden und dem Holocaust] zahllose Male gezeigt hat, in Begegnungen mit jüdischen Vertretern, in bedeutenden Erklärungen zur Verurteilung des Antisemitismus, und indem er tiefes Bedauern über den Holocaust zum Ausdruck brachte"[671]. Rabbi David Rosen vom American Jewish Committee sagte, daß die Wahl Joseph Ratzingers zum Papst die Fortsetzung der philosemitischen Politik von Johannes Paul II. bedeute, und erinnerte daran, daß er als Kardinal Ratzinger „die Herstellung der vollen Beziehungen zwischen Israel und dem Heiligen Stuhl unterstützte und daß ihm das Wohlergehen des Staates Israel sehr am Herzen liegt"[672]. Rabbi Israel Singer vom jüdischen Weltkongreß ergänzte, daß Kardinal Ratzinger „der Architekt der ideologischen Politik zur Anerkennung und zur Herstellung der vollen Beziehungen zu Israel"[673] gewesen sei.

Wie es 2005 war, so war es in den 1930er Jahren und in den 1940er Jahren: Das Papsttum war und ist ein Freund des jüdischen Volks. Jene, die das in Abrede stellen, leugnen die Geschichte und, noch schlimmer, sie decken damit das wahre antisemitische Übel unserer Zeit.

Danksagung

Dieses Buch geht auf einen am 26. Februar 2001 im „Weekly Standard“ erschienenen Aufsatz zurück, den ich über Pius XII. und die Juden schrieb. Ich bin meinem Freund Joseph Bottum, dem früheren Literatur- und Kunstredakteur des „Weekly Standard“, zu besonderer Dankbarkeit verpflichtet. Er hat mich dazu eingeladen, diesen Aufsatz sowie zwei weitere über Pius XII. zu verfassen, die alle im „Weekly Standard“ erschienen sind. Ich bleibe dankbar für seine fortwährende Ermutigung und zahlreiche konstruktive Anregungen während der Arbeit und der Überarbeitungen dieser Aufsätze, die in den nun vorliegenden Text eingearbeitet wurden. Ebenso bin ich dem Herausgeber des „Weekly Standard“, William Kristol, für seine fortwährenden Ermutigungen und die Unterstützung beim Verfassen des Textes zu Dank verpflichtet.

Die Veröffentlichung dieses Buchs gibt mir die willkommene Möglichkeit, mich bei drei Freunden zu bedanken, die sich trotz ihres dichten Terminplans Zeit genommen haben, meine Aufsätze für den „Weekly Standard“ und auch das Manuskript dieses Buchs zu lesen und zu kommentieren. Mein guter Freund Robert George, McCormick-Professor der Rechtswissenschaften an der Princeton-Universität und Direktor des Princeton James Madison Program für amerikanische Ideale und Institutionen, hat alle meine Texte über Pius XII. gelesen und kommentiert. Auf Einladung von Robert George hatte ich die Gelegenheit, das akademische Jahr 2002/03 als Gastforscher in seinem James Madison Program an der Princeton-Universität zu verbringen, wo ich die Nachforschungen und die Arbeit für dieses Buch begann. Ich verbleibe Professor George für seine fortwährende Beratung, seine Ermutigung und Freundschaft in den vielen vergangenen Jahren zutiefst dankbar. Ganz besonders dankbar bin ich Michael Novak, dem George-Frederick-Jewett-Forscher in Religion und öffentlicher Politik am American Enterprise Institute (AEI), der meine Arbeiten über Pius XII. ebenfalls durchlas sowie mich bei meinen Nachforschungen ermutigte und eine Quelle zahlreicher wertvoller Hinweise war. Bei gelegentlichen Mittagessen mit Michael Novak am AEI hatte ich die Möglichkeit, viele der Ansätze und Argumente in diesem Buch zu diskutieren, zu überdenken und zu verfeinern. Ebenso bin ich William Doino jr. dafür zu Dank verpflichtet, daß er sein enzyklopädisches Wissen über Pius XII. und die Päpste des 20. Jahrhunderts mit mir teilte und mehrere Kapitel des nun vorliegenden Texts kritisch durchgelesen hat.

Im Laufe der Nachforschungen zu diesem Buch und seiner Niederschrift habe ich ganz besonders von den Anregungen und Ermutigungen mehrerer anderer Freunde und Kollegen profitiert, die sich die Zeit genommen haben, um mit mir über das Material zu diesem Buch zu sprechen und/oder Abschnitte des Manuskripts zu lesen und zu kommentieren. Ich möchte gegenüber den folgenden Personen meine Wertschätzung zum Ausdruck bringen, die dabei geholfen haben, aus dem Text ein besseres Buch zu machen, indem sie ihre Ansichten und Erkenntnisse mit mir geteilt haben: Marshall Berger, Gerald V. Bradley, William F. Buckley jr., William Donohue, Mary Ann Glendon, Nicholas J. Healy jr., Russel Hittinger, David Klinghoffer, Rabbi Daniel Lapin, Matthew Levering, Roger McCaffrey, Joseph Pearce, Rev. Richard John Neuhaus, Rabbi David Novak, John F. Rothman, Ronald J. Rychlak, Jonathan D. Sarna, Paola Tartakoff, Andrea Tornielli und Robert Luis Wilken. Weiters möchte ich meine Dankbarkeit gegenüber der Earhart Foundation, der William E. Simon Foundation und dem Our Sunday Visitor Institute für deren großzügige finanzielle Unterstützung, die die Recherchen und das Verfassen dieses Buchs möglich gemacht hat, ausdrücken.

Schlußendlich gilt mein Dank den Herausgebern bei Regnery Publishing für ihr sorgfältiges Lektorat meines Manuskripts und ihre zahlreichen Anregungen zu dessen Verbesserung. Besondere Anerkennung richte ich an den Geschäftsführer von Regnery, Harry Crokker III., für seine Zuversicht und die Ermutigung zu diesem Projekt, die er von Anfang an gewährte. Seine fortwährenden Anregungen waren während der gesamten Arbeit von unschätzbarem Wert. Ebenso bin ich der Chefin vom Dienst bei Regnery, Paula Decker, für ihre Anregungen und die Unterstützung während des Lektorats und der Drucklegung zu Dank verpflichtet. Ich bleibe Harry und Paula für ihre gekonnte Bearbeitung des Manuskripts, ihre unerschütterliche Geduld und ihren guten Humor bei der Beantwortung meiner vielen Fragen, als das Buch seiner Fertigstellung entgegenging, dankbar.

Anmerkungen

1 Jose M. Sanchez: Pius XII and the Holocaust. Understanding the Controversy, Washington, D.C. 2002, S. 1.

2 Ibid.

3 Joseph Bottum: „Introduction“; in: Joseph Bottum u. David G. Dalin (Hg.): The Pius War. Responses to the Critics of Pius XII, Lanham 2004, S. 3. Die Ansichten von Alfred Kazin, Karl Jaspers, Hannah Arendt und anderen Gelehrten und Intellektuellen über den „Stellvertreter“ und die öffentliche Debatte, die dadurch ausgelöst wurde, sind hier wiedergegeben: Eric Bentley: The Storm Over The Deputy. Essays and Articles about Hochhuth's Explosive Drama, New York 1964.

4 Daniel Jonah Goldhagen: A Moral Reckoning. The Role of the Catholic Church in the Holocaust and Its Unfulfilled Duty of Repair, New York 2002.

5 Als Beispiel für eine kritische Betrachtung von Goldhagen sei die Arbeit von Fritz Stern, einem Fachmann in moderner deutscher Geschichte der Columbia University, genannt: Fritz Stern: „The Goldhagen Controversy“; in: Foreign Affairs November/Dezember 1996. Weiters Franklin H. Littell (Hg.): Hyping the Holocaust. Scholars Answer Goldhagen, Merion Station 1997, sowie Norman G. Finkelstein u. Ruth Bettina Birn: A Nation on Trial. The Goldhagen Thesis and Historical Truth, New York 1998, und Richard John Neuhaus: „Daniel Goldhagen's Holocaust“; in: First Things August/September 1996.

6 Die Daten zu den Ghettogründungen finden sich bei Goldhagen in „A Moral Reckoning“ auf S. 36.

7 Zitiert in David G. Dalin: „History as Bigotry. Daniel Goldhagen Slanders the Catholic Church“; in: Weekly Standard v. 10. Februar 2003, S. 41.

8 Ibid.

9 Daniel Jonah Goldhagen: „What Would Jesus Have Done?“; in: New Republic v. 21. Jänner 2002.

10 Michael Berenbaum: „Indicting the Church. A Rush to Judgment“; in: Forward v. 18. Jänner 2002, S. 9.

11 John Cornwell: The Pontiff in Winter. Triumph and Conflict in the Reign of John Paul II, New York 2004, S. 193.

12 Eugene J. Fisher: „What Is Known Today. A Brief Review of the Literature“; in: Carol Rittner u. John K. Roth (Hg.): Pope Pius XII and the Holocaust, London 2002, S. 77.

13 Ibid.

14 Ibid.

15 William D. Rubenstein: „The Popes Against the Jews. The Vatican's Role in the Rise of Modern Anti-Semitism“; in: First Things Februar 2002, S. 54–58.

16 Zitiert in Philip Jenkins: The New Anti-Catholicism. The Last Acceptable Prejudice, New York 2003, S. 198.

17 Ibid., S. 201.

18 Ibid., S. 202.

19 Garry Wills: Why I Am a Catholic, Boston 2002, S. 282.

20 Jenkins, S. 202.

21 Richard Rorty: „Acting Fallible“; in: New York Times Book Review v. 11. Juni 2000.

22 Eamon Duffy; in: Commonweal v. 14. Juli 2000, S. 24–26.

23 William Doino jr.: „Bibliography of Works on Pius XII, the Second World War and the Holocaust“; in: Bottum u. Dalin 2005.

24 Zitiert ibid., S. 202.

25 Robert M.W. Kempner in seiner Einleitung zu Jeno Levai: Hungarian Jewry and the Papacy. Pius XII Did Not Remain Silent, London 1968, S. ix–x.

26 Ibid., Epilog.

27 Zenit News Agency: „Jewish Historian Praises Pius XII's Wartime Conduct“, 26. Oktober 2000; ebenso

zitiert in Doino in Bottum u. Dalin, S. 143.

28 Doino: „Jewish Historian Praises Pius XII's Wartime Conduct"; in: Bottum u. Dalin, S. 144.

29 David G. Dalin: „Pius XII and the Jews"; in: Weekly Standard v. 26. Februar 2001, S. 34.

30 Zitiert in Thomas Craughwell: „Pius XII and the Holocaust", catholictradition.org/piusxii.

31 William Doino jr.: „Stories of the Righteous. Jews, Catholics and the Holocaust—an Interview with Sir Martin Gilbert"; in: Inside the Vatican August 2003, S. 31.

32 Ibid.

33 Predigt von Papst Benedikt XVI. bei seiner Inauguration am 24. April 2005.

34 James Carroll: Constantine's Sword. The Church and the Jews—A History, Boston 2001, S. 22.

35 Zitiert in David G. Dalin: „History as Bigotry. Daniel Goldhagen Slanders the Catholic Church"; in: Weekly Standard v. 10. Februar 2003, S. 41.

36 Israel Abrahams: Jewish Life in the Middle Ages, Philadelphia 1896, S. 400.

37 Thomas F. Madden: „The Church and the Jews in the Middle Ages"; in: Crisis 1/2003, S. 25.

38 Ibid., S. 22.

39 Ibid., S. 25.

40 David B. Ruderman: „Cecil Roth, Historian of Italian Jewry. A Reassessment"; in: David N. Myers u. David B. Ruderman (Hg.): The Jewish Past Revisited. Reflections on Modern Jewish Historians, New Haven 1998, S. 129–130.

41 David Goldstein: Jewish Panorama, Boston 1940, S. 200.

42 Sam Waagenaar: The Pope's Jews, La Salle 1974, S. 71–72.

43 Elliot Rosenberg: But Were They Good for the Jews? Over 150 Historical Figures from a Jewish Perspective, Secaucus 1997, S. 35.

44 Norman Roth: „Church and Jews"; in: Norman Roth (Hg.): Medieval Jewish Civilization. An Encyclopedia, New York u. London 2003, S. 165.

45 Carroll, S. 269.

46 Solomon Grayzel: „Papal Bulls"; in: Encyclopedia Judaica, Bd. 4, Jerusalem 1971, S. 1495.

47 Carroll, 270.

48 Bernhard Blumenkranz: „Gregory X"; in: Encyclopedia Judaica, Bd. 7, Jerusalem 1971, S. 920.

49 Paul Johnson: A History of the Jews. New York 1988, S. 216; zum Thema Pest und Antisemitismus siehe Mordechai Breuer: „The ‚Black Death' and Anti-Semitism"; in: Shmuel Almog (Hg.): Anti-Semitism Through the Ages, Oxford 1988, S. 139–151.

50 Edward A. Synan: The Popes and the Jews in the Middle Ages, New York 1967, S. 133.

51 Carroll, S. 339.

52 Ibid., S. 132.

53 Waagenaar, S. 114.

54 Nicholas de Lange: „Martin V"; in: Encyclopedia Judaica, Bd. 11, Jerusalem 1971, S. 1063–1064.

55 Synan, S. 136.

56 Lange, S. 1064.

57 Waagenaar, S. 108.

58 Ibid.

59 Cecil Roth: The History of the Jews of Italy. Philadelphia 1946, S. 158.

60 Ibid., S. 160.

61 Ibid.

62 Cecil Roth: „Popes"; in: Encyclopedia Judaica, Bd. 13, Jerusalem 1971, S. 855.

63 Cecil Roth: The Jews in the Renaissance, Philadelphia 1977, S. 215, sowie Ariel Toaff: „Elijah ben Shabbetai Be'er"; in: Encyclopedia Judaica, Bd. 6, Jerusalem 1971, S. 649.

64 Roth: The Jews in the Renaissance, S. 213–214.

65 Richard P. McBrien: Lives of the Popes. The Pontiffs from St. Peter to John Paul II, San Francisco 1997, S. 264.

66 Roth: The Jews in the Renaissance, S. 151.

67 Ibid.

68 Waagenaar, S. 104.

69 Ibid., S. 232.

70 Synan, S. 146–147.

71 Rosenberg, S. 68.

72 Cecil Roth: A Short History of the Jewish People. London 1969, S. 263.

73 Roth: „Popes", S. 856.

74 Waagenaar, S. 134.

75 Roth: „Popes", S. 856.

76 Waagenaar, S. 147.
77 Ibid.
78 Shmuel Ettinger: „David Reuveni"; in: Encyclopedia Judaica, Bd. 14, Jerusalem 1971, S. 114.
79 Waagenaar, S. 148, sowie Raphael Loewe: „Egidio Da Viterbo"; in: Encyclopedia Judaica, Bd. 6, Jerusalem 1971, S. 475.
80 Waagenaar, S. 149.
81 Roth: The Jews in the Renaissance, S. 218.
82 Ibid.
83 Renato Spiegel: „Sarfati"; in: Encyclopedia Judaica, Bd. 14, Jerusalem 1971, S. 878–879, sowie Roth: The Jews in the Renaissance, S. 218.
84 Roth: The Jews in the Renaissance, S. 40.
85 Ibid., S. 158.
86 Ibid., S. 22–23.
87 Waagenaar, S. 104.
88 Johnson, S. 243.
89 Leon Poliakov: The History of Anti-Semitism. From the Time of Christ to the Court Jews, New York 1965, S. 57–60.
90 Edward H. Flannery: The Anguish of the Jews. Twenty-Three Centuries of Anti-Semitism, New York 1965, S. 120.
91 Ibid., S. 120–121.
92 Ibid., S. 121.
93 Marc Saperstein: Moments of Crisis in Jewish-Christian Relations. Philadelphia 1989, S. 21.
94 Roth: A Short History of the Jewish People, S. 190.
95 Synan, S. 114.
96 Saperstein, S. 21.
97 Synan, S. 114.
98 Ibid.
99 Saperstein, S. 21.
100 Zitiert in Cecil Roth (Hg.): The Ritual Murder Libel and the Jews. The Report by Cardinal Lorenzo Ganganelli (Pope Clement XIV), London 1935, S. 21–22.
101 Ibid., S. 22.
102 Ibid., S. 22–23.
103 Ibid., S. 23.
104 Ibid., S. 26.
105 Ibid., S. 26, 29; McBrien, S. 325.
106 Roth (Hg.): The Ritual Murder Libel and the Jews, S. 26.
107 Poliakov, S. 272.
108 McBrien, S. 348.
109 Zitiert in David G. Dalin: „Popes and Jews. Truths and Falsehoods in the History of Catholic-Jewish Relations"; in: Weekly Standard v. 5. November 2001, S. 36–38.
110 David I. Kertzer: The Popes Against the Jews. The Vatican's Role in the Rise of Modern Anti-Semitism, New York 2001, S. 222.
111 Ibid., S. 224, sowie Andrew M. Canepa: „Pius X and the Jews. A Reappraisal"; in: Church History 61 (1992).
112 Canepa: „Pius X and the Jews. A Reappraisal".
113 Kertzer, S. 224.
114 Canepa: „Pius X and the Jews. A Reappraisal".
115 Ibid.
116 Sergio I. Minerbi: The Vatican and Zionism. Conflict in the Holy Land 1895–1925, New York 1990, S. 101.
117 Theodore Herzl: Diaries, New York 1956, S. 427–430.
118 Kertzer, S. 240–241.
119 Pinchas E. Lapide: Three Popes and the Jews. New York 1967, S. 84.
120 Ibid., S. 83–84.
121 Florian Sokolow: „Nahum Sokolow and Pope Benedict XV"; in: Jewish Chronicle v. 25. November 1949.
122 McBrien, S. 358.
123 Lord William Clonmore: Pope Pius XI and World Peace, London 1938, S. 54.
124 Ibid.
125 Lapide, S. 91–92.
126 Ewa Kozerska: „Pius XI and German Anti-Semitism"; in: Marcin Wodzinski u. Janosz Spyra (Hg.): Jews in Silesia, Krakau 2001, S. 194.
127 Ibid., S. 98.
128 Zitiert in Zenit News Agency: „Pius XI Considered Hitler an Antichrist", 6. März 2001.
129 National Jewish Monthly: „Pope Assails Fascism", Februar 1939, S. 207.
130 Waagenaar, S. 457.
131 Michael Phayer: The Catholic Church and the Holocaust 1930–1965, Bloomington 2000, S. 2.
132 Ibid.
133 Garry Wills: Papal Sin. Structures of Deceit, New York 2001, S. 29.
134 Kertzer, S. 280.
135 Ibid.
136 Phayer, S. 2–3.
137 Lapide, S. 114.
138 Ibid., S. 114–115.

139 Pius' XI. geheime Enzyklika wird in der Übersetzung aus dem Französischen besprochen bei Georges Passelecq u. Bernard Suchecky: The Hidden Encyclical of Pius XI, New York 1997, und bei Wills: Papal Sin, S. 29–33.
140 Henri de Lubac: Christian Resistance to Anti-Semitism, San Francisco 1990, S. 32–33.
141 Lapide, S. 115–116.
142 Ibid., S. 116.
143 National Jewish Monthly: „Pope Assails Fascism", S. 207.
144 Alden Hatch u. Seamus Walshe: Crown of Glory. The Life of Pope Pius XII, New York 1957, S. 24.
145 Ronald J. Rychlak: Hitler, the War, and the Pope, Huntington 2000, S. 5.
146 John Cornwell: Hitler's Pope. The Secret History of Pius XII, New York 2000, S. 13.
147 Hatch u. Walshe, S. 24–25.
148 Susan Zuccotti: The Italians and the Holocaust. Persecution, Rescue, and Survival, New York 1987, S. 16.
149 Andrew Canepa: „Christian-Jewish Relations in Italy from Unification to Fascism"; in: Ivo Herzer, Klaus Voigt u. James Burgwyn (Hg.): The Italian Refuge. Rescue of Jews During the Holocaust, Washington, D.C. 1989, S. 14.
150 Sam Waagenaar: The Pope's Jews, La Salle 1974, S. 276.
151 Ibid.
152 Ibid., S. 4.
153 Jose M. Sanchez: Pius XII and the Holocaust. Understanding the Controversy, Washington, D.C. 2002, S. 14.
154 Ibid.
155 Ralph McInerny: The Defamation of Pius XII, South Bend 2001, S. 8.
156 Cornwell, S. 31–32.
157 Oscar Halecki u. James F. Murray jr.: Pius XII, Eugenio Pacelli. Pope of Peace, New York 1954, S. 23.
158 Rychlak: Hitler, the War, and the Pope, S. 5.
159 Cornwell bringt auf S. 48–57 eine detaillierte Darstellung zum Hintergrund des serbischen Konkordates und eine sehr kritische (und nicht unvoreingenommene) Analyse der Rolle Pacellis in den betreffenden Verhandlungen.
160 Sanchez, S. 15.
161 Pierre Birnbaum u. Ira Katznelson (Hg.): Paths of Emancipation. Jews, States and Citizenship, Princeton 1995, S. 227.
162 Zuccotti, S. 15–16.
163 Ibid., S. 16–17.
164 Birnbaum u. Katznelson, S. 227.
165 Michael E. Feldkamp: „A Future Pope in Germany. How Eugenio Pacelli Became ‚il Papa tedesco'"; nicht veröffentlichter Artikel, vorgestellt bei: Millersville University Conference on Pius XII and the Holocaust v. 15. April 2002, S. 2.
166 Ibid., S. 15.
167 Rychlak: Hitler, the War, and the Pope, S. 6.
168 Ibid.
169 Sanchez, S. 15.
170 Bruno Walter: Theme and Variations. An Autobiography, New York 1966, S. 221.
171 Howard M. Sachar: Dreamland. Europeans and Jews in the Aftermath of the Great War, New York 2002, S. 220.
172 Ibid., S. 248–249.
173 Ibid., S. 251.
174 Harry Kessler: Walter Rathenau. His Life and Work, New York 1944, S. 362.
175 Sachar, S. 252.
176 Ronald J. Rychlak: „Goldhagen v. Pius XII"; in: First Things Juni/Juli 2002, S. 42.
177 Ibid.
178 Zu Eugene Levines Karriere als Revolutionär, Sozialist, Politiker und Journalist siehe: „Eugene Levine"; in: Encyclopedia Judaica, Bd. 11, Jerusalem 1971, S. 113–114.
179 Rychlak: „Goldhagen v. Pius XII", S. 42.
180 Cornwell, S. 74–75.
181 Ibid., S. 75.
182 Rychlak: „Goldhagen v. Pius XII"; S. 42.
183 Rychlak: Hitler, the War, and the Pope, S. 299.
184 Rychlak: „Goldhagen v. Pius XII", S. 43.
185 Siehe beispielsweise: „Kurt Eisner"; in: Encyclopedia Judaica, Bd. 6, Jerusalem 1971, S. 556–557, und „Eugene Levine"; in: Encyclopedia Judaica, Bd. 11, S. 113–114, sowie Samuel Hugo Bergman: „Gustav Landauer";

in: Encyclopedia Judaica, Bd. 10, S. 1399–1401.
186 Ibid.
187 Rychlak: Hitler, the War, and the Pope, S. 299.
188 Das Leben und die Karriere des Arztes Dr. Fernando Mendes wird besprochen bei Harry Friedenwald: The Jews and Medicine, Bd. 2, Baltimore 1944, S. 497–502, und Vivian D. Lipman: „Fernando Mendes“; in: Encyclopedia Judaica, Bd. 11, Jerusalem 1971, S. 1342–1343.
189 Manchmal auch als „Liceo Quirino Visconti Gymnasium“ bezeichnet; dieses befand sich im Collegio Romano, dem früheren Standort der bekannten Universität der Jesuiten in Rom. Vgl. Cornwell, S. 17.
190 Mark Segal: „Ramat Gan Physician Recalls Schooldays with Pius XII“; in: Jerusalem Post v. 10. Oktober 1958.
191 Ibid.
192 Cornwell, S. 16–17.
193 Ibid., S. 16.
194 Ibid., S. 27.
195 Ibid.
196 Ibid., S. 28.
197 Rychlak: Hitler, the War, and the Pope, S. 288.
198 Für eine Analyse von Pacellis Beitrag zur Verurteilung des Antisemitismus durch den Vatikan im Jahr 1916 sowie der genauen Formulierung des Texts siehe Rychlak: Hitler, the War, and the Pope, S. 299–300 und S. 439, sowie die Anm. 141 u. 142.
199 Ibid.
200 Abraham A. Neuman: Cyrus Adler. A Biographical Sketch, New York u. Philadelphia 1942, S. 143.
201 Rychlak: „Goldhagen v. Pius XII“, S. 43.
202 Cyrus Adlers Rolle im öffentlichen jüdischen Leben Amerikas wird besprochen bei David G. Dalin: „Cyrus Adler“; in: Jack Fischel u. Sanford Pinsker (Hg.): Jewish-American History and Culture. An Encyclopedia, New York 1992, S. 13–14, sowie in den Artikeln von David G. Dalin, Ira Robinson und Jonathan D. Sarna in „The Role of Cyrus Adler in American Jewish History“; in: American Jewish History März 1989, S. 351–394.
203 Cyrus Adler: I Have Considered the Days, Philadelphia 1941, S. 319.
204 Ibid.
205 Cornwell, S. 177.
206 Halecki u. Murray, S. 156.
207 Thomas Maier: The Kennedys. America's Emerald Kings, New York 2003, S. 102.
208 Ibid., S. 103.
209 Ibid., S. 106.
210 Cornwell, S. 177.
211 Zitiert in Maier, S. 109.
212 Ibid.
213 Die Ernennung von Myron C. Taylor zum persönlichen Gesandten bei Papst Pius XII. durch Präsident Roosevelt findet sich in: Foreign Relations of the United States, Diplomatic Papers, 1939, Bd. II (General, The British Commonwealth and Europe), Washington, D.C 1956, S. 869.
214 Dieses Konkordat wird besprochen und im Detail analysiert bei William Roberts: „Napoleon, the Concordat of 1801 and Its Consequences“; in: Frank J. Coppa (Hg.): Controversial Concordats. The Vatican's Relations with Napoleon, Mussolini and Hitler, Washington, D.C. 1999, S. 34–80.
215 Eamon Duffy: Saints and Sinners. A History of the Popes, New Haven 1997, S. 214–215.
216 Stewart A. Stehlin: „The Reichskonkordat of 1933“, Konferenzbeitrag bei der „Millersville University Conference on Pope Pius XII and the Holocaust“, 15. April 2002, S. 5.
217 Ibid., S. 2. Die Lateranverträge von 1929 mit Italien und das Reichskonkordat von 1933 sind beide besprochen bei Coppa, S. 193–214.
218 Sanchez, S. 87.
219 Ibid., S. 82.
220 Rychlak: Hitler, the War, and the Pope, S. 295.
221 James Carroll: Constantine's Sword. The Church and the Jews—A History, New York 2001, S. 499.
222 Siehe beispielsweise die historischen Aufzeichnungen, zusammengestellt von Jose Sanchez von der Universität St. Louis, Heinz Hurten, Ludwig Volk und Konrad Repgen; weiters bei Stewart Stehlin der Universität New York, die sich allesamt auf sorgfältige Forschungsarbeit stützen.
223 Zitiert bei Sanchez, S. 86.
224 Bericht von Ivone Kirkpatrick (Vatican) an Sir R. Vansittart vom 19. Au-

gust 1933: Documents on British Foreign Policy, 1919–1939, Series II, Bd. V, London 1956, No. 342, S. 524–525.

225 Rychlak: Hitler, the War, and the Pope, S. 329.

226 Bericht von Ivone Kirkpatrick (Vatican) an Sir R. Vansittart vom 19. August 1933.

227 John Conway: „The Vatican, Germany and the Holocaust"; in: Kent u. J.F. Pollard (Hg.): Papal Diplomacy in the Modern Age, Westport 1994, S. 106–107.

228 Sanchez, S. 88.

229 Philip Jenkins: The New Anti-Catholicism. The Last Acceptable Prejudice, New York 2003, S. 198.

230 Ibid.

231 Rychlak: Hitler, the War, and the Pope, S. 285.

232 Zenit News Agency: „1923 Letter Shows the Future Pius XII Opposed to Hitler", 5. März 2003. Für die englische Übersetzung von Pacellis Brief vom 14. November 1923 siehe „Pacelli Denounces the Nazis"; in: Inside the Vatican März 2003, S. 30–31.

233 „New Proofs of Pius XII's Efforts to Assist Jews: 1933 Letter Targets ‚Anti-Semitic Excesses' in Germany", Zenit News Agency, Vatican City, 17. Februar 2003.

234 Ibid.

235 Robert Lieber: „Mit brennender Sorge: März 1937–März 1962"; in: Stimmen der Zeit März 1962, S. 420.

236 Zenit News Agency: „New Proofs of Pius XII's Efforts to Assist Jews: 1933 Letter Targets ‚Anti-Semitic Excesses' in Germany", 17. Februar 2003.

237 Joseph L. Lichten: „A Question of Judgment: Pius XII and the Jews"; in: Pius XII and the Holocaust. A Reader, Milwaukee 1988, S. 107.

238 Ibid.

239 David G. Dalin: „Pius XII and the Jews"; in: Weekly Standard v. 26. Februar 2001, S 34.

240 Ibid.

241 Ibid., S. 35.

242 Ibid.

243 Ibid.

244 Dieses dreistündige Treffen mit Pacelli und seine dem Nationalsozialismus entgegengesetzten Ansichten finden sich in einem Bericht des Außenministeriums, der von Klieforth 1939 erstellt wurde, und sind in den Unterlagen enthalten, die vom Chef der Abteilung für europäische Angelegenheiten, Jay Pierrepont Moffat, im Jahr 2003 der Harvard Universität überlassen wurden. Sein Bericht ist besprochen bei Frances D'Emilio: „Researcher: Wartime pope's anti-Nazi stand was strong in ‚private' contacts"; in: Associated Press v. 21. August 2003, sowie bei Laurie Goodstein: „New Look at Pius XII's Views of Nazis"; New York Times v. 31. August 2003.

245 Ibid.

246 Ibid.

247 Ibid.

248 Ibid.

249 Ibid.

250 Pinchas Lapide: Three Popes and the Jews, New York 1967.

251 Jacques Maritain: „The Pagan Empire and the Power of God"; in: Virginia Quarterly Review (1939), S. 161 u. 167.

252 Ralph McInerny: The Defamation of Pius XII, South Bend 2001, S. 38.

253 Ronald J. Rychlak: Hitler, the War, and the Pope, Huntington 2000, S. 106.

254 Michael O'Carroll: Pius XII. Greatness Dishonoured, Dublin 1980, S. 48.

255 Richard McBrien: Lives of the Popes. The Pontiffs from St. Peter to John Paul II, New York 1997, S. 342.

256 Rychlak: Hitler, the War, and the Pope. S. 108.

257 Ibid.

258 O'Carroll, S. 47.

259 Ibid., S. 24.

260 Ibid.

261 McBrie, S. 343.

262 Zitiert in Rychlak: Hitler, the War, and the Pope, S. 110.

263 Ibid.

264 Meir Michaelis: „Fascist Policy Toward Italian Jews. Tolerance and Persecution"; in: Ivo Herzer, Klaus Voigt and James Burgwyn (Hg.): The Italian Refuge. Rescue of Jews During the Holocaust, Washington, D.C. 1989, S. 53.

265 Cecil Roth: The History of the Jews of Italy. Philadelphia 1946, S. 528.

266 Susan Zuccotti: The Italians and the Holocaust. Persecution, Rescue, Survival, New York 1987, S. 18.

267 Roth, S. 527.
268 Edward D. Kleinlerer: „The Pope's Jewish Scholars"; in: B'nai B'rith National Jewish Monthly Mai 1940, S. 269.
269 Ibid.
270 Ibid.
271 McInerny, S. 44 u. 47.
272 Kleinlerer: „The Pope's Jewish Scholars", S 269.
273 Ibid.
274 Ibid.
275 Ibid.
276 Joseph L. Lichten: „A Question of Judgment. Pius XII and the Jews"; in: Katherine T. Hargrove (Hg.): The Star and the Cross. Essays on Jewish-Christian Relations, Milwaukee 1966, S. 201.
277 Mark Segal: „Ramat Gan Physician Recalls Schooldays with Pius XII"; in: Jerusalem Post v. 10. Oktober 1958.
278 Lichten: „A Question of Judgment. Pius XII and the Jews", S. 201–202.
279 Ronald J. Rychlak: „Comments on Susan Zuccotti's Under His Very Windows"; in: Journal of Modern Italian Studies 2/2002, S. 227.
280 Ibid.
281 David G. Dalin: „Pius XII and the Jews"; in: Weekly Standard v. 26. Februar 2001, S. 34.
282 Margherita Marchione: Consensus and Controversy. Defending Pope Pius XII, Mahwah 2002, S. 48.
283 Dalin: „Pius XII and the Jews", S. 34.
284 Ibid.
285 Ibid., S. 35.
286 Ibid., S. 35–36.
287 Ibid.
288 Rychlak: Hitler, the War, and the Pope, S. 166.
289 Anthony Rhodes: The Vatican in the Age of the Dictators 1922–1945, New York 1973, S. 272–273; diese Analyse des Auswärtigen Amtes der Weihnachtsansprache des Papstes wird auch zitiert in Owen Chadwick: Britain and the Vatican during the Second World War, Cambridge 1986, S. 219.
290 Eamon Duffy: Saints and Sinners. A History of the Popes, New Haven 1997, S. 264.
291 Rychlak: Hitler, the War, and the Pope, S. 264.
292 McBrien, S. 332.
293 Ibid., S. 345.
294 Rychlak: Hitler, the War, and the Pope, S. 265.
295 Dalin: „Pius XII and the Jews", S. 36.
296 Rhodes, S. 342.
297 Pinchas E. Lapide: Three Popes and the Jews, New York 1967, S. 230.
298 Rhodes, S. 342–343.
299 Ibid.
300 Ibid., S. 266.
301 Dalin: „Pius XII and the Jews", S. 37.
302 Lapide, S. 202.
303 Dalin: „Pius XII and the Jews", S. 37.
304 Robert Royal: The Catholic Martyrs of the Twentieth Century. A Comprehensive World History, New York 2000, S. 194.
305 Zitiert in Dalin: „Pius XII and the Jews", S. 37.
306 Ronald J. Rychlak: „Goldhagen v. Pius XII"; in: First Things Juni/Juli 2002, S. 43.
307 Susan Zuccotti: „Pius XII and the Holocaust. The Case in Italy"; in: Herzer, Voigt u. Burgwyn (Hg.), S. 254.
308 Michael Tagliacozzo: „La Comunita di Roma Sotto l'Incubo della Svastica. Le Grande Razzia del 16 Ottobre 1943"; in: Gli Ebrei in Italia durante il fascismo, Quaderni del Centro di Documentazione Ebraica Contemporanea 3/1963, S. 8–37, u. Michael Tagliacozzo: „Ebrei rifugiati nelle zone extraterritoriali del Vaticano", hergestellt für den israelischen Historiker Meir Michaelis, 16. Juni 1975.
309 Meir Michaelis: Mussolini and the Jews. German-Italian Relations and the Jewish Question in Italy 1922–1945, Oxford 1978, S. 365.
310 Zenit News Agency: „Jewish Historian Praises Pius XII's Wartime Conduct", 26. Oktober 2000.
311 Ibid.
312 Rychlak: „Goldhagen v. Pius XII", S. 43.
313 Ibid., S. 44.
314 Rychlak: „Comments on Susan Zuccotti's Under His Very Windows", S. 222.
315 Ibid., S. 222.
316 Susan Zuccotti: Under His Very Windows. The Vatican and the Holocaust in Italy, New Haven 2000, S. 202.
317 Ibid.
318 Ibid.
319 Ibid., S. 204.
320 Ibid., S. 205.

321 Ronald J. Rychlak: „A Righteous Gentile Defends Pius XII"; in: Zenit News Agency v. 5. Oktober 2002.

322 In seinen Memoiren „But for the Grace of God" (New York 1965) beschreibt Carroll-Abbing die Proteste des Papstes gegen die Festnahmen der Juden, seine weitreichenden Rettungsbemühungen, und dokumentiert auch die direkten Anweisungen von Pius XII. an seine Untergebenen, Juden zu retten und zu verstecken (S. 55–56). In seinem früheren Buch „A Chance to Live. The Story of the Lost Children of the War" (London 1952) hatte Carroll-Abbing bereits die von ihm selbst für jüdische wie katholische Kriegsopfer geleistete Hilfe aufgezeichnet und dabei zahlreiche Beispiele direkter Unterstützung seitens des Papstes angeführt.

323 Inside the Vatican (August/September 2001, S. 10–11.

324 Ibid.

325 Harvey Rosenfeld: Raoul Wallenberg, Angel of Rescue. Heroism and Torment in the Gulag, Buffalo 1982, S. 74.

326 Rosenfeld, S. 75–76.

327 Ibid., S. 76.

328 Ibid., S. 78.

329 Ibid., S. 76.

330 Rychlak: „A Righteous Gentile Defends Pius XII".

331 Ibid.

332 Ibid.

333 Ibid.

334 Rosenfeld, S. 81.

335 Rychlak: „A Righteous Gentile Defends Pius XII".

336 Ibid.

337 Ibid.

338 Ibid.

339 Henri de Lubac: Christian Resistance to Anti-Semitism, San Francisco 1990.

340 Martin Gilbert: The Righteous. The Unsung Heroes of the Holocaust, New York 2003, S. 389.

341 Michael Burleigh: „‚Hitler's Pope' Tried to Rescue Jews, Say Documents"; in: Sunday Telegraph v. 16. Februar 2003.

342 Ibid.

343 Ibid.

344 Ibid.

345 Mordecai Paldiel: The Path of the Righteous. Gentile Rescuers of Jews During the Holocaust, Hoboken 1993, S. 56.

346 Ibid., S. 57.

347 Ibid.

348 Ibid., S. 58.

349 William Doino jr.: „Interview mit Monsignor John Patrick Carroll-Abbing"; in: Inside the Vatican August/September 2001, S. 10–11.

350 Zuccotti: The Italians and the Holocaust. Persecution, Rescue, Survival, S. 210.

351 Fernande Leboucher: The Incredible Mission of Father Benoit, London 1969, S. 167–68.

352 George Weigel: Witness to Hope. The Biography of Pope John Paul II, New York 1999, S. 484.

353 Catholic World News: „Castel Gandolfo Celebrates 400 Years as Papal Residence", 31. Dezember 1996.

354 Alden Hatch u. Seamus Walshe: Crown of Glory. The Life of Pope Pius XII, New York 1957, S. 188.

355 Dalin: „Pius XII and the Jews", S. 36.

356 Lapide, S. 149.

357 Zitiert in Lapide, ibid.

358 Raul Hilberg: The Destruction of the European Jews, Chicago 1961, S. 548.

359 Christian Feldman: Pope John XXIII, New York 2000, S. 61.

360 Peter Hebblethwaite: Pope John XXIII. Shepherd of the Modern World, Garden City, New York, Doubleday & Co., 1985, S. 193.

361 Ibid.

362 Siehe Lapide, S. 167: Ein offizieller Vertreter des rumänischen Außenministeriums schrieb an den „Obmann des Rates der rumänischen Juden in Bukarest" folgendes: „Ich habe die Ehre, Ihnen hiermit [...] beiliegend den Beitrag des Papstes – der über Seine Exzellenz, den päpstlichen Nuntius, mit dem Ausdruck seiner besonderen Zuneigung an den Vizepremierminister zur Unterstützung der Juden in Transnistrien übermittelt wurde[, zu übersenden]".

363 Zitiert in Lapide, ibid.

364 Brief des Rabbi Isaac Herzog an Monsignor Angelo Roncalli, 28. Februar 1944, zitiert in Hebblethwaite, S. 193.

365 Lawrence Elliott: I Will Be Called John. A Biography of Pope John XXIII, New York 1973, S. 164.

366 Ibid.

367 Lichten: „A Question of Judgment. Pius XII and the Jews“, S. 130.
368 Lapide, S. 181.
369 Saul Friedlander: Pius XII and the Third Reich, New York 1966, S. 206.
370 Elliott, S. 164.
371 Lapide, S. 152–153.
372 Ibid., S. 153.
373 Lichten: „A Question of Judgment. Pius XII and the Jews“, S. 108.
374 Lapide, S. 139.
375 Ibid., S. 141.
376 Ibid.
377 Ibid., S. 147.
378 Lichten: „A Question of Judgment. Pius XII and the Jews“, S. 110.
379 Leon Poliakov: „The Vatican and the Jewish Question“; in: Commentary November 1950.
380 Time v. 23. Dezember 1940, S. 38–40.
381 Die hier folgende Besprechung von und die Zitate zu den zahlreichen an Pius XII. gerichteten Ehrenbekundungen von verschiedenen jüdischen Persönlichkeiten, die ihn für seine Rolle bei der Rettung von Juden während des Holocaust gepriesen haben, basiert auf meinem Artikel „Pius XII and the Jews“, S. 38–39, Pinchas Lapide: „Three Popes and the Jews“, S. 224–228, und Dimitri Cavalli: „The Good Samaritan. Jewish Praise for Pope Pius XII“; in: Inside the Vatican Oktober 2000, S. 72–77.
382 Zitiert in Dalin: „Pius XII and the Jews“, S. 38.
383 Cavalli: „The Good Samaritan. Jewish Praise for Pope Pius XII“, S. 75.
384 Marchione, S. 50.
385 Ibid., S. 131.
386 Lapide, S. 226.
387 Zitiert in Cavalli: „The Good Samaritan. Jewish Praise for Pope Pius XII“, S. 75–76.
388 Lapide, S. 226.
389 Ibid., S. 225.
390 Ibid., S. 133.
391 Zitiert in Cavalli: „The Good Samaritan. Jewish Praise for Pope Pius XII“, S. 75–76.
392 Wie die „Jerusalem Post“ drei Tage später in ihrem Hauptartikel über das Konzert des israelischen philharmonischen Orchesters im Vatikan festgehalten hat, bat der Dirigent Paul Klecki darum, daß das Orchester bei seinem ersten Besuch in Italien für den Papst als Geste der Dankbarkeit für dessen Hilfe, die er all jenen, die vom nationalsozialistischen Faschismus verfolgt worden waren, zukommen ließ, spielen möge. (Jerusalem Post v. 29. Mai 1955). Artikel über das Konzert des israelischen philharmonischen Orchesters zu Ehren von Pius XII. fanden sich auch im „Osservatore Romano“ v. 27. Mai 1955 und in der katholischen Zeitschrift „Tablet of London“ v. 11. u. 30. Juni 1955.
393 Die substanzlosen Behauptungen einiger Kritiker von Pius XII., das Konzert des israelischen philharmonischen Orchesters habe zu Ehren des italienischen Volkes und nicht des Papstes stattgefunden – und der Vatikan sei bloß der Veranstaltungsort gewesen – ist durch die oben wiedergegebene Aussage des Dirigenten Paul Klecki eindeutig widerlegt.
394 Zitiert in Marchione, S. 117.
395 Lapide, S. 228.
396 Cavalli: „The Good Samaritan. Jewish Praise for Pope Pius XII“, S. 76.
397 Lapide, S. 228.
398 Ibid., S. 229.
399 Zuccotti: Under His Very Windows. The Vatican and the Holocaust in Italy, S. 259–263.
400 Ibid., S. 303–304.
401 Ibid.
402 John S. Conway: „Records and Documents of the Holy See Relating to the Second World War“; in: Yad Vashem Studies 15/1983, S. 327–345.
403 Ibid.
404 Martin Gilbert: Never Again. A History of the Holocaust, New York 2000, S. 104.
405 Ibid.
406 Gilbert: The Righteous. The Unsung Heroes of the Holocaust, S. xv.
407 Mordecai Paldiel: Saving the Jews. Amazing Stories of Men and Women Who Defied the Final Solution, Rockville 2000, S. 28.
408 Ibid.
409 Ibid., 29, weiters Emmy E. Werner: A Conspiracy of Decency. The Rescue of Danish Jews During World War II, Cambridge 2002, S. 167.
410 Gilbert: Never Again. A History of the Holocaust, S. 104.
411 Gilbert: The Righteous. The Unsung Heroes of the Holocaust, S. xvi.

412 Yad-Vashem-Sprecherin Lisa Davidson zitiert in einem Nachruf der Associated Press auf Kardinal Palazzini, der im „Toronto Globe and Mail“ v. 16. Oktober 2000 erschienen ist und auch von Martin Gilbert hier zitiert wurde: The Righteous. The Unsung Heroes of the Holocaust, S. 365.
413 Zitiert in Zuccotti: Under His Very Windows. The Vatican and the Holocaust in Italy, S. 301, außerdem in Lapide, S. 228.
414 Lapide sowie Robert A. Graham S.J.: „Relations of Pius XII and the Catholic Community with Jewish Organizations“; in: Herzer, Voigt u. Burgwyn (Hg.), S. 231.
415 Zitiert in Lapide, S. 131–132.
416 Zitiert in Rychlak: Hitler, the War, and the Pope, S. 217, und in Marchione, S. 76.
417 James Carroll: „The Saint and the Holocaust“; in: New Yorker v. 7. Juni 1999, S. 52–57.
418 Daniel Jonah Goldhagen: A Moral Reckoning. The Role of the Catholic Church in the Holocaust and Its Unfulfilled Duty of Repair, New York 2002, S. 197.
419 Philip Jenkins: The New Anti-Catholicism. The Last Acceptable Prejudice, New York 2003, S. 201.
420 Daniel Jonah Goldhagen: „Hide and Seek. Questions for the Vatican“; in: New Republic v. 31. Januar 2005, S. 13.
421 Daniel Jonah Goldhagen: „The Unsaintly Acts of Pius XII“; in: Jewish Forward Februar 2005, S. 7.
422 Jenkins, S. 193.
423 Ibid.
424 Goldhagen: „Hide and Seek. Questions for the Vatican“, S. 13.
425 Meine Auseinandersetzung mit dieser Behauptung und der öffentlichen Kontroverse, die sie ausgelöst hat, beruht im Wesentlichen auf der umfassenden Analyse in William Doino jr.: „Another Anti-Papal Hoax“; in: Inside the Vatican Januar/Februar 2005, S. 8–11, sowie Ronald J. Rychlak: „Postwar Catholics, Jewish Children and a Rush to Judgment. Pius XII Never Told Catholic Groups to Keep ‚Hidden‘ Jewish Children from Their Families after World War II“, beliefnet.com v. 19. Januar 2005.
426 Doino: „Another Anti-Papal Hoax“.
427 Eine Kritik der Glaubwürdigkeit des Artikels in der „New York Times“ und der darin enthaltenen papstfeindlichen Behauptungen kann gefunden werden bei P. Thierry: „New York Times Wrong. Pius XII Saved Jews“, newsmax.com v. 27. Januar 2005.
428 Rychlak: „Postwar Catholics, Jewish Children and a Rush to Judgment“.
429 Doino: „Another Anti-Papal Hoax“.
430 Rabbi Herzog wird zitiert bei Rychlak: „Postwar Catholics, Jewish Children and a Rush to Judgment“.
431 Der Bericht in der „Palestine Post“ über das Treffen von Rabbi Herzog mit dem Papst wird besprochen in Pinchas Lapide: Three Popes and the Jews, New York 1967, S. 210.
432 Ibid.
433 „French Nazi hunter deflates Jewish war children row“; in: Haaretz v. 20. Januar 2005.
434 Ibid.
435 Doino: „Another Anti-Papal Hoax“.
436 Rychlak: „Postwar Catholics, Jewish Children and a Rush to Judgment“.
437 Ibid.
438 Andrea Tornielli u. Matteo L. Napolitano: Il Papa che salvo gli Ebrei, Segrate 2004.
439 Andrea Tornielli: „Ecco il vero documento su Pio XII e i bimbi Ebrei“; in: Il Giornale v. 11. Januar 2005.
440 Thierry: „New York Times Wrong. Pius XII Saved Jews“.
441 Ibid.
442 Matteo L. Napolitano: „The Hasty Scoop of Professor Melloni“; in: Il Giornale v. 11. Januar 2005.
443 Goldhagen: „The Unsaintly Acts of Pius XII“.
444 Ibid.; ebenfalls zitiert bei Rychlak: „Postwar Catholics, Jewish Children and a Rush to Judgment“.
445 Goldhagen: „The Unsaintly Acts of Pius XII“.
446 Ibid.
447 Goldhagen: „Hide and Seek. Questions for the Vatican“.
448 „Newspaper Publishes Pope Pius XII Account“; in: AP News Services v. 15. Januar 2005.
449 William Donohue: „Hitler's Plot to Kidnap Pope Leaves Some Mute“; in: Catholic League for Religious and Civil Rights v. 18. Januar 2005.

450 Ibid.
451 „Newspaper Publishes Pope Pius XII Account".
452 Donohue: „Hitler's Plot to Kidnap Pope Leaves Some Mute".
453 John Cornwell: The Pontiff in Winter. Triumph and Conflict in the Reign of John Paul II, New York 2004, S. 193.
454 Siehe A.O. Scott: „An Inventor Trapped in Nazi Evil"; in: New York Times v. 24. Januar 2003, Rex Reed: „The Pope, the Fuhrer, A Secret Shame"; in: New York Observer v. 10. Februar 2003, Annette Insdorf: „Extreme Close-up. The Shoah as the Subject of a Lifetime"; in: Forward v. 3. Januar 2003, und Tom Tugend: „Silent Witnesses. Costa-Gavras's ‚Amen' brings to light the story of those who, during the Holocaust, saw all but said nothing"; in: Jewish Journal of Greater Los Angeles v. 31. Januar 2003.
455 Ibid.
456 Der Pariser Erzbischof Jean-Marie Lustiger wird zitiert bei Paul Webster: „New shocker from the man who invented death-row chic: the Christian Swastika"; in: Observer v. 17. Februar 2002.
457 Ibid.
458 Jenkins, S. 160.
459 Gersteins Rolle bei der Entwicklung des tödlichen Giftgases, das in den nationalsozialistischen Todeslagern für den Massenmord an den Juden zum Einsatz kam, wird in den folgenden Filmkritiken zu Costa-Gavras Film „Amen" erwähnt: Reed: „The Pope, The Fuhrer, A Secret Shame", A. James Rudin: „Probing the Holocaust and World War II With Film"; in: Commentary v. 31. Januar 2003, Insdorf: „Extreme Close-up", und Tom Tugend: „Silent Witnesses".
460 Ronald J. Rychlak: „The Church and the Holocaust"; in: Wall Street Journal Europe v. 28. März 2002.
461 Ibid.
462 Ibid.
463 Ibid.
464 Vgl. o.A.: „Rolf Hochhuth entschuldigt sich für Verteidigung von David Irving", morgenpost.de vom 25. Februar 2005.
465 Bettijane Levine: „Scholars Express Concern Over Gibson's ‚Passion'"; in: Los Angeles Times v. 27. April 2003, zitiert in David Limbaugh: Persecution. How Liberals Are Waging War Against Christianity, Washington, D.C. 2003, S. 289.
466 James Carroll: „The True Horror of the Death of Jesus"; in: Boston Globe v. 15. April 2003.
467 James Carroll: „An Obscene Portrayal of Christ's Passion"; in: Boston Globe v. 24. Februar 2004.
468 James Carroll: „Mel Gibson's Passion"; in: Tikkun März/April 2004.
469 Jenkins, S. 187.
470 Ibid.
471 Ibid., S. 188.
472 Ibid., S. 188–189.
473 Carroll: „Mel Gibson's Passion".
474 Garry Wills: „God in the Hands of Angry Sinners"; in: New York Review of Books v. 8. April 2004, S. 68–74.
475 Daniel Jonah Goldhagen: „Mel Gibson's Cross of Vengeance"; in: Forward v. 5. März 2004, S. 9.
476 Ibid.
477 Michael Medved: Right Turns. Unconventional Lessons from a Controversial Life, New York 2004, S. 405.
478 Aryeh Spero: „American Christians Don't Threaten Jews"; in: Wall Street Journal v. 5. April 2004.
479 Medved, S. 405–406.
480 Zitiert in ibid., S. 406.
481 Rabbi Daniel Lapin: „Protesting Passion. What happened to ‚artistic freedom'?"; in: National Review Online v. 26. September 2003.
482 Michael Medved: „Misguided Critics Fall Into The ‚Passion' Pit", towardtradition.org vom 17. März 2004 (archiviert unter tinyurl.com/2376n8ct).
483 David Berger: „Jews, Christians and The Passion"; in: Commentary v. 1. Mai 2004, S. 25.
484 Medved: „Misguided Critics Fall Into The ‚Passion' Pit".
485 Lapin: „Protesting Passion. What happened to ‚artistic freedom'?"
486 Gabriel Schoenfeld: The Return of Anti-Semitism, San Francisco 2004, S. 6.
487 Abraham H. Foxman: Never Again? The Threat of the New Anti-Semitism, New York 2003, S. 195.
488 Bernard Lewis: Semites and Anti-Semites. An Inquiry into Conflict and

Prejudice, New York 1999, S. 256, außerdem zitiert bei Schoenfeld, S. 24.
489 Robert S. Wistrich: „The Old-New Anti-Semitism"; in: Ron Rosenbaum: Those Who Forget the Past. The Question of Anti-Semitism, New York 2004, S. 71.
490 Ibid., S. 71–72.
491 Foxman, S. 196.
492 Ibid., S. 196–197.
493 Ibid., S. 197.
494 Schoenfeld, S. 32.
495 Ibid.
496 Lewis: Semites and Anti-Semites, S. 128.
497 Dennis Prager u. Joseph Telushkin: Why The Jews? The Reason for Anti-Semitism, New York 1983, S. 125.
498 Kenneth R. Timmerman: Preachers of Hate. Islam and the War on America, New York 2004, S. 81.
499 Jane S. Gerber: „Anti-Semitism in the Muslim World"; in: David Berger (Hg.): History and Hate. Dimensions of Anti-Semitism, Philadelphia 1986, S. 78.
500 Ibid., S. 78–79.
501 Timmerman, S. 81.
502 Gerber: „Anti-Semitism in the Muslim World", S. 78.
503 Prager u. Telushkin, S. 114.
504 Ibid.
505 Philip Jenkins: The New Anti-Catholicism. New York 2004, S. 191.
506 Timmerman, S. 196.
507 Ibid., S. 99.
508 Foxman, S. 196.
509 Prager u. Telushkin, S. 117–118.
510 Timmerman, S. 99.
511 Foxman, S. 197.
512 Timmerman, S. 100.
513 Robert S. Wistrich: Anti-Semitism. The Longest Hatred, New York 1991, S. 205.
514 Ibid., S. 205–206.
515 Timmerman, S. 100.
516 Wistrich: Anti-Semitism, S. 205.
517 Ibid., S. 71–72.
518 Elias Cooper: „Forgotten Palestinian. The Nazi Mufti"; in: The American Zionist März/April 1978, S. 6.
519 Timmerman, S. 102.
520 Ibid., S. 103.
521 Cooper: „Forgotten Palestinian", S. 7.
522 Timmerman, S. 103.
523 Cooper: „Forgotten Palestinian", S. 9.
524 Timmerman, S. 103.
525 Prager u. Telushkin, S. 123.
526 Bernard Lewis: The Crisis of Islam. New York 2003, S. 59–60.
527 Lewis: Semites and Anti-Semites, S. 147.
528 Ibid., S. 148.
529 Paul Longgrear and Raymond McNemar: „The Arab/Muslim Nazi Connection", International Christian Embassy, Jerusalem 2003 (cdnfriendsicej.ca/medigest/mayoo/arab.nazi.html).
530 Lewis: Semites and Anti-Semites, S. 148–149.
531 Zitiert bei Lewis, ibid., S. 147–148.
532 Foxman, S. 198.
533 Ibid., S. 150.
534 Lewis: Semites and Anti-Semites, S. 151–152.
535 Timmerman, S. 103.
536 Ibid., S. 104.
537 Ibid.
538 Cooper: „Forgotten Palestinian", S. 17.
539 Ibid.
540 Ibid., S. 107.
541 Ibid.
542 Schoenfeld, S. 37.
543 Lewis: The Crisis of Islam, S. 60.
544 Joseph B. Schechtmann: The Mufti and the Fuehrer. The Rise and Fall of Haj Amin el-Husseini, New York 1965, S. 159.
545 Ibid., S. 159–160.
546 Ibid., S. 160.
547 Longgrear u. McNemar: „The Arab/Muslim Nazi Connection", S. 2.
548 Timmerman, S. 110. Die Rolle von al-Husseini bei der Rekrutierung der bosnischen muslimischen Waffen-SS wird auch dargestellt bei Cooper: „Forgotten Palestinian", S. 23–24.
549 Timmerman, S. 110.
550 Longgrear u. McNemar: „The Arab/Muslim Nazi Connection", S. 2.
551 Timmerman, S. 111.
552 Cooper: „Forgotten Palestinian", S. 26; außerdem zitiert bei Prager u. Telushkin, S. 123.
553 Zvi Elpeleg: The Grand Mufti. Haj Amin al-Hussaini, Founder of the Palestinian National Movement, London 1993, S. 179. Die Ansprache von al-Husseini, die von Radio Berlin am 1. März 1944 ausgestrahlt wurde, wird auch zitiert bei Schoenfeld, S. 37.
554 Schechtmann, S. 152.
555 Elpeleg, S. 72.

556 Ibid., S. 179.
557 David N. Bossie: „Yasser Arafat. Nazi Trained“; in: Washington Times v. 9. August 2002.
558 Ibid.
559 Ibid.
560 Ibid.
561 Ibid.
562 David Horowitz: Unholy Alliance. Radical Islam and the American Left, Washington, D.C. 2004, S. 135.
563 Die Rede von Benjamin Netanyahu, „Ending the Legacy of Hate“, wurde bei einer Sitzung mit dem Namen „The Question of Palestine“ bei der 4. Generalversammlung der Vereinten Nationen am 4. Dezember 1985 gehalten.
564 Ibid.
565 Ibid.
566 Joseph Farah: „Arafat the Nazi“, wnd.com v. 14. August 2002.
567 Alan M. Dershowitz: „Put Arafat on Trial“; in: Ha'aretz Daily v. 13. September 2002.
568 Gary Rosenblatt: „No Tears for Arafat“; in: Jewish Week v. 5. November 2004, S. 7.
569 Dershowitz: „Put Arafat on Trial“.
570 Ibid.
571 „Arab Leaders Glorify Suicide Terrorism“; in: Anti-Defamation League of B'nai B'rith v. 17. April 2002.
572 „Arafat“; in: New Republic v. 22. November 2004, S. 7.
573 Ibid.
574 Netanyahu: „Ending the Legacy of Hate“, S. 3.
575 Timmerman, S. 120.
576 Netanyahu: „Ending the Legacy of Hate“, S. 3.
577 Itamar Marcus: „Nazi Ally, Hajj Amin al-Husseini, is Arafat's ‚hero‘“; in: Israel Report v. August 2002.
578 Carl K. Savich: „Islam Under the Swastika. The Grand Mufti and the Nazi Protectorate of Bosnia-Hercegovina 1941–1945“, rastko.rs/rastko-bl/istorija/kcsavic/csavich-islam_e.html (2001).
579 Arnold Forster u. Benjamin R. Epstein: The New Anti-Semitism, New York 1974, S. 160.
580 Ibid.
581 Ibid., S. 161.
582 Joseph Telushkin: Jewish Literacy, New York 1991, S. 161.
583 Foxman, S. 214.
584 Zitiert bei Prager u. Telushkin, S. 125.
585 Ibid.
586 Wie Arnold Forster und Benjamin R. Epstein dokumentiert haben, haben westliche Journalisten festgestellt, daß der libysche Oberst einen Stoß der „Protokolle“ auf seinem Schreibtisch bereithielt (Forster u. Epstein, S. 159).
587 Bernard Lewis: „Muslim Anti-Semitism“; in: Ron Rosenbaum (Hg.): Those Who Forget the Past. The Question of Anti-Semitism, New York 2004, S. 551.
588 Foxman, S. 214.
589 Forster u. Epstein, S. 159.
590 Ibid., S. 158–159.
591 Lewis: „Muslim Anti-Semitism“; in: Rosenbaum (Hg.), S. 554.
592 Forster u. Epstein, S. 159.
593 Foxman, S. 198.
594 Forster u. Epstein, S. 159–160.
595 Lewis: „Muslim Anti-Semitism“; in: Rosenbaum (Hg.), S. 558.
596 Prager u. Telushkin, S. 124.
597 Ibid., S. 124–125.
598 Foxman, S. 213.
599 Ibid.
600 Zitiert bei Prager u. Telushkin, S. 125.
601 Foxman, S. 213.
602 Zitiert bei Timmerman, S. 71.
603 Foxman, S. 213–214.
604 Deborah Lipstadt: Denying the Holocaust, New York 1993, S. 14. Die Aussage von Lipstadt ist ebenfalls zitiert bei Timmerman, S. 71.
605 Timmerman, S. 88.
606 Ibid.
607 Ibid.
608 Interview mit Mahmud Abbas von Nahum Barnea und Ronny Shaked in „Yediot Aharonot“ v. 30. Mai 2003, folgend der Zitierung bei Timmerman.
609 Timmerman, S. 89.
610 George Weigel: Witness to Hope. The Biography of Pope John Paul II, New York 1999.
611 Eugene J. Fisher u. Leon Klenicki (Hg.): Pope John Paul II. Spiritual Pilgrimage—Texts on Jews and Judaism 1979–1995, New York 1995, S. xxii.
612 Geoffrey Wigoder: Jewish-Christian Relations Since the Second World War, Manchester 1988, S. 87.
613 Ibid.

614 Ibid.
615 Ibid.
616 Eugene J. Fisher: „Pope John Paul II's Pilgrimage of Reconciliation"; in: Fisher u. Klenicki (Hg.), S. xxvii.
617 Ibid.
618 Ibid., S. xxviii.
619 Zitiert in ibid.
620 Weigel, S. 823.
621 Fisher: „Pope John Paul II's Pilgrimage of Reconciliation"; sowie Papst Johannes Paul II.: „Meeting with Jews in Paris, May 31, 1980"; in: Fisher u. Klenicki (Hg.), S. 9.
622 Papst Johannes Paul II.: „Address on the Fortieth Anniversary of the Warsaw Ghetto Uprising, April 25, 1983", ibid., S. 27–28.
623 Fisher: „Pope John Paul II's Pilgrimage of Reconciliation".
624 Papst Johannes Paul II.: „Address to the Jewish Community of Australia, November 26, 1986"; in: Fisher u. Klenicki (Hg.), S. 82–83.
625 Weigel, S. 823.
626 Avery Dulles S.J.: „Commentary on the Holy See's Document We Remember"; in: The Holocaust. Never to be Forgotten. Reflections on the Holy See's Document We Remember, Mahwah 2001, S. 53, und Papst Johannes Paul II.: „Address to Leaders of the Jewish Community in Strasbourg"; in: Fisher u. Klenicki (Hg.), S. 128.
627 Papst Johannes Paul II.: „Remarks at St. Peter's Square, April 18, 1993"; zitiert in L'Osservatore Romano v. 21. April 1993.
628 Weigel, S. 823.
629 Ibid.
630 Tad Szulc: Pope John Paul II. The Biography, New York 1995, S. 454, sowie Weigel, S. 823.
631 Szulc, S. 455.
632 Ibid., S. 454.
633 Weigel, S. 484.
634 Ibid.
635 Daniel Jonah Goldhagen: A Moral Reckoning. The Role of the Catholic Church in the Holocaust and Its Unfulfilled Duty of Repair, New York 2002, S. 224.
636 Ibid., S. 221.
637 Fisher: „Pope John Paul II's Pilgrimage of Reconciliation".
638 Der Abschluß der Grundsatzvereinbarung zwischen dem Heiligen Stuhl und dem Staat Israel vom Dezember 1994, die erstmals diplomatische Beziehungen zwischen dem Vatikan und Israel herstellte, wird in erhellendem Detail in dem von Marshall J. Breger herausgegebenen Werk „The Vatican-Israel Accords" dargestellt, in dem Aufsätze, die die rechtliche, historische, theologische und politische Bedeutung des Abkommens beleuchten, zusammengestellt sind: Marshall J. Breger (Hg.): The Vatican-Israel Accords. Political, Legal, and Theological Contexts, Notre Dame 2004.
639 Weigel, S. 709.
640 Eugene J. Fisher: „Pilgrimage of Reconciliation. From Wadowice to the Wailing Wall"; in: New Catholic Encyclopedia, Jubilee Volume: The Wojtyla Years, S. 96.
641 Ibid.
642 Weigel, S. 697.
643 George Weigel: „The Holy Father in the Holy Land"; in: Weekly Standard v. 10. April 2000.
644 Fisher: „Pilgrimage of Reconciliation", S. 97.
645 Ibid.
646 Weigel: „The Holy Father in the Holy Land".
647 Fisher: „Pilgrimage of Reconciliation", S. 96.
648 Ibid.
649 Ibid.
650 George Weigel: „Holy Land Pilgrimage. A Diary"; in: First Things Juni/Juli 2000, S. 33.
651 Fisher: „Pope John Paul II's Pilgrimage of Reconciliation".
652 Ibid.
653 Ibid.
654 David Pryce-Jones: „The Islamization of Europe?"; in: Commentary Dezember 2004, S. 29–33.
655 Gabriel Schoenfeld: The Return of Anti-Semitism, San Francisco 2004, S. 60.
656 Meir Weintrater: „France"; in: David Singer und Lawrence Grossman (Hg.): American Jewish Year Book, Bd. 102, New York 2002, S. 334.
657 Kenneth R. Timmerman: Preachers of Hate. Islam and the War on America, New York 2004, S. 213.
658 Marie Brenner: „France's Scarlet Letter"; in: Ron Rosenbaum (Hg.): Those Who Forget the Past. The Question

of Anti-Semitism, New York 2004, S. 212.
659 Weintrater: „France“, S. 334.
660 Timmerman, S. 325.
661 Statement von Bischof Jean-Pierre Ricard, Vorsitzender der französischen Bischofskonferenz, vom 3. April 2002.
662 Michel Gurfinkiel: „France's Jewish Problem“; in: Commentary Juli/August 2002.
663 Andrea Levin: „The James Carroll Paradox“; in: Jerusalem Post v. 9. März 2004.
664 Ibid.
665 Ibid.
666 Goldhagen, S. 219.
667 Pryce-Jones: „The Islamization of Europe?“, S. 31.
668 Philip Jenkins: The New Anti-Catholicism. New York 2003, S. 190–191.
669 Kardinal Joseph Ratzinger: „The Heritage of Abraham. The Gift of Christmas“, L'Osservatore Romano v. 29. Dezember 2000.
670 Ibid.
671 David Brinn: „New pope hailed for strong Jewish ties“; in: Jerusalem Post v. 19. April 2005.
672 Ibid.
673 Ibid.

Register